Erwin Raphael McManus

Gottes Träume leben

Aufbruch in ein heiliges Abenteuer

R BROCKHAUS

Die Edition AUF:ATMEN
erscheint in Zusammenarbeit
zwischen dem R. Brockhaus Verlag Wuppertal
und dem Bundes-Verlag Witten
Herausgeber: Ulrich Eggers

Die amerikanische Originalausgabe ist unter dem Titel SEIZING YOUR DIVINE MOMENT bei Thomas Nelson Publishers, Nashville, erschienen.

Deutsch von Silvia Lutz

Alle Bibelzitate entstammen der Lutherbibel, revidierter Text 1984,

Umschlaggestaltung: Dietmar Reichert, Dormagen
Gesamtherstellung: Breklumer Druckerei Manfred Siegel KG
ISBN 3-417-24474-9
Bestell-Nr. 224 474

INHALT

vorwort

Wir alle haben Träume. Warum machen einige von uns ihre Träume wahr und gehen die nötigen Schritte, während andere ängstlich aus sicherer Entfernung zuschauen und abwarten? Erwin Raphael McManus sieht einen direkten Zusammenhang zwischen Leidenschaft und Initiative. Aber wie können wir sicher sein, dass die Dinge, die wir tun, und unsere Träume wirklich Gottes Willen entsprechen? In diesem Buch öffnet uns Erwin McManus die Augen für eine befreiende Realität: Wenn wir in Bezug auf Gott leidenschaftlich sind, können wir unseren Leidenschaften trauen.

Am Beispiel des Krieges Israels gegen die Philister und anhand von Saul und Jonatan macht Erwin McManus deutlich: Ein Leben mit Initiative und Mut zum Abenteuer kann enorme Auswirkungen haben – im Gegensatz zu einem Leben, das von Routine, Apathie und verpassten Gelegenheiten gekennzeichnet ist. In einem kleinen Augenblick, in dem wir persönlichen Mut zeigen, steckt ein enormes Potenzial. Solche Augenblicke dürfen wir nicht verschlafen. Sie sind die Momente, in denen sich die Zukunft entscheidet und Gott Wunder tun kann. Diese Momente gibt es überall. Oft erkennen wir sie vielleicht nicht. Wir brauchen eine furchtlose, engagierte Grundeinstellung und den Glauben, dass Gott **uns** als Katalysator für Veränderungen gebrauchen will.

Lernen Sie, diese entscheidenden Momente Gottes* in Ihrem Leben zu erkennen und sie zu nutzen. Machen Sie Schluss mit dem passiven Zuschauen, lassen Sie sich nicht länger vom Warten auf die perfekte Gelegenheit lähmen und fangen Sie an, Ihr Potenzial zu entdecken, dann wird Ihr Leben mit Gott ein Abenteuer.

*Im englischen Original steht häufig der schwer wiederzugebende Begriff »divine moment«. Es geht dabei meist um Momente der Entscheidung in die Gott uns stellt, und die, wenn wir uns der Entscheidung stellen und die Gelegenheit nutzen, einen lebensverändernden Einfluss haben – auf uns und andere.

vorbeben

Die Beben werden mehr gefühlt als gehört
und sind nie zu sehen.
Sie gelangen durch die Sohlen
deiner Füße bis in die Tiefen deiner Seele.
Erst dann öffnen sie die Augen deines Herzens.
Sie kündigen eine Veränderung an, die bald stattfinden wird.

Kembr, The Perils of Ayden

Als nun der Tag des Kampfes kam, wurde kein Schwert noch Spieß gefunden in der Hand des ganzen Volks, das mit Saul und Jonatan war; nur Saul und sein Sohn hatten Waffen. Aber eine Wache der Philister zog heran gegen den engen Weg von Michmas.

1. Samuel 13,22-23

Es begab sich eines Tages, dass Jonatan, der Sohn Sauls, zu seinem Waffenträger sprach: Komm, lass uns hinübergehen zu der Wache der Philister, die da drüben ist. Aber seinem Vater sagte er nichts. Saul aber saß am Rande des Gebietes von Gibea unter dem Granatapfelbaum, der in Migron steht; und die Leute bei ihm waren etwa sechshundert Mann. Und Ahija, der Sohn Ahitubs, des Bruders Ikabods, des Sohnes des Pinhas, des Sohnes Elis, des Priesters des Herrn zu Silo, trug den Priesterschurz. Das Volk wusste aber nicht, dass Jonatan weggegangen war.

Es waren aber an dem engen Wege, wo Jonatan hinüberzugehen suchte zu der Wache der Philister, zwei Felsklippen, die eine diesseits, die andere jenseits; die eine hieß Bozez, die andere Senne. Die eine Felsklippe stand im Norden gegenüber Michmas und die andere im Süden gegenüber Geba. Und Jonatan sprach zu seinem Waffenträger: Komm, lass uns hinübergehen zu der Wache dieser Unbeschnittenen! Vielleicht wird der Herr etwas für uns tun, denn es ist dem Herrn nicht schwer, durch viel oder wenig zu helfen. Da antwortete ihm sein Waffenträger: Tu alles, was in deinem Herzen ist; geh nur hin! Siehe, ich bin mit dir, wie dein Herz will. Jonatan sprach: Wohlan, wir gehen zu den Männern hinüber und zeigen uns ihnen. Werden sie dann zu uns sagen: Steht still, bis wir zu euch herankommen!, so wollen wir an unserm Ort stehen bleiben und nicht zu ihnen hinaufgehen. Werden sie aber sagen: Kommt zu uns herauf!, so wollen wir zu ihnen hinaufsteigen; dann hat sie der Herr in unsere Hände gegeben. Das soll uns zum Zeichen sein.

Als sie sich nun beide der Wache der Philister zeigten, sprachen die Philister: Siehe, die Hebräer sind aus den Löchern hervorgekommen, in die sie sich verkrochen hatten. Und die Männer der Wache riefen Jonatan und seinem Waffenträger zu und sprachen: Kommt herauf zu uns, so wollen wir's euch schon lehren! Da sprach Jonatan zu seinem Waffenträger: Steig mir nach! Der Herr hat sie in die Hände Israels gegeben. Und Jonatan kletterte mit Händen und Füßen hinauf und sein Waffenträger ihm nach. Da fielen sie zu Boden vor Jonatan und sein Waffenträger hinter ihm tötete sie. So traf der erste Schlag, den Jonatan und sein Waffenträger taten, ungefähr zwanzig Mann etwa auf einer halben Hufe Acker, die ein Joch Rinder pflügt. Und es entstand ein Schrecken im Lager und auf dem freien Felde; und das ganze Kriegsvolk, die Wache und die streifenden Rotten erschraken; und die Erde erbebte. Und so geschah ein Gottesschrecken.

Und die Wächter Sauls zu Gibea in Benjamin sahen, wie das Getümmel der Philister hin und her wogte. Da sprach Saul zu dem Volk, das bei ihm war: Zählt und seht, wer von uns weggegangen ist! Und als sie zählten, siehe, da waren Jonatan und sein Waffenträger nicht da. Da sprach Saul zu Ahija: Bringe den Efod herbei! Denn er trug den Efod in jener Zeit vor Israel. Und als Saul noch mit dem Priester redete, wurde das Getümmel im Lager der Philister immer größer. Und Saul sprach zum Priester: Lass es sein! Und Saul und das ganze Volk, das bei ihm war, sammelten sich und kamen zum Kampfplatz. Und siehe, da ging eines jeden Schwert gegen den andern und es war ein sehr großes Getümmel. Auch die Hebräer, die vorher bei den Philistern gewesen und mit ihnen ins Feld gezogen waren, gingen über zu denen von Israel, die mit Saul und Jonatan waren. Und als alle Männer von Israel, die sich auf dem Gebirge Ephraim verkrochen hatten, hörten, dass die Philister flohen, jagten sie hinter ihnen her im Kampf. So half der Herr Israel an diesem Tage. Und der Kampf breitete sich aus bis Bet-Awen.

1. Samuel 14,1-23

Ayden fühlte sich immer noch wie ein Anfänger, als Maven ihn vor seine erste Wahl stellte. Sollte er sich nicht zuerst an Entscheidungen mit weniger Gewicht üben?
Warum vertraute jemand, der so weise war wie der Maven, ihm eine so große Gabe an?
War es wirklich wahr, dass die Reichtümer aller Menschen und Königreiche in ihm ruhten? Dass das Wohl aller auf dem Spiel stand?
Wie konnte die ganze Zeit an einen einzigen Augenblick gebunden sein?
Trotzdem konnte er diese Einladung nicht ablehnen. Die Entscheidung lag nicht bei ihm. Sein Geburtsrecht brachte ihm sowohl Privilegien als auch Verantwortung.
Der Weg wählte ihn, aber die Entscheidung für das Abenteuer lag bei ihm.
Zu wählen heißt, die Freude der Freiheit zu kennen. Oder ist es die Freiheit der Freude?

Eintrag 203, The Perils of Ayden

I

Entscheidungen – Entscheide dich zu leben

Mitten in der Nacht ging ich in Begleitung eines Polizisten durch die dunklen Straßen von San Salvador. Er brachte mich nach Hause. Mit meinen höchstens sechs oder sieben Jahren war ich irgendwie der festungsähnlichen Sicherheit des Hauses meiner Großeltern entkommen und auf die gefährlichen Straßen der Stadt gelangt. Später versuchten Papi Hermelindo und Mami Finita sogar, aufzubleiben und mit einer Kamera zu warten, um meinen Ausbruch zu dokumentieren. Mir Fragen zu stellen war zwecklos, da ich mich nicht erinnern konnte, was passiert war. Ich war ein Schlafwandler, der in seinen Träumen an Orte ging, denen mein Körper einfach folgte. Ich erinnerte mich nur an meinen Traum, dass ich fliegen könnte, dass ich an Orte gehen könnte, die ich nie gesehen hatte, von denen ich aber irgendwie wusste, dass sie darauf warteten, von mir erkundet zu werden. Das Aufwachen brachte immer wenigstens eine kleine Enttäuschung mit sich. Es herrschte eine so große Kluft zwischen Traum und Wirklichkeit – zwischen den Träumen und dem Leben. Wie in aller Welt soll die Wirklichkeit mit dem Schritt halten, was wir in unserer Fantasie erfinden? Das Leben war nicht schlecht, aber es war kein Traum.

Damit war die Sache aber noch nicht erledigt. Meine Träume machten nicht nur das Schlafen attraktiver als das Leben, sie drangen auch in meine wachen Stunden ein. Nicht genug, dass ich ein Schlafwandler war, ich war auch ein Tagträumer. Ich wohnte in meiner Fantasie, ja, ich war darin gefangen. Die Orte, an die ich gehen konnte, die Dinge, die ich tun konnte, die Person, die ich werden konnte, waren viel faszinierender als das wirkliche Leben. Aber selbst wenn ich bei allem auf Nummer Sicher ging, lebte in mir ein Abenteurer, der danach schrie, freigelassen zu werden.

In meiner Jugend benutzte ich Bücher, um meinen Träumen Nahrung zu geben. Ich fütterte meine Sehnsucht nach Abenteuern mit den Reisen unzähliger Helden. Ob es eine Odyssee aus der Antike war oder ein futuristischer Geheimauftrag, durch die Erfahrungen der Helden in den Büchern erlebte ich meine Abenteuer. Aber sie verstärkten nur meine Sehnsucht, statt sie zu stillen.

In meinem Kopf schrie eine Stimme: »Verschlafe deinen Traum nicht!«

Haben Sie diese Stimme auch schon einmal gehört? Sie ruft uns wie eine Verführerin und fordert uns auf, die Monotonie unseres Lebens aufzugeben und uns auf ein Abenteuer einzulassen. Sie droht, dass wir an der Oberfläche hängen bleiben, wenn wir uns weigern, alles zu riskieren, was wir haben, um alles zu bekommen, was wir haben könnten. Wenn sie ignoriert wird, wird diese Stimme immer leiser und verstummt schließlich ganz. Aber hin und wieder ist sie laut wie eine Sirene und will uns zurücklocken.

Die junge Prinzessin wartet hilflos im Turm und hofft, dass ihr Prinz kommt und sie rettet. Die Bibel lässt uns einen kleinen Blick auf Frauen wie Deborah, Ruth und Esther werfen, die mutig ihre Bequemlichkeit und Sicherheit verließen und sich auf eine von Gott inspirierte Reise begaben. Wenn die Prinzessin auch nur die geringste Ähnlichkeit mit meiner Frau, Kim, hat, träumt sie nicht nur davon, aus dem Turm freigelassen zu werden, um dann im Schloss eingesperrt zu sein. Ich bin überzeugt, dass sie auf einen Prinzen wartet, mit dem sie gemeinsam ein erfülltes Leben führen und Abenteuer erleben kann.

Ich bin seit mehreren Jahren mit Kim auf dieser Abenteuerreise unterwegs und habe keine Zweifel, dass in den Herzen von Männern und Frauen eine Sehnsucht liegt, ihre Träume wahr zu machen. Uns allen sitzt die Angst im Nacken, dass wir ein Leben in Bedeutungslosigkeit führen könnten, und wir alle hören die

Stimme, die uns sagt, dass der Traum Wirklichkeit werden kann. Irgendwie wissen wir alle, dass wir verlieren, wenn wir nur auf Nummer Sicher gehen wollen. Ein Abenteuer ist, seiner Definition nach, »ein Unternehmen oder Unterfangen von riskanter Natur«.

Das Leben, das Gott für uns vorgesehen hat, ist nichts weniger als ein Abenteuer. Damit verbunden sind ein großes Risiko und hohe Kosten. Jesus fasste es so zusammen: »Denn wer sein Leben erhalten will, der wird es verlieren; wer aber sein Leben verliert um meinetwillen, der wird's erhalten« (Lukas 9,24).

Irgendwie wissen wir alle, dass wir verlieren, wenn wir nur auf Nummer Sicher gehen wollen.

Jesus lädt uns ein, ein unvorstellbares Abenteuer zu erleben. Dieses Abenteuer beginnt in dem Moment, in dem wir uns entscheiden, ihm nachzufolgen. Es ist der Schritt von der bloßen Existenz zum Leben. Zwar werden wir nicht aus Zeit und Raum weggenommen, aber wir betreten eine völlig andere Dimension des Lebens. Jesus bezeichnet sich als das Tor zu diesem Leben und seinen Herausforderungen. Er erklärt: »Ich bin die Tür; wenn jemand durch mich hineingeht, wird er selig werden und wird ein- und ausgehen und Weide finden. Ein Dieb kommt nur, um zu stehlen, zu schlachten und umzubringen. Ich bin gekommen, damit sie das Leben und volle Genüge haben sollen« (Johannes 10,9-10).

Wenn wir durch diese Tür, Jesus, hineingehen, finden wir die unendlichen Weiden des Lebens. Wir werden von einem Reich in ein anderes versetzt. Wir brauchen nicht länger den Dieb zu fürchten, der kommt, um zu stehlen, zu schlachten und umzubringen. Wir fangen an, ihm alles abzunehmen, was er gefangen hält, und es Gott zurückzubringen.

Alles, was wir auf den Seiten dieses Buches erforschen, ruft uns die Einladung Jesu zu: »Kommt und folgt mir nach!« Er lädt uns zu einem göttlichen Abenteuer ein. Er ruft uns auf, geistliche Pioniere, Forscher und Kämpfer zu werden. Die richtige Antwort auf diesen Ruf ist es, loszugehen und die Sicherheit aufzugeben, die unsere Sesshaftigkeit mit sich bringt. Ihm nachzufolgen heißt, sich zu entscheiden, immer ein Ausländer und Fremdling auf dieser Welt zu sein. Sie werden nie der ideale Bürger oder auch nur ein Ausländer mit ständigem Wohnsitz auf diesem Planeten Erde sein.

Zeitreisende

Mich fasziniert schon immer die Vorstellung, die H. G. Wells in seinem Werk *Die Zeitmaschine* entwickelte. *Die Zeitmaschine* hat den Weg vom Buch zum Kleinfilm und schließlich zum großen Kinofilm geschafft. H. G. Wells hat eine ganze Generation geprägt, die von Zeitreisen träumt. Die Reise in den Weltraum wurde in den letzten fünfzig Jahren Realität, aber Zeitreisen scheinen für immer unerreichbar zu sein. Mit Ausnahme eines einzigen, wichtigen Details: Wir alle sind Zeitreisende. Wir sind zwar schlecht dafür ausgerüstet, im Weltraum zu überleben, aber wir sind perfekt dafür geschaffen, durch die Zeit zu reisen. Wir bewegen uns genauso natürlich durch Momente, wie wir atmen. Selbstverständlich gibt es Begrenzungen: Wir können nicht rückwärts reisen, und wir können immer nur einen Moment nach dem anderen durchreisen. Trotzdem sind wir alle Zeitreisende, die hinter sich die Geschichte zurücklassen und als Pioniere in die Zukunft aufbrechen.

In der jüngsten Interpretation von H. G. Wells wird ein Punkt unverrückbar betont: Selbst mit einer Zeitmaschine könnten wir die Vergangenheit nicht ändern. Also müssen wir die Zukunft ändern. Madeleine L'Engle machte mir Hoffnung, dass wir irgendwie in der Zeit einen Knick finden könnten, aber bis jetzt sagt mir meine Erfahrung, dass die Zeit linear verläuft. Das zeigt, wie wichtig es ist, dass Sie die entscheidenden Momente, die Gott Ihnen schenkt, nutzen.

Sie haben einen Moment

Wenn Sie einen Moment Ihres Lebens festhalten könnten, welcher wäre das? Irgendein bestimmter Augenblick in der Vergangenheit? Ein Augenblick, den Sie bedauern? Wer von uns hat nicht schon viele Augenblicke damit verbracht, sich über verlorene Augenblicke den Kopf zu zerbrechen? Dabei ist vielen nicht bewusst, dass verlorene Augenblicke, die wir bedauern, genau das sind, was der Name sagt: verlorene Augenblicke. Wenn Sie sich einen Moment nehmen könnten, ihn festhalten und aus ihm das ganze Leben herauspressen könnten, das darin steckt, sollte dieser Augenblick dann nicht in der Zukunft liegen statt in der Vergangenheit? Wenn Sie wüssten, dass irgendwo vor Ihnen ein Augenblick liegt, der Ihr Leben für immer verändert, ein Augenblick voller Potenzial, ein Augenblick gefüllt mit unzähligen Möglichkeiten; wenn Sie wüssten, dass ein Augenblick kommt, ein heiliger Moment, ein Augenblick, in dem Gott Ihnen so begegnet, dass nichts wieder so ist wie vorher; wenn es einen Augenblick gäbe, einen richtungsweisenden Augenblick, bei dem die Entscheidungen, die Sie treffen, den Kurs und die Richtung Ihrer Zukunft bestimmen, wie würden Sie an diesen Moment herangehen? Wie würden Sie sich darauf vorbereiten? Wie würden Sie ihn als solchen erkennen?

Momente sind so zahlreich wie die Sterne am Himmel und der Sand am Meer. Jeder einzelne Moment könnte Ihr wichtigster, entscheidendster Augenblick sein. In diesen Augenblicken können Sie über Ihr weiteres Leben entscheiden. Egal, wie alltäglich ein Augenblick erscheinen mag, kann es sein, dass darin ein Wunder liegt, das darauf wartet, entfaltet zu werden.

Egal, wie alltäglich ein Augenblick erscheinen mag, kann es sein, dass darin ein Wunder liegt, das darauf wartet, entfaltet zu werden.

Nur selten erkennt man im Vorhinein die ewige Bedeutung eines Augenblicks. Wenn man einen solchen Augenblick versäumt, erhascht man einen kurzen Blick darauf, wie eine verlorene Gelegenheit aussieht. Wenn Sie träumen, richten Sie Ihren Blick auf einen Augenblick, der noch kommen soll. Aber der einzige Augenblick, für den Sie jetzt die Verantwortung übernehmen müssen, ist der Augenblick, der vor Ihnen liegt. Er ist Ihr Augenblick. Die Herausforderung an Sie ist es nicht, entscheidende Augenblicke zu nutzen, sondern den entscheidenden Augenblick zu nutzen, den Gott *Ihnen* gibt. Das biblische Bild für einen Augenblick ist ein Augenblinzeln. Mit anderen Worten: Blinzeln Sie nicht. Sonst vergeht ein Augenblick.

Ich zitiere kurz, was ich in meinem früheren Buch, *An Unstoppable Force*, über den Moment geschrieben habe. Ich mache darin folgende Beobachtung:

> Ich denke, wir müssten einen Tag mit Monet verbringen. Er hatte ein klares Gespür dafür, was in einem Augenblick versteckt ist. Die meisten von uns verstehen einen Augenblick als etwas, das stationär ist, stagniert und sich nicht verändert. Wir wollen den Augenblick festhalten und in dem Augenblick stehen bleiben. Wenn es einen Augenblick gibt, den wir festhalten oder an den wir uns erinnern wollen, machen wir einen Schnappschuss. Das Geniale an Monet war, dass er den Augenblick als das sah, was er wirklich war. Es ist, als hätte er im Wörterbuch nachgeschlagen und begriffen, dass die Kernbedeutung der Wörter »Moment« und »Mobilität« die gleiche ist. Monet war ein Meister des Lichts und der Bewegung. Seine Gemälde waren verschwommen und obskur und doch schön und voll Einsicht. Wenn wir das Leben mit seinen Augen sehen könnten, würden wir anfangen, das Leben so zu sehen, wie es wirklich ist. Unsere Fähigkeit, die Welt zu sehen, wie sie wirklich ist, wurde durch die Kamera korrumpiert. Mit einer Drehung an der Linse oder einem Knopfdruck können wir das Verschwommene wegnehmen. Wir sind so weit, dass wir die Welt durch einzelne Standbilder sehen, obwohl das Leben in Wirklichkeit in ständiger Bewegung ist.

Augenblicke bewegen sich in einem zeitlichen Ablauf. Die Zeit wartet auf niemanden. Auch wenn es vielleicht so aussehen mag, bleibt die Zeit niemals stehen. Wie die Blütenblätter einer Rose fallen Momente auf den Boden, wenn kein Leben mehr in ihnen ist. Augenblicke müssen wertgeschätzt werden – nicht nur die Augenblicke, die wir bereits gelebt haben, sondern auch die Momente, die vor Leben übersprudeln. Ich kann voll Überzeugung sagen, dass jetzt Ihr Moment ist. Es kann gut sein, dass hinter diesem einen noch viele Momente warten, und obwohl die entscheidendsten Momente Ihres Lebens vielleicht noch viele Momente weit weg sind, wartet der Augenblick, in dem Sie jetzt gerade stehen, darauf, dass Sie ihn ergreifen.

Augenblicke bewegen sich in einem zeitlichen Ablauf. Die Zeit wartet auf niemanden.

Einen Moment bitte

Eines der griechischen Wörter, von dem wir das Wort »Moment« haben, ist *atomos*. Man erkennt unschwer, dass die Wörter »Atom« und »atomar« von *atomos* abstammen. Sie sind das perfekte Bild dafür, was in einem Moment verborgen ist. Das Bild von einem Atom erinnert uns daran, wie leicht wir einen Moment verpassen oder unterschätzen können. Ein Atom symbolisiert die kleinste Einheit eines Elements. Es galt bis vor kurzem als die kleinste Einheit, die nicht weiter geteilt werden kann. Kleiner ging es nicht mehr. Deshalb passiert es so leicht, dass Sie Ihren Moment verpassen. Genauso wie Atome sind die Momente in endloser Anzahl vorhanden und von unscheinbarer Statur. Es kann leicht passieren, dass man sie übersieht und nicht beachtet.

Auch das Wort »Moment« ist mit »atomar« verwandt. Darin steckt nukleare Sprengkraft, die durch die schnelle Freisetzung von Energie durch Spaltung des Atomkerns entsteht. Die Kraft ist indirekt proportional zur Größe. Bei der Spaltung wird das Atom geteilt. Diese Kraft kann sogar ein Erdbeben auslösen. Wenn Sie einen entscheidenden, göttlichen Augenblick nutzen, lösen Sie eine atomare Reaktion aus. Sie werden zu einem menschlichen Katalysator, der eine göttliche Wirkung haben kann.

> Wenn Sie einen entscheidenden, göttlichen Augenblick nutzen, lösen Sie eine atomare Reaktion aus. Sie werden zu einem menschlichen Katalysator, der eine göttliche Wirkung haben kann.

Genau das finden wir im Leben von Jonatan. Jonatan war ein Mensch, der seinen entscheidenden Augenblick, seine göttliche Gelegenheit nutzte und sich auf ein Abenteuer einließ, das er nie vergessen sollte. Mit seinem Beispiel fordert er auch uns heraus: »Wage es, ein Leben voller Abenteuer zu führen!«

Jonatan war der Sohn Sauls, des Königs von Israel. Samuel beschreibt uns einen entscheidenden Augenblick im Leben dieses jungen Prinzen (1. Samuel 14). Mit sorgfältiger Detailtreue malt uns Samuel vor Augen, wie man einen solchen Moment Gottes nutzen kann. Die gleichen Eigenschaften, die Jonatan aufwies, habe ich bei Männern und Frauen gesehen, die die bemerkenswerte Fähigkeit besitzen, die entscheidenden Momente des Lebens zu nutzen. Sie sind in der Lage, das Atom zu nehmen und die darin enthaltene Sprengkraft freizusetzen. Was für andere ein verpasster Augenblick werden könnte, wird für sie ein Augenblick, aus dem sie alles herausholen. Für sie steckt das Leben voller Gelegenheiten und unzähliger Möglichkeiten. Sie packen das Leben ähnlich an wie Jonatan. Im Laufe der Zeit habe ich mir angewöhnt, diese Eigenschaften als den »Jonatan-Faktor« zu bezeichnen.

Der Jonatan-Faktor ist das explosive Ergebnis, das entsteht, wenn Gottes Charakter so sehr unseren Charakter beeinflusst, dass sich unser Leben verändert. Unsere Vorstellung von Gott hat einen entscheidenden Einfluss darauf, welche Art von Menschen wir werden. Unser Verständnis von Gottes Wirken bestimmt, welches Leben wir in Gott führen. Wir sollen Jesus nicht nur nachfolgen, sondern ihn auch empfangen. Das Erste verlangt, dass wir uns zu Gott hin bewegen. Das Zweite erlaubt uns, zu bleiben, wo wir sind, während Gott auf uns zukommt. Als Jesus über diese Erde ging, mussten seine Jünger mit ihm Schritt halten. Wenn sie ihm nahe bleiben wollten, mussten sie sich dafür entscheiden, das Leben zu verlassen, das sie ohne ihn geführt hatten, und dorthin zu gehen, wohin er ging.

Jonatans Leben unterstreicht, dass Gott uns zu einem Leben voller Abenteuer beruft. Auf dem Weg erwartet uns vieles, das geheimnisvoll, gefährlich und unbekannt ist. Unser Ziel soll es sein, das Leben zu führen, zu dem Gott uns erschaffen hat, die Erfahrungen zu machen, die Gott uns schenken möchte. Der Weg beginnt jetzt. In diesem Augenblick. Egal, was Sie tun, stellen Sie sich auf große Entdeckungen ein.

Genießen Sie den Moment

Vor kurzem klingelte mein Handy und ich bekam einen Anruf von der Ostküste. Vom anderen Ende der USA rief mich ein Mann an, den ich bis dahin nicht kannte. Er hatte meine Nummer von einer Freundin, der ich vor mehreren Jahren geholfen hatte, zum Glauben an Jesus zu finden. Sie hatte ihn kennen gelernt und herausgefunden, dass er intensiv auf der Suche nach Gott war. Sie hatte ihm vorgeschlagen, mich anzurufen, und wir führten ein Ferngespräch über geistliche Fragen. Sehr bald machte ich darauf aufmerksam, wie schwer es sei, ein so wichtiges Gespräch am Telefon zu führen. Er gab mir Recht und schlug spontan vor, dass er nach Los Angeles kommen könne, damit wir uns persönlich unterhalten könnten.

Ehrlich gesagt, ging es bei mir gerade recht hektisch zu. Neben meiner Arbeit als Pastor unserer Gemeinde im Herzen von Los Angeles, *Mosaic*, und meiner Arbeit an diesem Buch flog ich immer wieder ein paar Tage quer durch das Land zu Vorträgen. Meine Familie hatte gerade gefordert, dass ich stärker an ihrem Leben teilnehme. Deshalb hatte ich in meinem Terminkalender Platz geschaffen, um mehr Zeit für sie zu haben und, wie ich hoffte, das Manuskript rechtzeitig zum Abgabetermin fertig zu bekommen. Aber eines wusste ich: Für jemanden, der auf der Suche nach Gott ist, findet meine Familie immer Zeit. Deshalb lud ich ihn ein, bei uns zu wohnen, und ich ermutigte ihn, so bald wie möglich zu kommen. Er schien ein wenig überrascht zu sein, dass wir einen Fremden in unser Haus einluden, nahm die Einladung aber gern an. Es war, als wüsste er, dass eine Tür zu einer Gelegenheit aufgegangen war, die er nicht verpassen wollte. Später erfuhr ich, dass er während seines Fluges ein älteres Manuskript dieses Buches las, das ich unserer gemeinsamen Freundin gegeben hatte. Er war fest entschlossen, Gottes entscheidenden Moment für sein Leben zu nutzen.

Eine Woche später holten mein Sohn Aaron und ich diesen Professor für internationale Politik vom Flughafen ab und fuhren mit ihm zu uns nach Hause. Wir genossen die Gemeinschaft mit ihm sehr, und unsere Gespräche über Gott überzeugten mich davon, dass er Jesus wirklich nachfolgen wollte. Dann forderte er mich heraus: Er fragte, ob ich ihn am Sonntag taufen würde. Ich erklärte ihm, dass unsere Gemeinde ihre Räume nur gemietet habe und wir deshalb kein Taufbecken hätten. Aber ich könnte ihn gern im Meer oder in unserem Schwimmbad taufen. Ich erwähnte das Meer nur am Rande. Ich hatte nicht die Absicht, um diese Jahreszeit mit ihm an den Strand zu fahren. Für Los Angeles sind 10 Grad sehr kalt, ganz zu schweigen von der Wassertemperatur. Der Pazifik ist im Sommer kalt und den Rest des Jahres unbarmherzig.

Meine Betonung lag auf dem Schwimmbad, aber irgendwie reizte ihn dieses kalte Naturerlebnis, im Meer getauft zu werden. Er erklärte begeistert, dass er sich im Pazifik taufen lassen wolle. Ich schlug ihm eine bessere Möglichkeit vor: Wir haben einen Whirlpool. Wir könnten ihn aufheizen. Ich könnte ihn dort taufen. Er fragte mich, ob es legitim sei, in einem Whirlpool getauft zu werden. Würde das in Gottes Augen zählen? Ich erklärte ihm, dass

Gott eine Taufe im Whirlpool akzeptieren würde, aber für ihn klang das nach Betrug. Nein, er ließ sich nicht umstimmen: Es musste der Ozean sein. Ich erinnerte ihn daran, dass es sehr kalt werden würde, dass das Wasser unerträglich wäre, aber er ließ sich nicht davon abbringen. Er wollte seine Hingabe an Jesus Christus nicht in einem geheizten Whirlpool zum Ausdruck bringen. Ich erklärte ihm, dass ich Taufen normalerweise an jemand anderen delegiere, aber wenn er darauf bestehe, würde ich ihn natürlich selbst im Meer taufen.

Und so fuhr ich an einem Sonntagnachmittag in einer Pause zwischen zwei Gottesdiensten zum Dockweiler Beach. Habe ich erwähnt, dass es regnete? Ein kalter Regen, ein bedeckter Himmel – es war ein Tag, auf den Seattle stolz gewesen wäre. Wir hatten keine Probleme, einen Parkplatz zu finden. Das Kassenhäuschen für die Parkscheine war nicht besetzt. Der Strand war leer, als hätten wir ihn für uns reserviert. Die Umkleidekabinen waren abgeschlossen. Wir waren also gezwungen, uns im Freien in der Kälte umzuziehen. Ich hatte mir kurz vorher beim Basketballspielen den Knöchel verstaucht und wusste, dass ich also nicht einmal schnell aus dem eisigen Wasser in mein warmes Auto würde sprinten können. Die ganze Erfahrung würde langwierig und schmerzlich werden.

Wir waren nur eine Hand voll Leute als Zeugen für diesen wichtigen Moment. Mein Sohn Aaron betete mit uns, und dann stiegen wir beide ins Wasser. Mann, war das kalt! Das Wasser hatte nur eine einzige gnädige Eigenschaft: Es war so kalt, dass meine Beine fast auf der Stelle gefühllos wurden. Bald spürte ich keinen Schmerz mehr. Nachdem eine Welle uns beinahe mitgerissen und uns beide getauft hätte, erklärte ich ihn in dem ruhigeren Wasser, das danach folgte, zu einem Jünger Jesu Christi und taufte ihn im Namen des Vaters und des Sohnes und des Heiligen Geistes.

Als er aus dem Wasser stieg, sah er ganz und gar nicht so aus, als friere er. Seine Augen waren voll Freude und Aufregung. Es war ein erstaunlich warmer Augenblick, als wir uns im Wasser als Brüder in Christus umarmten. Alles andere, die Kälte und der

Schmerz, war in diesem Augenblick unwichtig. Ich konnte diesen Moment einfach genießen.

Die wichtigsten Momente kommen selten zu einem gelegenen Zeitpunkt. Manchmal wünscht man sich, Gott würde zuerst in unserem Kalender nachsehen. Das Ironische dabei ist, dass unsere Kalender mit dem Weltlichen und Gewöhnlichen vollgepackt sind und wir irritiert sind, wenn Gott uns mit dem Wunderbaren und Außergewöhnlichen unterbricht. Die Bibel ist voller Geschichten über Menschen, die von Gott brutal unterbrochen wurden. Wir lesen diese Geschichten und sehnen uns danach, auch solche Abenteuer zu erleben wie diese Männer und Frauen. Aber sind wir bereit, von einem Moment auf den anderen zu reagieren, wenn Gott uns unterbricht?

In einem Moment gefangen

Einer der Gründe, warum wir nicht für den Moment vor uns bereit sind, ist oft der, dass wir in einem Moment gefangen sind, der hinter uns liegt. Das Rock-Album, das 2002 den Grammy gewann, war *All That You Can't Leave Behind* (Alles, was du nicht hinter dir lassen kannst) von U2. Gleich nach ihrem Hit »Beautiful Day« kommt ein Lied mit dem Titel: »Stuck in a Moment You Can't Get Out Of« (In einem Moment gefangen, aus dem du nicht herauskommen kannst). Das Lied zeichnet ein Bild sowohl von unseren Gelegenheiten als auch von unserem Dilemma. Da draußen ist ein schöner Tag, den du sehen und erleben kannst. Aber die Tragik ist: Er wird dir nicht bewusst, wenn du in einem Moment gefangen bist, aus dem du nicht herauskommen kannst. Bono and the Edge schrieben folgende Worte:

> I never thought you were a fool
> But darling, look at you
> You gotta stand up straight, carry your own weight

These tears are going nowhere, baby
You've got to get yourself together
You've got stuck in a moment and now you can't get out of it
Don't say that later will be better
Now you're stuck in a moment
And you can't get out of it.

Ich dachte nie, dass du dumm wärst,
aber, Liebling, schau dich an.
Du musst gerade stehen, deine Last tragen,
diese Tränen führen zu nichts, Baby.
Du musst dich zusammenreißen.
Du bist in einem Moment gefangen, und jetzt kannst du dich nicht daraus befreien.
Sage nicht, später werde alles besser.
Du bist jetzt in einem Moment gefangen
und du kannst dich nicht daraus befreien.

Das Lied kommt zu folgendem Schluss:

And if the night runs over and if the day won't last
And if your way should falter along the stony pass
It's just a moment
This time will pass.

Und wenn die Nacht vergeht und wenn der Tag nicht bleibt
und wenn dein Fuß strauchelt auf dem steinigen Weg:
Es ist nur ein Moment.
Diese Zeit wird vergehen.

Jedes Lied auf der CD wird von einem Symbol begleitet. Das Symbol für »Stuck in a Moment« besteht aus vier Pfeilen, die nach innen auf einen kleinen Punkt zeigen. War das schon einmal das Symbol für Ihr Leben? Ein Moment in der Vergangenheit verfolgt jeden Moment Ihres Lebens. Ein Augenblick in Ihrer Geschichte, der Ihnen alle Augenblicke in der Zukunft stiehlt. Gibt es einen

Augenblick, den Sie immer wieder durchleben? Wer die Vergangenheit immer wieder durchlebt, verpasst die Zukunft. Erst wenn Sie den Willen haben, die Vergangenheit loszulassen, sind Sie bereit, Schritte in die Zukunft zu gehen. Wenn Sie sich entscheiden, in einem Augenblick verhaftet zu bleiben, werden Sie unfähig, die heiligen Augenblicke zu nutzen, die Gott für Sie bereihält.

Ich weiß, welche Klebkraft ein Moment haben kann. Bei mir gab es Dinge, die mich nicht losließen, weil ich sie nicht losließ. Während die Welt um mich herum weiterging, lebte ich immer noch in der Vergangenheit. Auch wenn wir Zeitreisende sind, sind wir dafür ausgelegt, vorwärts zu gehen und nicht rückwärts. Wenn wir immer rückwärts reisen, leidet unsere Seele darunter. Die Vergangenheit zu studieren kann eine gute Hilfe für den Aufbruch in die Zukunft sein, aber in der Vergangenheit zu leben ist ein Feind der Zukunft.

Ich klebte in einem Augenblick fest, aus dem ich nicht herauskommen konnte. Das ging so weit, dass ich mit zwölf Jahren beim Psychiater landete. Ich litt unter den schweren Folgen, die es hat, wenn man in der Vergangenheit lebt: Depressionen, Verzweiflung, Isolation. Wir sind nicht dafür geschaffen, rückwärts in die Zukunft zu gehen. Allein die Entscheidung, nach vorne, in die Zukunft zu schauen, hat eine heilende Kraft. Kein Wunder, dass Gott Israel immer wieder auf seine Verheißung hinwies, dass es für Israel immer eine Zukunft und eine Hoffnung geben würde. Diese zwei Kräfte gehören immer zusammen.

Wenn Sie in einem Moment festkleben, fordere ich Sie auf: Drehen Sie sich um, hören Sie auf, nach hinten zu schauen, und wagen Sie es, nach vorne zu schauen. Es gibt ein Abenteuer, das auf Sie wartet, eine Gelegenheit, die es zu erforschen gilt, und eine Zukunft, die Sie kreativ gestalten können. Die Zeit wurde nicht mit der Macht ausgestattet, Sie zurückzuhalten. Wenn die Zukunft Ihnen Angst einjagt, dann gehen Sie sie einfach Schritt für Schritt, Moment für Moment an.

Über einen Moment hinaus

Als Halle Berry 2002 den Oscar für die beste Hauptrolle bekam, war sie von diesem Augenblick überwältigt. Ihre erste Bemerkung: »Dieser Moment ist so viel größer als ich«, erinnert uns daran, dass Momente eine Zwischenstation zwischen der Vergangenheit und der Zukunft sind. Für Halle Berry war dieser Augenblick eine Würdigung der Arbeit und Opfer vieler Menschen, die ihr vorangegangen waren. Gleichzeitig war es die Tür, durch die ihrer Meinung nach künftige Schauspieler in Nebenrollen zu neuen Möglichkeiten gelangen konnten. Momente sind keine unabhängigen oder losgelösten Realitäten. Momente tragen in sich die Kraft der Vergangenheit und verstärken die Kraft für die Zukunft.

Momente tragen in sich die Kraft der Vergangenheit und verstärken die Kraft für die Zukunft.

Guy Pearce, der die Hauptrolle in *Die Zeitmaschine* spielte, war auch Hauptdarsteller in einem anderen Film, *Memento.* In *Memento* spielt er einen Mann, der kein Kurzzeitgedächtnis hat. Er ist im wahrsten Sinne des Wortes Existenzialist. Alles, was er hat, ist das Jetzt. Er lebt im Grunde ohne Vergangenheit und als Folge davon auch ohne Zukunft. Er versucht, dieses Dilemma zu lösen, indem er Zettel auf seinen Körper klebt, damit er weiß, was er als Nächstes tun muss.

Wenn wir aus der Vergangenheit lernen, kann uns das darauf vorbereiten, unsere entscheidenden Augenblicke zu ergreifen. Gleichzeitig hilft es uns, wenn wir in die Zukunft schauen, den richtigen Platz einzunehmen und mit Zuversicht in den Augenblick zu gehen. Der gegenwärtige Augenblick ist der Punkt, an dem die Vergangenheit und die Zukunft zusammenstoßen. Innerhalb eines Augenblicks steckt ein riesiges Potenzial. Das ist das Geheimnis eines Moments. Er ist so klein, dass man ihn ignorieren kann, und doch so groß, dass er unser ganzes Leben für immer verändern kann. Das Leben ist die Gesamtsumme dessen, was wir mit den

Momenten machen, die uns gegeben sind. Man kann den *Moment* definieren als »die Zeitperiode, in der jemand oder etwas existiert oder ein Ereignis geschieht«. Die Umschreibungen, die gebraucht werden, um einen Augenblick zu erfassen, reichen von sehr klein bis zu epischen Dimensionen. Lassen Sie die folgenden Umschreibungen für einen »Moment« auf sich wirken: *Moment, Augenblick, Bruchteil einer Sekunde, Sekunde, Minute, Stunde, Tag, Kapitel, Phase, Saison, Zeitalter, Generation, Ära, Epoche.* In einem Moment steckt das Potenzial für ewige Auswirkungen.

Ein Moment der Entscheidung

Das göttliche Potenzial eines Moments wird freigesetzt durch die Entscheidungen, die wir treffen. Der persönliche, historische und ewige Wert jedes Moments steht in direkter Verbindung zu den Entscheidungen, die wir darin treffen müssen. Wenn ein Moment das Tor ist, durch das Ihr Abenteuer mit Gott beginnt, dann ist die Entscheidung der Schlüssel, der diese Tür aufschließt. Irgendwo in der Vergangenheit wurde die Macht, Entscheidungen zu treffen, aus dem Geistlichen ins Praktische verlagert. Wir haben eine unnatürliche Trennung geschaffen zwischen dem geistlichen und dem alltäglichen Leben. Wir haben vergessen, dass Gott uns mit der Fähigkeit geschaffen hat, uns zu entscheiden. Er hat uns die Gabe des freien Willens gegeben. In dieser Fähigkeit kommt vielleicht am stärksten zum Ausdruck, dass wir nach dem Bild Gottes geschaffen sind.

Die beste geistliche Aktivität, der Sie heute nachgehen können, besteht darin, Entscheidungen zu treffen. Alle anderen Aktivitäten, die wir als geistlich beschreiben – Gottesdienst, Gebet, Meditation – wollen uns helfen, unsere Beziehung zu Gott zu pflegen und uns auf das Leben vorzubereiten. Momente sind der Kontext, in dem wir leben, und unsere Entscheidungen legen den Kurs und das Ziel fest. Im Schöpfungsbericht lesen wir, dass Gott, als er Mann und

Frau erschaffen hatte, sie in einen Garten stellte, in dem sie Entscheidungen treffen mussten. Das Paradies war voll von Bäumen und köstlichen Früchten.

Wir lesen: »Und Gott der Herr nahm den Menschen und setzte ihn in den Garten Eden, dass er ihn bebaute und bewahrte. Und Gott der Herr gebot dem Menschen und sprach: Du darfst essen von allen Bäumen im Garten, aber von dem Baum der Erkenntnis des Guten und Bösen sollst du nicht essen; denn an dem Tage, da du von ihm isst, musst du des Todes sterben« (1. Mose 2,15-17).

Momente sind der Kontext, in dem wir leben, und unsere Entscheidungen legen den Kurs und das Ziel fest.

Mit anderen Worten: In diesem Garten gab es unzählige Gelegenheiten zum Genuss. Adam konnte aus der unendlichen Zahl guter Bäume beliebig auswählen. Es stand ihm frei, aus der grenzenlosen Auswahl, die ihm zur Verfügung stand, alle Früchte zu essen, die er wollte. Mit einer einzigen Ausnahme. Gott gab Adam klare Anweisungen. Jede Entscheidung bis auf eine war die richtige Entscheidung. Nur eine einzige Möglichkeit war die falsche Wahl. Wie wir alle wissen, entschied sich Adam ausgerechnet für diese. In diesem Augenblick veränderte sich alles. Seine Beziehung zu Gott war gestört. Er hatte sich für einen anderen Weg entschieden, einen Weg ohne die Gegenwart Gottes.

Genau wie Adam legen wir unseren Kurs fest und bestimmen unseren Weg mit den Entscheidungen, die wir treffen. Unsere Entscheidungen bewegen uns entweder zu Gott hin und zu all den Freuden, die in ihm zu uns kommen, oder sie lenken uns von ihm weg und hinein in ein Leben voll Scham und Angst.

In der Bibel lesen wir, dass Adam sich versteckte und Gott ihn suchte. Das ist ein wichtiger Aspekt, der uns große Hoffnung macht. Selbst wenn wir uns im Urwald verirren, geht Gott uns in seiner großen Barmherzigkeit nach und lädt uns erneut ein, uns auf ein heiliges Abenteuer mit ihm zu begeben.

Momentane Verwirrung

Was mich an Adam so frustriert: Wie konnte er nur alles vermasseln, wenn ihm doch die ganze Welt offen stand? Schließlich war bis auf eine einzige jede mögliche Entscheidung, die er treffen konnte, richtig. So stelle ich mir das Paradies vor. Heute kann man das Gefühl bekommen, wir lebten in einem Dschungel, in dem es unendlich viele falsche Entscheidungsmöglichkeiten gibt und in dem wir verzweifelt die einzige richtige Entscheidung herausfinden müssen. Gott sei Dank werden wir bald sehen, dass dies ganz und gar nicht der Fall ist. Gerade, wenn ich vor diesem anscheinend erdrückenden Dilemma kapitulieren will, werde ich mit Gottes Perspektive zu meinem gegenwärtigen Dilemma konfrontiert. In 5. Mose 30 spricht Gott zu seinem Volk:

> Denn das Gebot, das ich dir heute gebiete, ist dir nicht zu hoch und nicht zu fern. Es ist nicht im Himmel, dass du sagen müsstest: Wer will für uns in den Himmel fahren und es uns holen, dass wir's hören und tun? Es ist auch nicht jenseits des Meeres, dass du sagen müsstest: Wer will für uns über das Meer fahren und es uns holen, dass wir's hören und tun? Denn es ist das Wort ganz nahe bei dir, in deinem Munde und in deinem Herzen, dass du es tust. (5. Mose 30,11-14)

In einem sehr sarkastischen Ton sagt Gott klar und deutlich: »Kommt mir nicht damit, ihr wüsstet nicht, was ihr tun sollt, und kommt bloß nicht auf die Idee, mir erzählen zu wollen, es wäre zu schwer und überstiege eure Fähigkeiten. Alles, was ihr wissen müsst, um vorwärts zu gehen und euren entscheidenden Augenblick zu nutzen, liegt vor eurer Nase.«

Der Herr spricht weiter:

> Siehe, ich habe dir heute vorgelegt das Leben und das Gute, den Tod und das Böse. Wenn du gehorchst den Geboten des Herrn,

deines Gottes, die ich dir heute gebiete, dass du den Herrn, deinen Gott, liebst und wandelst in seinen Wegen und seine Gebote, Gesetze und Rechte hältst, so wirst du leben und dich mehren, und der Herr, dein Gott, wird dich segnen in dem Lande, in das du ziehst, es einzunehmen.

Wendet sich aber dein Herz und du gehorchst nicht, sondern lässt dich verführen, dass du andere Götter anbetest und ihnen dienst, so verkünde ich euch heute, dass ihr umkommen und nicht lange in dem Lande bleiben werdet, in das du über den Jordan ziehst, es einzunehmen.

Ich nehme Himmel und Erde heute über euch zu Zeugen: Ich habe euch Leben und Tod, Segen und Fluch vorgelegt, damit du das Leben erwählst und am Leben bleibst, du und deine Nachkommen, indem ihr den Herrn, euren Gott, liebt und seiner Stimme gehorcht und ihm anhangt. Denn das bedeutet für dich, dass du lebst und alt wirst und wohnen bleibst in dem Lande, das der Herr deinen Vätern Abraham, Isaak und Jakob geschworen hat, ihnen zu geben. (5. Mose 30,15-20)

Gott zeigt zwei verschiedene Wege auf. Der eine Weg führt von ihm weg; auf dem anderen Weg geht er mit uns und zeigt uns die Richtung. Unmissverständlich erklärt er den einen als Weg zum Tod und den anderen als Weg zum Leben. Falls wir immer noch verwirrt sein sollten, stellt er noch einmal klar: »Denn das [dem Herrn nachfolgen] bedeutet für dich, dass du lebst.« Keine Ausreden, keine Zweideutigkeit. Die Möglichkeiten sind eindeutig, und der Weg wird durch so etwas Einfaches wie eine Entscheidung festgelegt.

Fünf mächtige, lebensverändernde Worte spricht Gott zu uns: Damit du das Leben erwählst! Jetzt, in diesem Augenblick werden wir aufgefordert: Lege das Gepäck und die Lasten der Vergangenheit ab, schüttle die Angst vor der unbekannten Zukunft von dir ab. Wähle das Leben. Jetzt. Nutze Gottes entscheidenden Augenblick in deinem Leben.

Ein wegweisender Moment

Entscheidungen schaffen wegweisende Momente. In einigen Momenten stecken wichtige Entscheidungen. Einige Entscheidungen verändern für immer unser Leben. Wir blicken vielleicht zurück und erkennen, dass eine Entscheidung, die wir getroffen haben, unser Leben seitdem aus dem Gleis geworfen hat. Wir warten und warten und hoffen, dass die Konsequenzen jener Entscheidung in der Vergangenheit bald ein Ende nehmen. Genauso erkennen wir vielleicht, dass wir in einem anderen Moment eine Entscheidung getroffen haben, die uns jahrelang gute Früchte gebracht hat.

Wenn ich auf mein Leben zurückblicke, kommt es mir vor, als hätten eine Hand voll Momente mein ganzes Leben geprägt. Ich bin überzeugt, dass die meisten von uns ihr Leben um fünf bis sechs entscheidende Momente herum zusammenfassen könnten – Momente, die den weiteren Verlauf unseres Lebens in eine ganz andere Richtung hätten lenken können, wenn wir uns anders entschieden hätten. Für mich waren zwei dieser wegweisenden Augenblicke meine Entscheidung, Jesus nachzufolgen, und die Entscheidung, Kim zu bitten, meine Frau zu werden.

Im Sommer 1983 reiste ich durch Südkalifornien und sprach in verschiedenen Gemeinden. In einer Pause fuhr ich an den Laguna Beach, um mich ein wenig auszuruhen. Ich kletterte auf die Klippen hinauf, von denen man einen herrlichen Blick über den weiten Strand hat, der für seine atemberaubende Schönheit bekannt ist. Ich stand dort oben und saugte diesen Anblick ein, der zu den schönsten gehört, die ich bis dahin erlebt hatte. Ich spürte die beruhigende Kraft der Wellen, die melodisch gegen die Felsen donnerten. Es war, als würde ich zuschauen, wie die Natur tanzt, und die Geräusche wären der Applaus.

In diesem Moment beschloss ich, eine Verpflichtung einzugehen, zu der ich mich vorher einfach nicht fähig gefühlt hatte. Ich hatte noch nie eine gute Ehe gesehen. Als Kind hatte ich nur zu genau die schmerzlichen Folgen einer Scheidung erfahren. Ich wusste, wie es ist, wenn ein Elternteil nur ein gesichtsloser Fremder ist. Ich wusste auch, dass Menschen, die früher ineinander verliebt gewesen waren, sich gegenseitig großen Schmerz zufügen konnten. Ich war voll Unsicherheit, ob ich in der Lage wäre, ein ähnlich trauriges Ende zu verhindern. Wollte ich wirklich einem Menschen meine lebenslange Hingabe versprechen?

Dieser Moment veränderte mich. Ich erinnere mich, dass ich dachte: Das Leben wird voll sein mit Augenblicken wie diesem – spektakulär, atemberaubend, unvergesslich. Auf mich wartete ein Abenteuer voll Überraschungen und Wundern. In diesem Moment wusste ich, dass ich diesen Weg nicht allein gehen wollte und dass Kim die perfekte Partnerin war, um mit mir in die Zukunft zu gehen. Die Entscheidung in diesem Moment veränderte alles. Mein Leben war nie mehr dasselbe. Für uns alle gibt es entscheidende Augenblicke, die radikal den Weg und Inhalt unseres Lebens verändern.

Gute Entscheidung

Die Macht eines Moments macht jeden Augenblick zu einer Quelle unermesslicher Gelegenheiten und Hoffnungen. Egal, welches Leben Sie bis jetzt geführt haben, egal, wie viele falsche Entscheidungen Sie getroffen haben, der nächste Moment wartet darauf, Ihnen ein neues Leben zu schenken.

Vielleicht verdeutlicht das niemand besser als Rahab im Buch Josua. Sie wohnte zu der Zeit, als Josua Anführer von Israel war, in Jericho. Jericho würde bald in die Hände des Volkes Gottes fallen. Als Vorbereitung für ihre Eroberung schickte Josua zwei Kundschafter in die Stadt. Sie wohnten in Rahabs Haus. Die Bibel berichtet uns über Rahab vor diesem Zeitpunkt nur, dass sie eine Prostituierte war. Dieses Wort war die Zusammenfassung ihres Lebens. Wenn Sie jemals das Leben einer Prostituierten gesehen haben, wissen Sie wahrscheinlich, dass das Wort *Leben* eine maßlose

Übertreibung ist. *Existenz, Qual, Bestrafung, lebendig tot sein, dahinvegetieren* – das alles sind bessere Beschreibungen für die wachen Stunden im Leben einer Prostituierten. Welche Alpträume konnten noch schlimmer sein als der Alptraum, den sie erlebte, wenn sie wach war? Aber in einem einzigen Augenblick veränderte sich Rahabs Leben für immer.

Sie hatte vom Gott Israels gehört. Mit ihren eigenen Worten drückt sie aus, wovon sie überzeugt ist: »Denn der Herr, euer Gott, ist Gott oben im Himmel und unten auf Erden« (Josua 2,11). Aufgrund dieser Überzeugung bot sie an, den Kundschaftern zu helfen, wenn sie ihr Leben und das Leben ihrer Familienmitglieder verschonen würden. Die Kundschafter waren einverstanden und wiesen sie an, ein rotes Band in ihr Fenster zu hängen. Wenn sie das tat, würde ihre ganze Familie, die bei ihr im Haus war, verschont bleiben. Die Bibel berichtet: »Rahab aber, die Hure, samt dem Hause ihres Vaters und alles, was sie hatte, ließ Josua leben. Und sie blieb in Israel wohnen bis auf diesen Tag, weil sie die Boten verborgen hatte, die Josua gesandt hatte, um Jericho auszukundschaften« (Josua 6,25).

Die Familie, die Rahab rettete, war nicht ihr Ehemann oder ihre Kinder. Solche Beziehungen gibt es in der Welt einer Prostituierten kaum. Sie hatte keinen Mann und keine Kinder. Sie rettete das Leben ihres Vaters und ihrer Mutter, ihrer Brüder und Schwestern und aller, die zu ihnen gehörten. Sie selbst hatte niemanden, der zu ihr gehörte. Hier drängen sich ein paar Fragen auf: Wo war ihre Familie, während sie das Leben einer Prostituierten führte? Wo waren ihr Vater und ihre Mutter, als sie Rat und Führung brauchte? Warum setzten sich ihre Geschwister nicht dafür ein, ihr zu helfen und sie aus dem Leben der Dekadenz und Zerstörung zu retten? Und wie konnte das Herz einer Prostituierten, das längst abgestorben sein musste, immer noch so viel Mitgefühl für die Familie aufbringen, aus der sie stammte? Die einzige Zukunft, die sie rettete, war bestimmt nur die ihrer Angehörigen. Was für eine Zukunft konnte sie für sich selbst überhaupt retten?

Aber in diesem Moment wird nicht eine Zukunft gerettet, sondern es wird eine Zukunft geschaffen. Rahab fand bei Gottes Volk mehr als nur Schutz. Sie fand eine neue Familie. Später erfahren wir, dass Rahab einen Israeliten heiratete. Rahab heiratete einen Mann namens Salmon, dessen Sohn war Boas, der Mann von Rut, dessen Sohn war Obed, dessen Sohn war Isai, dessen Sohn war David, der König von Israel. Wenn wir diesen Stammbaum weit genug verfolgen, stellen wir fest, dass das Blut von Rahab auch in den Adern von Josef floss, dem Mann von Maria, der Mutter Jesu. Die Prostituierte Rahab begab sich in einem einzigen entscheidenden Augenblick, den Gott ihr schenkte, durch eine lebensverändernde Entscheidung auf einen Weg, der ihr alles schenkte, was sie verloren hatte, und viel mehr, als sie sich je erträumen konnte. Genauso wie Rahab sind wir immer nur eine Entscheidung weit von einem völlig veränderten Leben entfernt. Schlimmstenfalls ist das Gute nur eine Entscheidung weit weg.

Schlimmstenfalls ist das Gute nur eine Entscheidung weit weg.

Der Augenblick der Wahrheit

Augenblicke kommen und gehen. Oft gehen damit auch die Gelegenheiten, die darin liegen. Die Zeit ist ein Tyrann. Sie verschlingt ungenutzte Gelegenheiten. Die einzigen Entscheidungen, die Leben bekommen, sind die Entscheidungen, die wir treffen. Aber es kann auch vorübergehende Verzögerungen geben. Die gute Nachricht ist: Wenn Sie sich für das Gute entscheiden, wenn Sie sich entscheiden, sich mit Gott auf sein Abenteuer zu begeben, kann nichts Sie daran hindern, Gottes Absichten für Ihr Leben zu verwirklichen.

Hatten Sie schon jemals das Gefühl, dass Sie die richtigen Entscheidungen getroffen haben, aber alles um Sie herum arbeitete gegen Sie? So dürfte sich Kaleb gefühlt haben. Mose forderte die

Anführer jedes Stammes auf, einen Mann auszuwählen, der das verheißene Land auskundschaften sollte. Unter diesen zwölf Männern waren auch Josua und Kaleb. Sie sollten zurückkehren und dem Volk Israel Bericht erstatten. Ich schätze, Mose erwartete, dass die zwölf mit einem Bericht zurückkämen, der so motivierend wäre, dass Gottes Volk begeistert losziehen würde. Zehn von den Kundschaftern berichteten, dass das Land herrlich sei, aber ihr Bericht konzentrierte sich trotzdem auf das Negative.

Diese zehn berichteten Mose übereinstimmend: »Wir sind in das Land gekommen, in das ihr uns sandtet; es fließt wirklich Milch und Honig darin und dies sind seine Früchte. Aber stark ist das Volk, das darin wohnt, und die Städte sind befestigt und sehr groß; und wir sahen dort auch Anaks Söhne« (Anaks Söhne waren Riesen; 4. Mose 13,27-28).

Im Gegensatz dazu sagten Kaleb und Josua, nachdem Kaleb das Volk zum Schweigen gebracht hatte: »Lasst uns hinaufziehen und das Land einnehmen, denn wir können es überwältigen« (4. Mose 13,30).

Die anderen zehn widersprachen ihrer Aussage: »Wir vermögen nicht hinaufzuziehen gegen dies Volk, denn sie sind uns zu stark« (4. Mose 13,31).

Es wird weiter berichtet, dass sie unter den Israeliten Schreckensgeschichten über das Land, das sie ausgekundschaftet hatten, verbreiteten. Ihre Schlussfolgerung lautete: »Das Land, durch das wir gegangen sind, um es zu erkunden, frisst seine Bewohner, und alles Volk, das wir darin sahen, sind Leute von großer Länge. Wir sahen dort auch Riesen, Anaks Söhne aus dem Geschlecht der Riesen, und wir waren in unsern Augen wie Heuschrecken und waren es auch in ihren Augen« (4. Mose 13,32-33).

Das Volk entschied sich, Kaleb und Josua nicht zu glauben, obwohl dieser Bericht Gottes Auftrag und Verheißung bestätigte. Sie stachelten sogar eine Rebellion gegen Mose an und fingen an, einen anderen Anführer zu wählen, der sie nach Ägypten zurückbringen sollte.

Diese Entscheidung sollte sie die nächsten fünfundvierzig Jahre ihres Lebens kosten. Am Ende führte es sogar so weit, dass alle, die sich entschieden, diesen Weg nicht weiterzugehen, zurückgelassen wurden. Eine ganze Generation starb und wurde in der Wüste, die sie nicht hatten verlassen wollen, begraben.

Nur Josua und Kaleb erlebten, fünfundvierzig Jahre später, wie die Verheißung in Erfüllung ging. Kaleb war jetzt fünfundachtzig Jahre alt. Sein Freund und Weggefährte, Josua, war dabei, das Land aufzuteilen. Inmitten von Josuas Aufteilung ergriff Kaleb das Wort und erinnerte Josua an die Ereignisse, die zu diesem Tag geführt hatten. Er blickte zurück auf Kadesch-Barnea, den Ort, an dem Israel eine Entscheidung treffen hatte müssen. Es war ihr Augenblick der Wahrheit gewesen, und sie hatten versagt. Nicht so Kaleb.

Er erinnert Josua:

> »Ich war vierzig Jahre alt, als mich Mose, der Knecht des Herrn, aussandte von Kadesch-Barnea, um das Land zu erkunden, und ich ihm Bericht gab nach bestem Wissen. Aber meine Brüder, die mit mir hinaufgezogen waren, machten dem Volk das Herz verzagt; ich aber folgte dem Herrn, meinem Gott, treulich. Da schwor Mose an jenem Tage und sprach: Das Land, das dein Fuß betreten hat, soll dein und deiner Nachkommen Erbteil sein für immer, weil du dem Herrn, meinem Gott, treulich gefolgt bist.« (Josua 14,7-9)
>
> Kaleb erklärte weiter: »Und nun siehe, der Herr hat mich am Leben gelassen, wie er mir zugesagt hat. Es ist nun fünfundvierzig Jahre her, dass der Herr dies zu Mose sagte, als Israel in der Wüste umherzog. Und nun siehe, ich bin heute fünfundachtzig Jahre alt.« (Josua 14,10)

Mit anderen Worten sagt Kaleb zu Josua: »Ich war vor fünfundvierzig Jahren bereit, das Land einzunehmen, aber da Gottes Volk sich weigerte weiterzugehen, kostete mich das viele Jahre meines Lebens. Ich bin durch die Wüste gewandert, weil sie sich nicht entscheiden konnten, sich auf dieses Abenteuer einzulassen. Ich warte schon sehr lange, aber jetzt ist mein Augenblick gekommen.«

Dann erklärt Kaleb: »Ich bin noch heute so stark, wie ich war an dem Tage, da mich Mose aussandte. Wie meine Kraft damals war, so ist sie noch jetzt, zu kämpfen und aus- und einzuziehen. So gib mir nun dies Gebirge, von dem der Herr geredet hat an jenem Tage; denn du hast's gehört am selben Tage, dass dort die Anakiter wohnen und große und feste Städte sind. Vielleicht wird der Herr mit mir sein, damit ich sie vertreibe, wie der Herr zugesagt hat.« (Josua 14,11-12)

Hören Sie, was Kaleb hier sagt? »Ich warte seit fünfundvierzig Jahren auf diesen Augenblick. Ich warte nicht nur darauf, in diesem Land zu leben; ich will auch darum kämpfen.« Es ist, als wollte Kaleb Josua warnen: »Komm ja nicht auf die Idee, mir irgendein ruhiges Landstück zu geben, das bereits besiedelt ist. Ich mag zwar fünfundachtzig Jahre alt sein, aber ich bin noch nicht bereit, mich zur Ruhe zu setzen. Ich will das Land der Riesen. Ich will die größte Herausforderung. Ich will dorthin gehen, wohin die Ängstlichen sich nicht wagen. Ich weigere mich, auf dieses Abenteuer zu verzichten.«

Und so schließt diese Stelle mit folgenden Worten: »Da segnete ihn Josua und gab Kaleb, dem Sohn Jefunnes, Hebron zum Erbteil. Daher wurde Hebron das Erbteil Kalebs, des Sohnes Jefunnes, des Kenasiters, bis auf diesen Tag, weil er dem Herrn, dem Gott Israels, treulich gefolgt war.« (Josua 14,13-14)

Wofür entscheiden Sie sich in Ihrem Augenblick der Wahrheit? Entscheiden Sie sich für die Wüste oder für das Abenteuer? Verwechseln Sie den Segen Gottes mit Wohlstand, Bequemlichkeit und Sicherheit? Denken Sie daran, dass sein größter Segen kommt, wenn er uns auffordert, Pioniere, Forscher und Eroberer zu sein? Wagen Sie es, ein Leben voller Abenteuer zu führen? Wenn Sie das tun, leben Sie im Epizentrum des Wirkens Gottes.

epizentrum

Stehe nicht im Zentrum, wenn du nicht erschüttert werden willst.
Es wird immer gefährlich, wenn die Bewegung kommt.
Die Kraft ist unter der Oberfläche am stärksten,
dann bricht sie sich durch den harten Boden.
Epische Veränderungen bewegen sich von innen nach außen.

Ayden, The Perils of Ayden

Ayden wartete, während Maven geduldig am Feuer saß. Sein Schweigen ließ die Zeit noch langsamer vergehen.
Was sollte er hören? Nur der Wind wagte zu sprechen. Würde sein Auftrag vom Atem des Berges kommen? Würde der Norden oder der Osten seinen Namen rufen?
Wie sollte er wissen, wann er aufbrechen und seine Pilgerschaft antreten sollte? Wie sollte er wissen, welchen Weg er gehen sollte?
Als er es nicht länger ertragen konnte, wagte er, seinen Lehrer zu stören, und fragte: »Wann werde ich anfangen?«
»Jetzt«, erwiderte Maven.
»Welchen Weg gehe ich?« Ayden konnte seine Frustration nicht verbergen.
Maven wies ihn an: »Irgendwohin. Es gibt keinen Weg.«
Plötzlich begriff Ayden, dass es Maven war, der die ganze Nacht lang auf ihn gewartet hatte.

Eintrag 392, The Perils of Ayden

2

Initiative — Tu einfach etwas!

Es war eine Kombination aus Familienurlaub und Vortragsreise. Ort waren die schönen Strände im Norden Floridas. Meine Frau, Kim, und unsere Kinder, Aaron und Mariah, freuten sich auf das warme Wasser am Golf von Mexiko. Mein Auftrag war es, in dieser friedlichen Atmosphäre mehrere tausend Singles zu einem Leben mit mehr Hingabe herauszufordern. Ein tropischer Sturm war erst kurz vorher über das Gebiet hinweggezogen und machte das Schwimmen praktisch unmöglich, aber mein kleiner Sohn, Aaron, bestand darauf, dass wir zum Strand hinabgingen. Also spazierten wir von unserem Hotel die vier oder fünf Stufen hinab zum Strand. Rechts neben mir hielten sich ungefähr hundert Singles auf und genossen die Floridasonne.

Dann sah ich ihn. Irgendwie hatte er sich seinen Weg zum Wasser erkämpft, und jetzt trat er mühsam den Rückweg an. Ich hatte ihn vorher noch nie gesehen. Er schien nicht zu unserer Singlesfreizeit zu gehören. Überhaupt schien niemand Notiz von ihm zu nehmen. Er stand allein mitten in der Masse. Seine beiden Beine waren amputiert und er mühte sich mit speziellen Krücken über den sandigen Strand. Gerade als mein Blick auf ihn fiel, glitt eine seiner Krücken aus und er fiel schwer auf den Sand. Unbeeindruckt zog er sich in die Höhe, um gleich wieder hinzufallen. Das alles schien in einem einzigen Moment zu passieren; es dauerte gerade so lange, dass ich ihn rechts von mir sehen und den Weg nach links wählen konnte.

Ich wünschte, ich könnte sagen, dass ich einfach nicht nachgedacht hatte. Aber das Problem war, dass ich sehr wohl dachte. Ich wusste, wenn ich nach rechts ginge, müsste ich etwas tun. Deshalb ging ich nach links. Ich legte meinem Sohn den Arm auf die Schulter, drehte ihn weg und begann, mit ihm zu reden, um ihn von dieser Szene abzulenken. Wir gingen ein paar Schritte, und ich hatte schon das Gefühl, der Verantwortung entkommen zu sein, als mein Sohn mich plötzlich aufhielt. Zu meiner Überraschung sagte er: »Ich muss diesem Mann helfen.«

Er musste nichts erklären. Ich wusste genau, was er meinte. Seine Worte durchbohrten mich, und ich stand da und war in meiner Scheinheiligkeit wie gelähmt. Ich konnte ihn nur anschauen und sagen: »Dann geh und hilf ihm.« Verschiedene Gedanken rasten mir durch den Kopf. »Ich bin ertappt«, war einer davon. Aber an diesem Punkt ging es nicht mehr um mich und meine fehlende Bereitschaft, dem Mann zu helfen. Es war klar, dass dies Aarons Moment war. Ich hatte meinen Moment verpasst. Sein Mitgefühl befähigte ihn zu einer Heldentat. Während Aaron den Augenblick, den Gott ihm geschenkt hatte, nutzte, klebte ich in einem Moment fest, aus dem ich nicht herauskommen konnte.

Ich schaute zu, wie mein zehnjähriger Sohn über den Strand lief und ohne eine Erklärung anfing, dem Mann aufzuhelfen. Ich fragte mich unweigerlich, was der Mann wohl dachte, als dieser kleine Junge ihn und seine Krücke packte und versuchte, ihn in die Höhe zu ziehen. Ich beobachtete, wie die anderen am Strand sich umdrehten und Aarons vergebliche Bemühungen, dem Mann wieder auf die Hotelterrasse zu helfen, bemerkten. Fast sofort setzten sich mehrere Leute in Bewegung, um Aaron und dem Mann zu Hilfe zu kommen. Jemand hob die Krücken auf, während andere sich bückten und den Mann hochhoben. Die Gruppe bewegte sich wie ein aufeinander eingespieltes Team, um diesem Mann zu helfen.

Nachdem sie ihm geholfen hatten, zur Hotelterrasse zu gelangen, kam Aaron zu mir zurückgelaufen. In seinen Augen standen Tränen. Er schaute mich an und sagte unschuldig: »Ich konnte ihm nicht helfen. Ich war nicht stark genug.« Er konnte nicht sehen, dass niemand dem Mann geholfen hätte, wenn er nicht die Initiative ergriffen hätte. Ich schämte mich wegen meiner Tatenlosigkeit, war aber gleichzeitig stolz darauf, was aus meinem Sohn einmal werden würde. Ich erklärte Aaron, dass seine Kraft den Mann getragen hatte. Seinetwegen waren die anderen ihm zu Hilfe gekommen.

In nichts besser werden

Haben Sie einen solchen Moment schon einmal erlebt? Hatten Sie schon einmal einen Moment voll großartiger Gelegenheiten, und trotzdem ließen Sie ihn ungenutzt verstreichen? Wussten Sie schon einmal, dass Sie nach rechts gehen sollten, sind aber nach links gegangen? Stand es schon einmal in Ihrer Macht, Gutes zu tun, aber Sie entschieden sich, lieber nichts zu tun? Sie entschieden sich nicht, Böses zu tun. Sie entschieden sich einfach, sich nicht einzumischen. Sie entschieden sich, neutral zu bleiben, unbeteiligt zu sein, nichts zu tun. Jahrelang hat sich das christliche Leben darauf konzentriert, die Sünde aus unserem Leben zu eliminieren. Aber ich stelle fest, dass die Entscheidungen zwischen Gut und Böse im Kopf und im Herzen der meisten Christen ziemlich klar sind. Auf diesem Gebiet sind wir nicht wie gelähmt. Wenn ich einmal bereit bin, mich von meiner Sünde abzukehren und ein Leben zu führen, das Gott die Ehre gibt, was werde ich dann als Nächstes tun? Wie soll ich zwischen all den guten Möglichkeiten auf der Welt unterscheiden?

Wir legen so viel Betonung darauf, das Böse zu vermeiden, dass wir für die unzähligen Gelegenheiten, Gutes zu tun, praktisch blind geworden sind.

Man sollte meinen, unbegrenzte Möglichkeiten zu haben wäre die beste Ausgangsposition für Freiheit, aber das ist oft nicht der Fall. Wir legen so viel Betonung darauf, das Böse zu vermeiden, dass wir für die unzähligen Gelegenheiten, Gutes zu tun, praktisch blind geworden sind. Wir definieren Heiligkeit anhand der Dinge, von denen wir uns abgrenzen, statt durch die, für die wir uns engagieren. Ich bin überzeugt: Die große Tragödie sind nicht die Sünden, die wir begehen, sondern das Leben, das wir versäumen.

Man kann Gott nicht nachfolgen und dabei neutral bleiben. Gott hat uns dafür geschaffen, etwas zu tun. Es genügt nicht, mit dem Falschen aufzuhören und dann wie gelähmt zu sein, wenn es darum geht, das Richtige zu tun. Gott hat uns geschaffen, um Gutes zu tun. Dazu ist es nötig, die Initiative zu ergreifen. Es besteht die unterschwellige Gefahr, Apathie unter dem Deckmantel der Frömmigkeit zu verbergen. Sie wollen die Sünde in Ihrem Leben loswerden? Großartig. Jetzt ist es Zeit, etwas zu tun.

Sie wollen die Sünde in Ihrem Leben loswerden? Großartig. Jetzt ist es Zeit, etwas zu tun.

Jakobus, der Halbbruder Jesu, schrieb: »Wenn wir wissen, was richtig ist, es aber nicht tun, dann ist es Sünde« (vgl. Jakobus 4,17). Damit stellt er klar, was Gott davon hält, wenn wir nichts tun, wenn wir ein passives Leben führen. Haben Sie schon einmal überlegt, wie Ihr Leben sich verändern würde, wenn Sie sich entschieden, nach rechts statt nach links zu gehen? Wenn Sie sich entschieden, sich einzumischen, sich die Hände schmutzig zu machen, das Risiko einzugehen, bei einem Versuch etwas Sinnvolles zu tun, zu scheitern? Können Sie sich an Momente erinnern, die Ihr Leben für immer verändert hätten, wenn Sie sich nur anders entschieden hätten? Einige Momente haben eine Bedeutung für ein ganzes Leben; andere Momente scheinen alltäglich zu sein und erweisen sich später als monumental. Jeder Moment ist kostbar, einzigartig und unwiederbringlich. Mitten in den unzähligen Momenten, die unser Leben ausmachen, warten entscheidende Augenblicke auf uns.

Das mag zu einfach klingen, aber das erfüllte Leben, das Jesus verspricht, kann durch die Entscheidungen beginnen, die wir in den gewöhnlichen Augenblicken des Lebens treffen. Die Menschen, die die Welt verändern, die in der Geschichte etwas bewirken, die das Leben wirklich leben statt es einfach zu beobachten, haben eines gemeinsam: Sie tun etwas. Sie schauen nicht nur zu.

Sie denken nicht nur darüber nach. Sie handeln. Wenn wir reagieren, dringt das Leben in unseren Lebensraum ein, dringt es in unsere Bequemlichkeit ein, reißt es uns aus unserer Apathie und zwingt uns zu einer Reaktion. Aber Reagieren ist etwas anderes als Handeln. Wir reagieren, wenn wir *gezwungen* werden, unsere Neutralität aufzugeben. Wir handeln, wenn wir uns *weigern*, in unserer Neutralität zu bleiben. Wenn es ein Geheimnis gibt, wie man einen entscheidenden, einen heiligen, göttlichen Augenblick nutzen kann, dann dieses: Sie müssen die Initiative ergreifen.

Ein Moment in der Zeit

In 1. Samuel 14 beschreibt der Prophet Samuel eine kurze Zeitspanne in der Geschichte Israels. Er erzählt uns von einem Königssohn namens Jonatan. Jonatan war der Sohn des ersten Königs in Israel. Obwohl man erwartet hätte, dass Jonatan den Thron seines Vaters erben würde, wurde ihm dieses Privileg genommen, und es wurde David, dem Sohn eines Schafhirten, gegeben. Man könnte leicht vermuten, dass für Jonatan damit alles erledigt gewesen wäre. Seine Rolle in der Geschichte hätte nichts weiter sein können als die des Prinzen, der nicht König werden konnte. Aber wir stellen fest, dass Jonatan alles andere als ein Verlierer war. Die Annalen seines Lebens beschreiben einen noblen Menschen mit einem Mut und einem Charakter, der andere zu großen Taten motivierte. Jonatan hatte nie negative Gefühle, weil Gott David als König erwählt hatte. Er wurde Davids größter Verbündeter, selbst als sein Vater, König Saul, Davids Gegner wurde.

Samuel erlaubt uns einen Blick auf diesen einzigartigen Menschen, der nicht zuließ, dass seine Umstände sein Leben einschränkten. Die Israeliten standen mit den Philistern im Krieg. Sie erinnern sich vielleicht an Goliat, den großen Krieger der Philister. Die Philister waren kriegerische Riesen, die das Land bewohnten, das Gott Israel verheißen hatte. Sie waren ein Volk, das von Gott als götzendienerisch und böse bezeichnet wurde. Es war Gottes Wunsch, Israel zu einem Volk zu machen, das Gottes Charakter widerspiegeln sollte. Durch Israel wollte er alle Völker zu sich ziehen. Die Philister waren überzeugt, dass ihre Götter mächtiger waren als der Gott Israels. Deshalb herrschte Krieg zwischen ihnen.

Jonatans Vater war als König der Oberbefehlshaber der Armee Israels. Aufgrund mehrerer Umstände, die wir später genauer betrachten werden, galt es als unvorsichtig, die Philister anzugreifen. Mitten in der Nacht weckte Jonatan seinen Waffenträger und sagte zu ihm: »Komm, gehen wir zum Vorposten der Philister auf der anderen Seite.« Er begann, das zu demonstrieren, was ich oben bereits als den Jonatan-Faktor bezeichnet habe.

Samuel beschreibt ausführlich, dass Jonatan seinem Vater nichts verriet, sondern sich fortschlich, während Saul und die sechshundert Soldaten bei ihm schliefen. Die Umstände, die Jonatan zu dieser Entscheidung veranlassten, zeigen ein Dilemma, vor dem wir alle stehen. Als Soldatenkönig hatte Saul die Verantwortung, den Angriff zu leiten. Er war von Gott beauftragt worden, in den Kampf zu ziehen, und hatte einen sicheren Sieg verheißen bekommen; aber Saul bog nach links ab, als er nach rechts gehen hätte sollen. Während sie mitten im Krieg standen, erfüllten die Philister mit ihren bedrohlichen Waffen und ihrer riesigen Armee die Herzen der Israeliten mit Angst. Saul wurde angewiesen, sieben Tage zu warten, bis Samuel eintraf, um dem Herrn ein Opfer darzubringen. Statt zu tun, was er als richtig erkannt hatte, handelte Saul aus Angst und Arroganz anders. Statt zu warten, bis Samuel kam und seine priesterlichen Pflichten erfüllte, nahm er die Dinge selbst in die Hand.

Das ist eine eindrückliche Erinnerung daran, dass Gott uns zwar viele Möglichkeiten offen lässt, aber wenn er einmal gesprochen hat, dann gibt es nur eine einzige richtige Entscheidung: gehorchen. Selbst die spektakulärsten Flüsse haben Ufer, die ihnen Grenzen setzen und die ihnen den Weg vorgeben. Genauso müssen wir dort, wo Freiheit ist, die Initiative ergreifen, und wo Grenzen sind, müssen wir diese respektieren. Der Hebräerbrief erinnert uns daran, dass die Fähigkeit, zwischen Gut und Böse zu unterscheiden und den Unterschied zwischen Richtig und Falsch zu kennen, ein wichtiges Kennzeichen geistlicher Reife ist. Ich bin dankbar, dass Gott diese Grenzen nicht so gezogen hat, dass sie geheimnisvoll oder unbekannt wären. Aber dahinter steht die große Herausforderung, jeden entscheidenden Augenblick, in den Gott uns stellt, zu nutzen. Das führt uns zu dem »Dilemma unter dem Granatapfelbaum«, wie ich es nennen möchte.

Genauso müssen wir dort, wo Freiheit ist, die Initiative ergreifen, und wo Grenzen sind, müssen wir diese respektieren.

Das Dilemma unter dem Granatapfelbaum

Samuel beschreibt das Dilemma, vor dem Jonatan stand. Er erzählt uns, dass Saul vor den Toren von Gibea unter einem Granatapfelbaum in Migron lagerte. Bei ihm waren sechshundert Soldaten und außerdem Ahija, der Priester des Herrn. Mit anderen Worten: Alle politische, militärische und religiöse Autorität, die zum Handeln nötig war, stand unter Sauls Kommando. Vorher war Saul zu ungeduldig gewesen, um auf Samuel zu warten, der den Segen Gottes vor dem Kampf für sie hatte erbitten sollen. Jetzt war er zu gelähmt und hatte zu viel Angst, um sich in diesen Kampf zu stürzen. Es ist eine tragische Realität, dass oft genau die Dinge, mit denen Gott uns segnet, uns daran hindern können, seine entscheidenden Augenblicke mit uns zu nutzen.

Saul waren die ganze Autorität und alle Ressourcen Israels anvertraut worden, aber er hatte das von Gott geschenkte Privileg missbraucht. Während also die Philister sich darauf vorbereiteten, die Israeliten zu überrollen und das Land für sich zu beanspruchen, schliefen Saul und seine Armee unter dem Granatapfelbaum. Das Engagement, das ihn zuvor veranlasst hatte, ungeduldig zu handeln, war verschwunden. Aber es war mehr als mangelndes Engagement, das ihn zur Passivität trieb; er vertraute Gottes Führung nicht. Seine Reaktion darauf, dass er etwas falsch gemacht hatte, bestand nicht darin, dass er jetzt das Richtige tat, sondern er tat gar nichts.

Ich arbeite seit über zwanzig Jahren mit vielen großen, etablierten Organisationen zusammen und habe das Dilemma unter dem Granatapfelbaum immer wieder gesehen. Diejenigen, die die Autorität im Reiche Gottes haben und über die Ressourcen verfügen, sind viel zu oft eher darum bemüht, diese nicht zu verlieren, als dafür zu sorgen, dass sie richtig eingesetzt werden. Solche Organisationen werden am Ende nicht bestehen.

Ich ging mit zwei Leuten aus unserem Team von *Mosaic* durch die Innenstadt von Atlanta. Die Straßen waren menschenleer, da es ziemlich kalt war, aber an einer Stelle stießen wir auf eine lange Schlange aus jungen Erwachsenen. Unsere Neugier war sofort geweckt. Wir wollten sehen, wohin sie gingen. Die Schlange führte zu einem alten Gebäude mit auffallender Architektur. Das Gebäude war schon ziemlich voll. Es war ein Blues-Club. Das Flair und die Musik, die dort gespielt wurde, schienen ein Magnet für Yuppies zu sein.

Dann sah ich ein altes Schild, das einen Blick auf die Vergangenheit des Gebäudes zuließ. Es war früher eine Kirche der Southern Baptists gewesen. Es war das ehemalige Gebäude einer Gemeinde, die mich vor über zehn Jahren eingeladen hatte, dort Pastor zu werden. Als ich ihren Strategieplan für die Zukunft gelesen hatte, war mir klar gewesen, dass es ein Versuch war, an der Vergangenheit festzuhalten. Selbst mit ihrer hervorragenden Lage und ihrer guten Infrastruktur hatten sie es nicht geschafft, eine neue Zukunft zu entwickeln. Die Gemeinde hatte zweifellos eine große, denkwürdige Vergangenheit. Es hatte bestimmt eine Zeit gegeben, in der ihre Besucherzahlen hoch gewesen und ihre Spenden großzügig geflossen waren. Es war ihnen gewiss nie in den Sinn gekommen, dass ihr Gemeindeleben eines Tages ein Ende finden würde. Wie Tausende anderer Gemeinden in der westlichen Welt klammerten sie sich so fest an das, was sie hatten, dass sie nicht die Hände aufmachen und das empfangen konnten, was kommen sollte.

Die größte Gefahr, die der Erfolg mit sich bringt, ist, abgesehen von Arroganz, die Angst, das zu verlieren, was man hat. Der Mut und die Risikobereitschaft, die zum Erfolg führen, sind gefährdet, wenn der Erfolg sich eingestellt hat. Am Ende sind es genau diese Institutionen, die keine Risiken eingehen wollen. Engagement wird als übertrieben abgetan, und Risikomanagement besteht nicht darin, das richtige Risiko einzugehen, sondern das Risiko vollständig zu vermeiden.

> Die größte Gefahr, die der Erfolg mit sich bringt, ist, abgesehen von Arroganz, die Angst, das zu verlieren, was man hat.

Dies kann auch für unser persönliches Leben zutreffen. Je mehr Sie mit einem von Gott gegebenen Engagement vorangehen, desto mehr Segen schenkt Ihnen Gott vielleicht. Je mehr Gott Ihr Leben segnet, desto mehr haben Sie zu verlieren. Je mehr Sie zu verlieren haben, desto mehr müssen Sie riskieren. Je mehr Sie riskieren müssen, desto höher ist der Preis, Gott nachzufolgen. Auf verzwickte Weise kann der Segen Gottes an uns unser größtes Hindernis werden, unsere gottgegebenen Augenblick zu nutzen.

Als Kim und ich Mitte zwanzig waren, keine Kinder und kein Haus hatten, also nichts besaßen, das uns band, war es leicht, auf die kleinste Aufforderung des Geistes Gottes zu reagieren, mit der er uns zu einer neuen Herausforderung einlud. Schließlich waren wir nicht viel mehr als moderne Nomaden. Alles, was für uns wertvoll war, war im Wesentlichen in unserer Beziehung enthalten. Es gab nur sehr wenig anderes, das wir bedenken mussten. Dann segnete Gott mich mit einer Arbeitsstelle, für die ich über 10 000 Dollar im Jahr bezahlt bekam. Und dann segnete er uns mit einem Sohn. Außerdem segnete er uns mit einem nagelneuen Haus. Habe ich das neue Auto und die großartigen Möbel erwähnt? Nach zehn Jahren opferbereitem Dienst schienen die Tore des Himmels sich über uns geöffnet und uns mit irdischem Besitz überschüttet zu haben.

Dann kam Gottes Stimme erneut und lud uns zu einer neuen Reise ein und rief uns zu einem neuen Abenteuer. Es klang wunderbar, aber diese Einladung hatte ein paar Haken. Ich müsste meine Stelle aufgeben, die Altersversorgung, unsere ganzen Ersparnisse und das meiste von den wirklich schönen Sachen. Wir durften die Kinder behalten, zu denen inzwischen auch Mariah gehörte, da Kim schwanger war. Es ist keine Übertreibung, wenn ich sage, dass Gottes Segen wie ein Anker um unsere Knöchel hing. Wir hatten diese Dinge in unserem Leben mit Gott bekommen, aber jetzt hatten sie das Potenzial, uns zu lähmen und uns den entscheidenden Augenblick, den Gott uns schenkte, zu stehlen.

Genauso wie Kim und ich in dieser Situation muss jeder von uns mit jedem Segen gleichzeitig Verantwortung übernehmen und Risiken eingehen. Eine der wunderbaren Nebenwirkungen, wenn wir Jesus nachfolgen, ist es, dass wir mit dem Leben besser zurechtkommen. Das Praktische an einem Leben im Glauben ist, dass man anfängt, weisere Entscheidungen zu treffen. Wenn eine ganze Gruppe von Leuten anfängt, aufgrund ihrer Beziehung zu Jesus anders zu leben, verändert sich die ganze Gemeinde. In der Soziologie spricht man von Befreiung und Aufstieg. Für einige bedeutet das wortwörtlich einen Aufstieg von einem Leben auf der Straße in ein Haus am Stadtrand. Wer von uns ist nicht begeistert davon, dass das Evangelium Armut beseitigen und Benachteiligten einen neuen Anfang schenken kann?

Viele von uns stehen jedoch vor einer neuen Armut. Wir sitzen nicht auf der Straße, aber wir sitzen trotzdem irgendwo fest. Wir sind in Gefahr, die ganze Welt zu gewinnen, aber dabei unsere Seele zu verlieren. Das, was wir von Gott bekommen haben, hat einen höheren Stellenwert bekommen als der Gott, von dem wir es bekommen haben. Seine Geschenke sind dafür da, dass wir sie genießen, aber nicht, um sie anzubeten. Wenn das, was er uns gegeben hat, jetzt zwischen uns und Gott steht, müssen wir es erneut vor seine Füße legen. Egal, wie reich wir werden, wir müssen immer arm bleiben. Wir müssen sicherstellen, dass wir Gottes Ziele nicht vernachlässigen, wenn wir Gottes Güte feiern. Wenn wir unter dem Granatapfelbaum sitzen und das Leben absichern, das wir haben, laufen wir Gefahr, dass wir das versäumen, was Gott in Wirklichkeit für uns will: Unsere göttliche Bestimmung zu erfüllen. Es mag nach nicht viel aussehen, aber vier Worte trennen Jonatan und Saul voneinander. Vier Worte trennen Jonatan von den meisten von uns: »Komm, lass uns hinübergehen.« Er ging einfach los und tat das, was getan werden musste.

Wir müssen sicherstellen, dass wir Gottes Ziele nicht vernachlässigen, wenn wir Gottes Güte feiern.

Wissen ist keine Macht, solange wir nicht handeln

Vor Jahren war ich mit einem Freund unterwegs. Er ist einer der begabtesten Menschen, die ich kenne. Er ist klug und kreativ und gehört zu den Menschen, die scheinbar ungerecht viele Gaben und Talente abbekommen haben. Aber er war wie gelähmt von der Frage, was er nach dem Theologiestudium mit seinem Leben anfangen sollte. Vor ihm lagen so viele Möglichkeiten, von Stellenangeboten als leitender Pastor bis zu verschiedenen anderen geistlichen Berufen, ganz zu schweigen von den endlosen Anfragen an ihn, bei Veranstaltungen und Konferenzen zu sprechen. Sein Glaube war nicht oberflächlich; er wollte wirklich nach Gottes Willen leben. Er folgte Jesus leidenschaftlich und von ganzem Herzen nach. Er musste nicht zwischen Gut und Böse wählen. Sein Dilemma war, dass es so viele gute Möglichkeiten gab, dass es für ihn schwer war zu erkennen, für welche er sich entscheiden sollte.

Seine größte Sorge war, dass er etwas tun könnte, das Gottes Willen für sein Leben widersprach. Er wartete ernsthaft darauf, dass Gott klar und eindeutig mit ihm sprechen würde, aber nichts geschah. Je mehr Gott schwieg, um so größer wurde seine Unsicherheit. Aus irgendeinem Grund fühlte er sich nicht frei, selbst zu entscheiden. Deshalb entschied er, sich nicht zu entscheiden. Dadurch, dass er sich nicht entschied, entschied er im Grunde, nichts zu tun.

Ich gab ihm den gleichen Rat, den ich vielen anderen schon gegeben habe, die meinten, sie müssten an einer Weggabelung ihr Zelt aufschlagen. Ich sagte zu ihm: »Tu einfach etwas.«

Diese scheinbar grobe Missachtung von Gottes Willen schockierte ihn. Er antwortete, er habe zu viel Achtung vor der Souveränität Gottes, um einfach irgendetwas zu tun.

Ich fragte ihn, ob er meine, Hitler oder Stalin hätten der Souveränität Gottes etwas anhaben können.

Er sagte: »Natürlich nicht.«

Ich machte ihm deutlich: Wenn Männer und Frauen, die ihr Leben für einen Zweck einsetzen, der dem Willen Gottes völlig zuwiderläuft, Gottes Absichten in der Geschichte nicht verhindern können, wie sollte dann jemand, der sich danach sehnt, Gottes Willen zu tun, und sich entscheidet, etwas zu tun, das mit Gottes Charakter in Einklang steht, dies können? Ich sagte ihm, ich hätte zu viel Achtung vor der Souveränität Gottes, um zu glauben, dass er oder ich alles vermasseln könnten.

Eine meiner Lieblingsgeschichten in der Apostelgeschichte erzählt vom Apostel Paulus. Man sollte meinen, wenn überhaupt jemand den Willen Gottes kennt, dann müsse das der Apostel Paulus sein. Immerhin gebrauchte Gott ihn, um einen großen Teil des Neuen Testaments zu schreiben. Paulus' einzigartiger Platz im christlichen Glauben macht ihn zu so etwas wie einem Superhelden. Aber wir können lesen, dass Paulus genauso unsicher war wie wir manchmal, wenn es darum ging, welchen Weg er gehen sollte.

In der Apostelgeschichte (Kapitel 16,6-10) beschreibt Lukas, dass der Heilige Geist Paulus und seine Weggefährten hindern musste, das Wort in der Provinz Asien zu predigen, und dass dann der Geist Jesu ihnen nicht erlaubte, nach Bithynien hineinzugehen, obwohl sie sich nach Kräften darum bemühten. Erst als Paulus im

Schlaf eine Vision hatte, erkannte er schließlich, dass er nach Mazedonien gehen sollte.

In vielerlei Hinsicht ist Lukas' Reisebericht eine göttliche Komödie. Er erzählt uns, dass Paulus keine Ahnung hatte, wohin er eigentlich gehen sollte. Zuerst war er sicher, dass Asien die richtige Richtung sei. Dann machte er kehrt und ging nach Bithynien. Und erst als er bewusstlos war, begriff er endlich, dass er nach Mazedonien gehen sollte. Die ganze Dreieinigkeit Gottes war nötig, um Paulus daran zu hindern, an den falschen Ort zu gehen. Paulus konnte das einfach nicht erkennen, solange er bei Bewusstsein war.

Es enthält eine gewisse Ironie, dass Paulus bewusstlos sein musste, damit Gott zu ihm sprechen konnte. Der entscheidende Punkt ist: Paulus wusste nicht, *wohin* er ging, aber er wusste, *warum* er ging. Sein Kompass war das Herz Gottes. Er bekam Energie und Motivation durch die Leidenschaft und das Engagement, das Gott in sein Herz hineingelegt hatte: Er wollte die Botschaft von Jesus Christus allen Völkern auf der Erde bringen. Gott stellt klar: Wenn wir bereit sind, seine heiligen Gelegenheiten zu ergreifen, sorgt er dafür, dass wir zur rechten Zeit am rechten Ort sind. Das, was Gott durch einen Menschen, der bereit ist zu handeln, tun kann, ist grenzenlos.

Menschen, die Jesus Christus aufrichtig nachfolgen wollen, stellen eine Frage immer wieder: »Was ist Gottes Wille für mein Leben?« Wir wollen eine detaillierte Marschroute oder einen klar umrissenen Plan. Wir wollen, dass Gott uns alles vorgibt, damit wir seine Anweisungen befolgen können. Zu oft wollen wir den Weg klar und eindeutig wissen, aber so handelt Gott einfach nicht. Für viele von uns ist es das Geistlichste, was wir tun können, überhaupt etwas zu tun: Nach rechts zu gehen, wenn wir am liebsten nach links gehen würden. Wir müssen einen Schritt weiter gehen und nicht einfach nur zwischen Richtig und

Für viele von uns ist es das Geistlichste, was wir tun können, überhaupt etwas zu tun: Nach rechts zu gehen, wenn wir am liebsten nach links gehen würden.

Falsch wählen. Wir müssen uns nicht nur dafür entscheiden, das Böse aufzugeben, sondern auch dafür, leidenschaftlich ein Leben zu führen, in dem wir Gutes tun.

Die Gefahr besteht darin, dass man in der Mitte stehen bleibt und in der neutralen Zone lebt. Man tut nichts wirklich nennenswert Böses, aber auch nichts Gutes, auf das man stolz sein könnte. Es genügt nicht, einfach nichts zu tun, dessen man sich schämen müsste, denn sonst muss man sich schämen, dass man nichts tut. Es wird selten als böse betrachtet, wenn wir auf neutralem Boden leben. Schlimmstenfalls wird ein passives Leben bemitleidet, aber Gott betrachtet es als Tragödie, wenn wir uns entscheiden, einfach Zuschauer im Leben zu sein, statt es zu leben. Jesus beschrieb den Menschen als böse, der sein Talent ungenutzt liegen ließ. Wenn wir versagen und uns nicht entscheiden, dann entscheiden wir uns zu versagen. Sie können Ihr Leben nicht anhalten. Es geht weiter. Ob Ihnen das gefällt oder nicht. Sich zu entscheiden, sich nicht zu entscheiden, beseitigt das Problem nicht; es wird dadurch nur schlimmer.

Gott hat uns dazu geschaffen, dass wir mit klaren Zielen durch die Zeit reisen. Selbst auf Gott zu warten ist eine proaktive Aktivität. Ob es Reflexion oder Revolution ist, jeder Moment verdient unser kreatives Engagement. Der Apostel Paulus sagt: Wenn es in unserer Macht steht, Gutes zu tun, dann sollen wir es tun. Das meine ich mit Initiative. Andere nennen es Proaktivität. Andere beschreiben diese Eigenschaft als »Drang zu handeln«. Egal, wie Sie es nennen, Hauptsache, Sie tun es.

»Was tun?«, fragen Sie.

Etwas.

An der Seitenlinie

Ich muss gestehen: Den größten Teil meines Lebens habe ich an der Seitenlinie gestanden. Ich habe das Leben beobachtet, statt es zu leben. Wenn Sie auch ein Leben an der Seitenlinie führen, wissen Sie, was ich meine. Zum Beispiel stand ich beim Schülerball an der Seitenlinie. Ich schaute den Leuten auf der Tanzfläche zu und wünschte, ich wäre einer von ihnen. Ich sagte mir die Aufforderung zum Tanz immer wieder vor: »Hast du Lust, mit mir zu tanzen?« Aber ich konnte nie den Mut aufbringen, ein Mädchen anzusprechen. Bei jedem neuen Lied nahm ich meinen ganzen Mut zusammen und ich hatte es schon fast geschafft, als das Lied zu Ende war. Wenn das zählen würde, was in unserem Kopf vor sich geht, hätte ich hundert Mal mit hundert verschiedenen Mädchen getanzt. Aber am Ende stand ich immer noch an der Seitenlinie.

Beim Sport war es genauso. Ich hatte hier und da den einen oder anderen großen Augenblick, aber die meiste Zeit war ich an der Seitenlinie und schaute zu, wie andere das Spiel spielten. Ich war nahe genug, um die Atmosphäre zu spüren, blieb aber trotzdem in sicherer Entfernung sitzen. Nein, ich saß nicht auf der Zuschauertribüne. Ich saß auf der Ersatzbank. Nach meinem letzten Jahr an der High School kam einer der Footballtrainer beim Training auf mich zu und sagte: »Erwin, du hast Talent, aber dir fehlt das Selbstvertrauen. Wir haben die ganze Zeit darauf gewartet, dass du aufstehen und eingewechselt werden willst.« Er hatte Recht. Ich war an der Seitenlinie geblieben.

Manchmal kann man sogar auf dem Feld stehen und im Spiel sein; man sieht aus wie ein Spieler, aber in Wirklichkeit ist man trotzdem nur an der Seitenlinie. Beim Basketball suchte ich mir immer eine Position, die sicherstellte, dass ich nicht den entscheidenden Pass bekam, damit das Spiel nicht in meinen Händen liegen würde. Ich trug das Mannschaftstrikot und ich vergoss viel Schweiß, aber trotzdem war ich Zuschauer an der Seitenlinie.

Ich habe den Verdacht, dass es viel mehr Zuschauer an der Seitenlinie gibt, als wir uns je vorstellen können. Menschen, die aussehen, als wären sie im Spiel, aber in Wirklichkeit schauen sie nur aus nächster Nähe zu. In christlichen Gemeinden ist das nicht anders. Schon unsere Architektur verrät uns. Die Kirchenbänke sind so aufgestellt, dass jeder gut zuschauen kann. Ein paar Leute machen die ganze Arbeit, und alle anderen schauen zu. Mir fiel auf, dass die Kirchenbänke viel Ähnlichkeit mit den Reservebänken haben, auf denen ich während einer Footballsaison saß. Die Empore ist wahrscheinlich die überdachte Zuschauertribüne. Unsere Kirchen scheinen so angelegt zu sein, als habe man sich damit abgefunden, dass die meisten von uns Zuschauer sind und nur wenige wirkliche Teilnehmer.

Leider gilt das noch mehr, wenn wir das Gebäude verlassen. Wie viele von uns betrachten die Arbeit Jesu als ihre persönliche Verantwortung? Wird nicht der Pfarrer dafür bezahlt, dass er sich um andere kümmert? Zahlen wir nicht deshalb unsere Kirchensteuer und geben unseren Zehnten? Ist nicht ein Missionar jemand, der unsere Gemeinde verlässt und irgendwohin nach Übersee geht? Wo bleiben dabei wir anderen alle? Wie anders wäre Ihr Leben, wenn Sie begreifen würden, dass Gott jeden, den er zu sich ruft, ins Spiel einwechseln will?

Jesus nachzufolgen heißt, mit Gott in Bewegung zu sein. Wenn Sie Teil von Gottes Bewegung werden, sind Sie ein Missionar. Jeder Missionar hat eine Mission. Die Mission gibt ihm Motivation und Ziel. Es gilt, keine Minute zu vergeuden, jeden der Momente Gottes mit uns zu nutzen. Kann es sein, dass sich Gott das bei uns allen wünscht?

Vielleicht haben Sie Angst, ins Spiel einzugreifen, weil Sie Angst haben zu verlieren. Im Reich Gottes kommt der Sieg in dem Augenblick, in dem Sie sich weigern, einfach zuzuschauen, wie das Leben abläuft, und selbst ins Spiel eingreifen. Zu viele von uns haben Angst, es zu versuchen, weil sie fürchten, sie könnten versagen. Manchmal leben wir ersatzweise durch das Leben von anderen. Statt selbst zu leben, werden wir Voyeure. Ich denke, das ist einer der Gründe, warum wir uns zu Tode amüsieren. Wir finden unsere Liebesgeschichte in *E-Mail für dich*, und wir kämpfen unsere Schlachten durch William Wallace und Maximus Aurelius. Die Glasscheibe zwischen dem echten Leben und uns stört dabei nicht, denn die Erfüllung unserer Lebensträume erleben wir nur als

Zuschauer. Wir haben unser Los, unseren Platz im Leben als Zuschauer an der Seitenlinie, akzeptiert.

Von passiv zu passioniert

Wenn jemand in unserer Nähe den entscheidenden Augenblick, den Gott ihm schenkt, nutzt, bewegt das etwas in uns. Ein Leben in Passivität schläfert unsere Sehnsucht nach Abenteuern nur ein. Ein Leben, in dem unzählige Momente auf dem Friedhof unerfüllter Gelegenheiten begraben werden, kann kalt werden, aber es stirbt nicht. Solange unser Körper nicht wieder zu Staub wird, wird immer eine Stimme in uns schreien und uns vom bloßen Existieren zum wirklichen Leben bewegen wollen. Die Möglichkeiten, die uns in jedem Augenblick erwarten, werden durch das Potenzial angetrieben, das Gott in uns hineingelegt hat. Wenn ich davon spreche, dass wir den entscheidenden Augenblick Gottes für uns ergreifen müssen, geht es mir dabei nicht nur um Gelegenheiten. Es geht mir um das Wesentliche. Es geht um das Leben, das Sie leben werden, weil Sie sich als Person verändern. Dies sind heilige Momente. Die Herausforderungen, denen Sie sich bereitwillig stellen, werden sich vermehren, je weiter sich Ihr Charakter entwickelt. Je mehr sich Ihr Charakter an Gott ausrichtet, desto intensiver wird Ihre Leidenschaft für Gott werden. In diesem Veränderungsprozess finden wir die Antriebskraft, mit Zuversicht die Gelegenheiten zu ergreifen, die vor uns liegen.

Wenn ich davon spreche, dass wir den entscheidenden Augenblick Gottes für uns ergreifen müssen, geht es mir dabei nicht nur um Gelegenheiten. Es geht mir um das Wesentliche. Es geht um das Leben, das Sie leben werden, weil Sie sich als Person verändern.

Aus einem seltsamen Grund glauben viele Christen, ihre Leidenschaften stünden immer im Konflikt mit Gottes Absichten.

Aber der Psalmist sagt: »Habe deine Lust am Herrn; der wird dir geben, was dein Herz wünscht« (Psalm 37,4). Wenn Sie nahe zu Gott kommen, schenkt Gott Ihnen Leidenschaft. Gott handelt durch menschliche Wünsche.

Im Buddhismus ist das Ziel des geistlichen Weges die Abtötung aller Wünsche. Im christlichen Glauben ist das Ziel des geistlichen Weges die Umwandlung unserer Wünsche. Gottes Absicht bei der Umwandlung unserer Herzen ist nicht die Abtötung unserer Wünsche, sondern etwas ganz anderes. Keine Wünsche zu haben heißt, ohne Leidenschaft zu sein. Ein Mensch, der ohne Leidenschaft lebt, ist jemand, der im buchstäblichen Sinn apathisch ist. Wenn wir uns an Gott freuen, werden wir alles andere als apathisch. Wir werden sehr leidenschaftlich. Diese Wünsche unseres Herzens sind aus dem Herzen Gottes geboren. Je mehr Sie Gott lieben, desto stärker interessieren Sie sich für das Leben. Je intensiver Sie sich um Menschen kümmern, desto stärker setzen Sie sich dafür ein, im Leben von Menschen etwas positiv zu verändern.

Im christlichen Glauben ist das Ziel des geistlichen Weges die Umwandlung unserer Wünsche.

Zwischen Leidenschaft und Initiative besteht ein direkter Zusammenhang. Je leidenschaftlicher Sie werden, desto proaktiver werden Sie (selbst wenn Sie kühn das Falsche tun). Hier liegt das Dilemma: Das kann für jemanden, der Jesus Christus aufrichtig nachfolgt, wirklich lähmend sein. Sie wollen nicht leidenschaftlich das Falsche tun. Sie wollen unbedingt das tun, was nicht nur Ihnen, sondern auch Gott auf dem Herzen liegt. Die befreiende Wahrheit lautet: Wenn Sie in Bezug auf Gott leidenschaftlich sind, können Sie Ihren Leidenschaften trauen. Gott benutzt unsere Leidenschaften als Kompass, um uns zu führen. Krass ausgedrückt: Wenn Sie wahnsinnig in Gott verliebt sind, können Sie tun, was Sie wollen. Ich bin überzeugt, dass das die beste moderne Übersetzung von Psalm 37,4 ist.

Es gibt kaum etwas Inspirierenderes als ein Leben, das mit leidenschaftlicher Klarheit gelebt wird. Manchmal kann es einen bitteren Nachgeschmack und einen unstillbaren Durst hinterlassen, wenn man zuschaut, wie andere ein solches Leben führen. Dass wir zuschauen, wie andere das Leben führen, das wir uns wünschen würden, rechtfertigen wir damit, dass diejenigen auf der anderen Seite der Leinwand talentierter und begabter seien und mehr Glück hätten als wir. Sie müssen anders sein als wir; denn sonst wäre ein solches Leben ja für uns auch möglich. Aber auch wenn die Glasscheibe uns vielleicht von den Gefahren abschirmt, vor denen wir Angst haben, kann sie uns nicht vor den Wünschen abschirmen, die sich in uns regen. Selbst Zuschauer an der Seitenlinie wollen leben. Es bringt nie eine tiefe Befriedigung, wenn man nur zuschaut, wie das Leben vorbeigeht. Wir können nicht durch das Leben eines anderen ersatzweise leben. Wir sind nicht dafür geschaffen, von der Seitenlinie aus zuzuschauen. Wir sind nach dem Bild Gottes geschaffen, dazu, dass wir seine Stimme hören und uns mit ihm auf den Weg begeben.

Die Männer und Frauen, deren Leben Sie bewundern, die irgendwie das Leben intensiv zu leben scheinen, würden Ihnen wahrscheinlich sofort sagen, dass sie nicht anders sind als Sie und ich. Es geht nicht um Talent oder Begabung oder Intelligenz; es geht darum, aus der Passivität herauszukommen und aktiv zu werden. Es geht darum, dass wir uns weigern, ein Leben in Neutralität zu führen, und schätzen lernen, dass jeder Augenblick einzigartig ist. Für solche Menschen ist die Zeit ein unbezahlbares Geschenk. Es geht darum, jeden Tag als ein Geschenk von Gott anzunehmen und zu erkennen, dass kein verlorener Moment zurückgeholt werden kann. Der Jonatan-Faktor führt dazu, dass man die Initiative ergreift, weil man die Dringlichkeit erkennt. Er wird sichtbar bei Menschen, für die jeder Augenblick zählt.

Nicht auf dem Erfolg ausruhen

Fast zehn Jahre lag ein Schwerpunkt meines Lebens auf der Arbeit unter armen Menschen in der Großstadt. Ich habe viel erdrückende menschliche Not gesehen. Die Liste mit sinnvollen Dingen, die hätten getan werden müssen, war endlos. Ich kann nicht zählen, wie oft Menschen zu mir kamen und sagten: »Herr Pastor, jemand muss ...« Für jedes erkannte Problem gab es ein empfohlenes Programm oder einen Dienst, der gestartet werden musste. Es war, als wäre es die Aufgabe der Gemeinde, die Probleme zu finden und Lösungsvorschläge zu machen, und meine Aufgabe, das alles zu erledigen.

Irgendwann begann ich aus reiner Verzweiflung, die Leute, die mich auf das Problem aufmerksam machten, zu bitten, an der Lösung mitzuarbeiten. Die Antwort war fast immer die gleiche: »Oh nein. Ich nicht. Ich fand es nur wichtig, auf diese Not hinzuweisen.« In diesem Bereich sind Zuschauer besonders gefährlich. Sie haben so viel Zeit zuzuschauen, wie das Leben abläuft, dass sie einen guten Blick auf alle Probleme haben. Das inspiriert sie besonders, wenn sie meinen, ihre Rolle im Leben sei es, auf das aufmerksam zu machen, was falsch läuft. Sie meinen, ihr Beitrag bestehe bestenfalls darin, Lösungen vorzuschlagen und sich dann zurückzulehnen und zu beurteilen, wie gut die anderen sich machen. Wenn Sie nicht aufpassen, können Zuschauer Sie durch den Hinweis auf Probleme ständig antreiben, Sie durch Schuldgefühle beherrschen und dafür sorgen, dass Sie vor Erschöpfung nicht mehr können.

Ehe ich mich's versah, fühlte ich mich wie der Artist, der die Teller auf einem Stöckchen dreht und verzweifelt kämpft, damit keiner davon auf den Boden fällt und zerbricht. Ich hielt alle diese wichtigen Projekte am Laufen, die schnell an Drehkraft verloren, sobald ich ihnen nicht genug Aufmerksamkeit widmete. Ich muss zugeben, dass die Gemeindemitglieder ein wunderbares Publikum waren. Sie lobten mich immer dafür, dass ich all die Dienste, die laufen mussten, so gut erfüllte. Meistens schliefen die Projekte, auf deren Notwendigkeit mich jemand aufmerksam gemacht hatte, ein, sobald ich mich daraus zurückzog.

Wie eine Erleuchtung des Himmels war für mich eine Einsicht, die meinen ganzen Dienst veränderte. Als eines Tages jemand darauf beharrte, dass ein bestimmter Dienst unbedingt angeboten werden müsse, schaute ich ihm geradewegs in die Augen und sagte: »Wenn Gott dir das aufs Herz gelegt hat, muss er wollen, dass du die Verantwortung dafür übernimmst.« Ich erklärte ihm weiter, dass es meine Rolle sei, dafür zu sorgen, dass er gut dafür ausgestattet sei, um dabei Erfolg haben zu können. Gott hatte nicht mich berufen, das zu tun, was er diesem Menschen ans Herz gelegt hatte. Er legt demjenigen etwas ans Herz, den er beruft.

Mit anderen Worten: Gott zeigt selten Ihnen ein Problem, damit Sie jemand anderen darauf aufmerksam machen können, damit er etwas dagegen unternimmt. Häufig war den Menschen, die darauf bestanden, dass ein Projekt unbedingt angefangen werden müsse, dieses Problem nicht so wichtig, dass sie ihre eigene Energie dafür eingesetzt oder ihr Leben dafür gegeben hätten. Sobald sie aufgefordert wurden, der Bedeutung, die sie dem Problem beimaßen, selbst gerecht zu werden, nahm die Bedeutung des Problems ziemlich schnell ab.

Einige reagierten anders. Die Erkenntnis, dass das Problem, das ihnen auf dem Herzen lag, Gottes Kompass für ihren zukünftigen Weg sein könnte, war für sie absolut beglückend.

Erster Schritt

Gott verwandelt uns in geistliche Aktivatoren. Ich habe mir einmal erklären lassen, dass bei den Samurai derjenige stirbt, der die erste Bewegung macht. Dahinter kann mehr Wahrheit stecken, als wir meinen. Aber nur so kommt Gottes Reich voran. Jemand muss den ersten Schritt gehen. Jemand muss bereit sein, sein eigenes Leben einzusetzen. Jemand muss bereit sein, das zu tun, was getan werden muss.

In den letzten Jahren hatten die Aussagen von Henry Blackaby enorme positive Auswirkungen auf viele Menschen. Seine Erkenntnis, dass wir aufpassen sollten, was Gott tut, und dann auch mitmachen sollten, hat uns zu größerem Gehorsam geführt. Aber ich denke, es ist wichtig hinzuzufügen, dass Gott zwar in der Menschheitsgeschichte am Werk ist, seit er Adam das Leben eingehaucht hat, dass es aber trotzdem noch viele Dinge gibt, die von uns getan werden müssen, und dass es viele Dinge gibt, die erst noch angefangen werden müssen. Eine andere Frage müssen wir uns vielleicht auch stellen. Wir müssen nicht nur fragen: »Was macht Gott?«, sondern auch: »Wovon träumt Gott?« Gibt es etwas, von dem Gott sich wünscht, dass es jemand beginnt? Wartet er nur darauf, dass jemand sich freiwillig meldet? Der Herr sagte zu seinem Volk: »Denn siehe, ich will ein Neues schaffen, jetzt wächst es auf, erkennt ihr's denn nicht?« (Jesaja 43,19)

Eine andere Frage müssen wir uns vielleicht auch stellen. Wir müssen nicht nur fragen: »Was macht Gott?«, sondern auch: »Wovon träumt Gott?«

Bei jeder Bewegung, egal wie klein oder wie groß sie war, ging immer jemand die ersten Schritte. Ist es nicht das Wesen geistlicher Leiterschaft, dass jemand Gott als Erster und ganz nahe nachfolgen will? Manchmal sind wir wie ein Haufen Kinder, die sich fürchten, durch einen dunklen Korridor zu gehen. Das, was Kinder dann oft sagen, hat viel Ähnlichkeit mit unserem Dilemma als Erwachsene: »Geh du zuerst. Nein, geh du zuerst.« Die Pioniere, die Abenteurer Gottes, gehen immer als Erste.

Ist es nicht das Wesen geistlicher Leiterschaft, dass jemand Gott als Erster und ganz nahe nachfolgen will?

Durch das Fenster

Wenn wir in einem entscheidenden Augenblick Gottes an der Seitenlinie stehen, kann es passieren, dass wir diesen Moment verpassen, weil er so gewöhnlich ist. Er kann so durchschnittlich, so alltäglich aussehen. Das Außergewöhnliche daran ist von dort, wo wir stehen, vielleicht nicht zu erkennen. Deshalb kann es passieren, dass wir, wenn wir diese heiligen Augenblicke verpassen, vielleicht nicht einmal merken, dass wir irgendetwas verpasst haben. Wir nehmen vielleicht einfach an, das Leben sei nichts weiter als das alltägliche Einerlei und es gebe darin keine Gelegenheit, die es zu ergreifen gälte. Das ist die größte Tragödie, die es überhaupt geben kann.

Wir können sogar eifersüchtig werden auf Menschen, die anscheinend viele solche Gelegenheiten haben. Sie scheinen für Großes vorherbestimmt zu sein. Ihnen rennen ständig neue Gelegenheiten die Tür ein. Uns passiert das einfach nicht. Es gibt vielleicht eine Tür, und vielleicht wurde auch daran geklopft, aber es war nicht die Gelegenheit, die klopfte; es war der Mensch, der die Gelegenheit erkannte. Es wäre wunderbar, wenn wir irgendwie durch das Fenster schauen könnten, das Leben von der anderen Seite sehen könnten, einen kleinen Blick darauf werfen könnten, wie das Heute aussehen könnte, wenn wir durch den Korridor der Gelegenheiten gingen. Es ist fast so, als lebten wir in verschiedenen Realitäten, als gebe es zwei Dimensionen von Gelegenheiten, und die Entscheidungen, die wir treffen, bestimmten, auf welcher Seite wir leben. Stellen Sie sich vor, wir könnten alles sehen, was wir verpassen, alle Gelegenheiten, die wir gehabt und nicht genutzt haben. Oder stellen Sie sich vor, wir könnten all das Gute sehen, das wir tun könnten, all die Menschen, denen wir helfen könnten. Würde uns das vielleicht zum Handeln antreiben? Wir können nicht alles sehen, was uns erwartet, und wir werden es nie wissen, solange wir nicht den Augenblick nutzen und das ergreifen, was Gott für uns bestimmt hat.

Der Film *Der Club der toten Dichter* rührte im Herzen von vielen Menschen etwas an. Das Mantra *carpe diem* (nutze den Tag) lässt keinen kalt. Wir müssen den Tag nutzen, denn an jedem Tag warten von Gott geschenkte Gelegenheiten darauf, dass sie genutzt werden, und jeder Tag mit seinen vierundzwanzig Stunden ist voller entscheidender, heiliger Momente.

Bei meinem Freund Joe White wurde eine tödliche Krebserkrankung diagnostiziert. In einem Gespräch erklärte er, dass er mehr Glück habe als ich. Er stellte klar, dass heute der letzte Tag seines Lebens sein könnte. Ich kann mit der Illusion leben, dass heute nur einer von vielen Tagen ist, die noch kommen. Seine Krebserkrankung schenkte ihm, dass er das Heute schätzen kann. Wie kaum ein anderer setzt er sich jeden Tag voll und ganz dafür ein, seine heiligen Momente zu nutzen. Das Geheimnis dieser Momente ist es, dass sie von der Seitenlinie so gewöhnlich aussehen und erst dann außergewöhnlich werden, wenn wir uns auf sie einlassen.

Aldo Caruso kommt aus Argentinien und lebt jetzt in den USA. Den größten Teil seines Lebens als Erwachsener verbrachte er damit, im Ostteil von Los Angeles zu unterrichten. Jahrelang hoffte er, jemand würde positive Gelegenheiten für die benachteiligten Kinder im Stadtzentrum von Los Angeles schaffen.

Aldo machte darauf aufmerksam, dass jemand etwas unternehmen müsse, um diesen Kindern zu helfen. Eines Tages wurde Aldo klar, dass *er* dieser Jemand sein sollte. Später erfuhr ich, dass seine Krebserkrankung die Sache für Aldo um so dringlicher machte und ihm den Mut gab, sich ganz dafür einzusetzen. Als Argentinier wusste er, was für eine wichtige Rolle Fußball in der Kultur der Lateinamerikaner spielt. Er gründete also eine Fußballklinik in einer Grundschule und eine Fußballmannschaft und er rief eine Fußballliga ins Leben. Davon profitierten Hunderte von Kindern, wenn nicht sogar Hunderte von Familien – unmittelbar durch Aldos Initiative.

Elaine Chang Fuddenna ließen die schlechten Bedingungen, unter denen arme Menschen leben müssen, keine Ruhe. Sie ließ einen nie vergessen, wie viel Not es auf der Welt gibt. Sie war ein Mensch, mit dem man nicht gern zusammen sein wollte, weil sie einem immer bewusst machte, wie wenig Mitgefühl man hatte. Gleichzeitig war sie ein Mensch, mit dem man immer gern zusammen sein wollte, weil man ein besserer Mensch wurde, wenn man mit ihr zusammen war.

Aber das Mitgefühl genügte ihr nicht. Sie musste etwas unternehmen. Sie begann ein Arbeitsvermittlungsprogramm, das sie *Job Net* nannte. Der Gedanke war klar umrissen: Baue durch den Ruf der Ortsgemeinde glaubwürdige Beziehungen zu Arbeitgebern auf und hilf Menschen, die keine Arbeit haben und schwer vermittelbar sind, eine neue Chance zu bekommen. Durch ihre Initiative fanden über fünfhundert Männer und Frauen eine Arbeit. Statt Almosen bekamen sie wirklich Hilfe.

In meinen Augen war Susan Yamamotos Idee verrückt. Sie war Krankenschwester und wollte ein Gesundheitsteam aufbauen. Diese Idee finden Sie vielleicht überhaupt nicht verrückt, aber ich wusste, dass wir in unserer Gemeinde keine Ärzte hatten. Zwei oder drei Krankenschwestern genügen nicht, um eine solch umfassende medizinische Arbeit aufzubauen. Aber sie war fest dazu entschlossen. Ihr Mann, Rick, einer unserer Ältesten, hat mir oft erzählt, dass die Leidenschaft und Entschlossenheit seiner Frau selbst ihn überraschte. Susan ließe sich am besten als ruhig und zurückhaltend beschreiben, eine kooperative Frau, aber ganz gewiss keine Führungsperson. Zwei Jahre sind seitdem vergangen: Heute schicken wir das ganze Jahr hindurch medizinische Teams aus, die in verarmten Gemeinden in Mexiko arbeiten. Wir haben außerdem eine Krankenschwester, die das ganze Jahr bedürftigen Menschen hilft. Susan begann ein Projekt, für das Ärzte nötig waren. Durch ihre Hingabe, anderen zu dienen, holte sie Ärzte in unsere christliche Gemeinde.

Mit Menschen geschieht etwas Wunderbares, wenn sie in einer Sache leidenschaftlich werden: Sie werden proaktiv, sie ergreifen die Initiative. Das Gegenteil scheint auch zuzutreffen: Wenn Sie anfangen, die Initiative zu ergreifen, wenn Sie anfangen, das Gute zu tun, das Sie als notwendig erkennen, werden Sie erleben, wie Ihre Leidenschaft wächst. Wenn Sie sich vornehmen, »einfach etwas zu tun«, gehen Sie in die richtige Richtung. Sobald Sie in eine Richtung gehen, die mit dem Charakter und dem Herz Gottes in Einklang steht, werden Sie erfahren, wie Gottes persönliche Mission für Ihr Leben allmählich immer klarer erkennbar wird.

Nicht jede entscheidende Gelegenheit, die Gott Ihnen schenkt, wird ein neues Projekt oder eine neue Organisation ins Leben rufen, aber darum geht es gar nicht. Jede entscheidende Gelegenheit Gottes wird aus der Möglichkeit geboren, Gutes zu tun. Die Antriebskraft, Gutes zu tun, kann zu Leidenschaft und Mitgefühl und zur Hingabe zum Dienst an anderen führen. Die Bibel fordert uns auf, anderen Gutes zu tun, wenn es in unserer Macht steht. Manchmal wird ein einfacher Akt der Nächstenliebe gegenüber einem anderen Menschen das Fenster, durch das Gott uns in die Zukunft hineinzieht, die er für uns vorgesehen hat. Gott verspricht uns zwar nie, dass wir alles über die Zukunft wissen werden; er verspricht auch nicht, dass wir ohne Geheimnisse in der Gegenwart leben werden, aber er verspricht uns, dass wir ein erfülltes Leben führen werden.

> Tun Sie das, von dem Sie wissen, dass Sie es tun sollen, und Sie werden wissen, was Sie als Nächstes tun sollen. Gott macht es uns deutlich, wenn wir gehorchen, aber nicht im Vorhinein.

War Jesu Verheißung, dass er gekommen ist, um uns das Leben und volle Genüge zu schenken (Johannes 10,10), vielleicht schon immer so gemeint? Sollen wir es durch dieses Abenteuer erfahren? Als Erstes müssen wir erkennen, dass Gott uns schon so viel über seinen Willen für uns gesagt hat, dass wir den Rest unseres Lebens damit verbringen können, das umzusetzen, was er bereits offenbart hat. Tun Sie das, von dem Sie wissen, dass Sie es tun sollen, und Sie werden wissen, was Sie als Nächstes tun sollen. Gott macht es uns deutlich, wenn wir gehorchen, aber nicht im Vorhinein. Man kann sagen, Gott informiert uns immer so weit, wie wir informiert sein müssen. Die Bibel sagt uns das, was wir alle wissen müssen, und Jesus verspricht uns, dass sein Geist uns führen wird, wenn wir ihm nachfolgen. Aber wie Nehemia, den Gott beauftragte, die Mauern Jerusalems wieder aufzubauen, erfahren wir die Details oft erst, wenn wir losgegangen sind.

Ein Sprichwort sagt, es sei besser, einen wilden Hengst zähmen zu wollen, als zu versuchen, ein totes Pferd zu reiten. Wem ähneln Sie mehr? Dem toten Pferd, das erst ins Leben zurückgebracht werden muss, oder dem wilden Hengst, voll Leidenschaft und Lebenslust? Wenn Sie eher wie ein totes Pferd sind, dann will Ihnen Gott, der die Toten zum Leben erweckt, Hoffnung schenken. Wenn Sie ein wilder Hengst sind, dann laufen Sie zu Gott, der Sie nicht zähmen, sondern verwandeln will. Gottes Wunsch ist es nicht, Sie einzuengen, sondern Ihnen Freiraum zu schenken. Gottes Kompass für das Leben ist nicht Information, sondern Wahrheit. Der Schlüssel ist nicht die Fähigkeit, Gottes Gedanken zu lesen, sondern sein Herz zu kennen. Es ist wichtig, in der Weisheit Gottes zu wachsen. Dieser Weg muss seine Antriebskraft in der Leidenschaft für Gott finden. Alle Segnungen Gottes ohne unseren dringenden Wunsch, nach Gottes Zielen zu leben, sind eine furchtbare Zeitvergeudung.

Ich spiele gern Schach. Wenn ich eine Weile nicht mehr gespielt habe, wähle ich immer Schwarz. Wenn mir das Selbstvertrauen fehlt, ziehe ich es vor, in der Defensive zu beginnen. Soll der Gegner den ersten Zug machen. Ich werde darauf reagieren. Aber wenn ich in Fahrt komme, wenn ich wirklich im Spiel bin, wähle ich gern Weiß. Ich entscheide mich für die Offensive. Ich weiß den Vorteil, den ersten Zug zu haben, zu schätzen. Den Menschen, die ihre entscheidenden Augenblicke nutzen, fehlen vielleicht viele Eigenschaften, aber eines steht fest: Sie ergreifen die Initiative.

Ein Anflug von Wahnsinn

Vor einigen Jahren zeigte einer unserer Mitarbeiter überhaupt keine Initiative mehr. Ich versuchte, ihn zu ermutigen, zu motivieren, und ihm mehr Verantwortung zu geben, aber auch mit spürbaren Konsequenzen drohte ich ihm. Doch nichts schien zu helfen. Ich rief meinen Bruder, Alex, an und bat ihn um Rat. Er sagte, das Problem sei offensichtlich: »Dieser Mann ist ganz normal. Das ist das eigentliche Problem. Du meinst, jeder würde am Morgen aufwachen und überlegen, wie er die Welt verändern kann. Das tun aber die meisten Menschen nicht.«

Dann fiel es mir wieder ein. Ich erinnerte mich, wie es ist, wenn man das Leben von der Seitenlinie beobachtet. Ich erinnerte mich, wie es ist, leben zu wollen, aber Angst zu haben. Es war, als lebte in mir ein Mensch, der darauf wartete, geboren zu werden. Er sah aus wie ich, aber ich wusste, dass er ganz anders war. Er wollte nicht unsichtbar sein. Er wollte nicht nur Zuschauer sein. Sein Leben sollte wirklich eine Rolle spielen. Meine Seele machte Geburtswehen durch, aber ich fragte mich, ob dieser Mensch je zum Leben gelangen würde. Ich glaubte, ich müsse verrückt werden. Der normale Mensch, an dem ich so schwer gearbeitet hatte, wurde durch den Menschen bedroht, der ich so sehnsüchtig sein wollte.

Ich habe oft über Alex' Worte nachgedacht. Ich muss gestehen, dass ich nicht mehr ein Zuschauer an der Seitenlinie bin. Ich wache wirklich fast jeden Morgen auf und frage: »Wie kann ich die Welt verändern?« Für mich begann das mit einer einfachen Änderung meiner Perspektive. Ich will, dass mein Leben sich durch das definiert, was ich gebe. So viele Momente gehen verloren, wenn wir nur nach dem Ausschau halten, was wir bekommen können. Sie können Gottes entscheidende Augenblicke in Ihrem Leben nur nutzen, wenn Sie bereit sind zu dienen. In alledem steckt ein Geheimnis. Niemand hat das besser ausgedrückt als Jesus: Wenn wir versuchen, unser Leben zu gewinnen, verlieren wir es. Aber wenn wir unser Leben um seinetwillen verlieren, werden wir es in Wirklichkeit finden.

Diese veränderte Sichtweise half mir irgendwie, meine Ängste zu überwinden, meine Zweifel und meine Unsicherheit zu überwinden. Das Leben drehte sich nicht mehr um mich. Deshalb wurde das alles irrelevant. Es gibt kein kleines Leben, keine bedeutungslosen Momente, wenn wir sie für Gott einsetzen. Selbst wenn jeder um Sie herum sich entscheidet zu schlafen, müssen Sie der Versuchung, auch einzuschlafen, widerstehen. Wachen Sie auf! Stehen Sie auf! Gott will die Welt durch Ihr Leben verändern, wenn Sie nur etwas tun.

Wachen Sie auf! Stehen Sie auf! Gott will die Welt durch Ihr Leben verändern, wenn Sie nur etwas tun.

Während alle anderen schliefen, wachte Jonatan auf. Er beschloss, dass er in seiner Welt etwas verändern wollte. Vielleicht muss man ein wenig verrückt sein, um zu glauben, dass Sie oder ich wirklich etwas verändern können, und um zu glauben, dass wir irgendwie den Lauf der Menschheitsgeschichte verändern können, denn immerhin wissen wir ja, wer wir sind. Wenn es normal ist, am Morgen aufzuwachen und einfach zu versuchen, den Tag zu bestehen, dann plädiere ich dafür, unnormal zu sein. Ich entscheide mich dafür, verrückt zu sein.

Vielleicht ist es das Ziel dieses Kapitels, Sie um den Verstand zu bringen; Ihr Herz schneller schlagen zu lassen; Sie in Schweiß ausbrechen zu lassen, obwohl Ihr Körper nicht in Bewegung ist; Sie wilde und verrückte Gedanken haben zu lassen, wie ein Leben mit Gott aussehen könnte; Sie dazu zu bringen, alle Vorsicht in den Wind zu schlagen und Gott zu folgen, wohin er Sie auch führt. Wenn Sie morgen früh aufwachen, dann stellen Sie sich die gefährliche Frage: »Was kann ich heute tun, um in der Welt etwas zu verändern?«

Etwas oder jemand weckte Jonatan aus seinem Schlaf. Als alle anderen um ihn herum schliefen, stand er auf und ging. Vielleicht sagte er seinem Freund nur die Worte, die er selbst von Gott gehört hatte: »Komm, lass uns hinübergehen.«

»Ich habe Angst«, gestand er, als Maven mit ihm an der Stelle stand, an der sein Weg beginnen würde.
»Wovor?«, fragte Maven mit ruhiger Stimme.
»Vor dieser Reise. Habe ich alles gelernt, was ich wissen muss?«, fragte Ayden.
»Ayden«, antwortete Maven, »du weißt alles, was du lernen musst.«
»Was sollte ich mitnehmen?«, fragte Ayden weiter.
»Lasse alles zurück, was du hast, und nimm alles mit, was du bist.«
Ayden ließ nicht locker: »Und der Weg? Ist es sicher, ihn zu gehen?«
Maven schaute ihn das erste Mal streng an und tadelte ihn: »Es ist nicht sicher zu bleiben! Es ist nicht der Ort, sondern die Gegenwart Gottes, die dich bewahrt. Das ist deine einzige Gewissheit. Geh! Gehe dorthin, wo noch kein Mensch gegangen ist, aber du wirst Fußstapfen finden.«

Eintrag 709, The Perils of Ayden

3

ungewissheit — wisse, dass du nicht alles weißt

Unsere Tage sind gezählt

Nur wenige Zahlen haben in unserer Generation so viel Bedeutung wie der 11. September, 8:46 Uhr. Ich saß im Auto und war zum Internationalen Flughafen von Los Angeles unterwegs. Ich wollte zu einer eintägigen Veranstaltung nach Denver fliegen. Während ich die Straße zum Flughafen entlangfuhr, schaltete ich das Radio nicht ein und genoss lieber die Stille des Morgens. Als ich mich der Abfahrt zum Flughafen näherte, beschloss ich, mein Handy einzuschalten und meine Frau anzurufen, um mich von ihr zu verabschieden, bevor ich abflog. Den Tonfall in ihrer Stimme werde ich noch weniger vergessen als die Worte, die sie sagte. Es war, als wenn jemand, den sie liebte, gerade auf tragische Weise ums Leben gekommen wäre. In ihren Worten lag eine Verzweiflung, die für mich völlig übertrieben klang. Sie flehte mich an, nicht ins Flugzeug zu steigen. Sie sagte, in New York sei etwas Schreckliches passiert.

Sie erzählte, dass ein Flugzeug ins World Trade Center gerast sei. Ich konnte den Zusammenhang zu mir nicht herstellen. Dieser Unfall in New York mochte schrecklich gewesen sein, aber was hatte er mit meinem Flug von Los Angeles nach Denver zu tun? Kim und ich haben jedoch eine Abmachung: Wenn sie mich bittet, nicht zu fliegen, dann fliege ich nicht. Ich fuhr an der nächsten Ausfahrt ab und machte kehrt. Mein Sohn, der irgendwie nicht ganz überzeugt war, dass ich meine Meinung geändert hatte, rief mich kurz darauf an und flehte mich an: »Bitte fahre nicht, Papa. Fahr einfach nicht.« Dann sagte Kim: »Schalte das Radio ein.« Ich erfuhr, was wir inzwischen alle wissen: Dass sich am 11. September um 8:46 Uhr die Welt verändert hatte.

In den USA lebten wir bis zu diesem Tag in vielerlei Hinsicht in einer nicht realen Welt. Das Maß an Freiheit, an Wohlstand und an Sicherheit, das wir genießen, ist im größten Teil der Welt unbekannt. Unsere alltägliche Erfahrung würden die meisten auf diesem Planeten als surreal beschreiben. Die meisten in unserem Land leben nach dem amerikanischen Traum, aber dieser Traum war begleitet von einer starken Täuschung. Wir hatten begonnen zu glauben, das Leben habe uns gewisse Garantien gegeben. Wir haben sogar eine Theologie aufgebaut, die unser falsches Sicherheitsdenken rechtfertigt. Frieden und Wohlstand wurden als selbstverständlich erwartet. Begriffe wie Opfer und Leiden dienten nur als Beschreibung für diejenigen, die außerhalb von Gottes Segen lebten.

Und dann geschah es. Zwei Flugzeuge, die in das World Trade Center stürzten, waren ein brutaler Weckruf, der uns aus unserem süßen Schlummer riss. Ein drittes Flugzeug stürzte auf das Pentagon. Zu jenem Zeitpunkt war allen die entsetzliche Tatsache klar geworden, dass Terroristen diese Linienflugzeuge als Raketen benutzt hatten. Ein viertes Flugzeug stürzte kurz darauf in der Nähe von Pittsburgh ab. Dieser Tag war für mich sehr schwer. Als Pastor einer Gemeinde konnte ich nicht nur an meine Familie und deren Sicherheit denken. Die schwierige Situation wurde noch dadurch verstärkt, dass unsere Gemeinde in Los Angeles ist und zwei der vier Flugzeuge, die bei diesen terroristischen Angriffen benutzt worden waren, nach Los Angeles unterwegs gewesen waren. Los Angeles und New York hatten schon in der Vergangenheit ein besonderes Verhältnis zueinander. An diesem Tag wurde es noch vertieft. In unserem Haus und in anderen Häusern in der ganzen Stadt fanden spontane Gebetstreffen statt. Die Menschen empfanden eine starke Trauer und Fassungslosigkeit und kämpften mit Schock und persönlicher Angst.

Erst am nächsten Morgen erinnerte meine Frau mich daran, dass ich unsere Kinder durch diese Situation begleiten musste. Ich wusste nicht, was ich zu meinem dreizehnjährigen Sohn und zu meiner neun Jahre alten Tochter sagen sollte. Als Eltern graut uns immer vor dem ersten Gespräch über Sex. Aber nie im Traum würde man daran denken, dass man seine Kinder durch so etwas begleiten muss. Genauso wie alle Kinder in unserem Land sahen meine Kinder im Fernsehen die Bilder von den Flugzeugen, die in das World Trade Center flogen. Ich konnte sehen, dass am Anfang eine gewisse Distanz zur Wirklichkeit da war. Was sie sahen, war nicht weit von den unrealistischen Spezialeffekten in Kinofilmen entfernt. Aber es dauerte nicht lange, bis die Wirklichkeit in ihr Bewusstsein eindrang und sie nur allzu gut begriffen, was hier passiert war.

Was sollte ich ihnen sagen? Wie sollte ich ihnen ihre Angst nehmen? Ich wusste, was ich gern sagen würde. Ich wollte ihnen sagen, dass alles gut werden würde, dass wir in Sicherheit waren, dass ihnen so etwas nicht passieren würde, und dass es auch mir auf den vielen Flügen, auf denen ich unterwegs war, nicht passieren würde. Manchmal könnte man meinen, der Schlüssel zur Erziehung sei es, seine Kinder anzulügen. Muss ein neunjähriges Mädchen wirklich begreifen, wie nahe wir alle dem Tod sind? Ist die Wahrheit nicht eine zu harte Realität? Was ich ihnen sagen wollte, war einfach nicht wahr. Ich wollte ihnen sagen, dass alles wieder in Ordnung kommen würde. Uns würde so etwas nicht passieren. Gott würde nicht zulassen, dass so etwas unserer Familie zustieß. Nichts von alledem konnte ich ihnen versprechen, und es stand nicht in meiner Macht, ihnen den Trost zu geben, den ich ihnen gerne geben wollte. Ich konnte ihnen nichts garantieren.

Also setzte ich mich mit meiner Familie hin, und wir redeten über das, was wir aus dem 11. September lernen konnten: Wir haben keine Kontrolle darüber, wann und wie wir sterben, aber wir haben es in der Hand, wie wir leben.

Das mag für eine Neunjährige ein wenig zu schwer klingen, aber erleichtert stellte ich fest, dass es für Mariah völlig sinnvoll klang. Es klang nach Wahrheit, und sie konnte etwas tun. Sie musste sich entscheiden, wie sie diesen Tag leben wollte.

Wir wissen, was wir wissen müssen

Eine Zeit in Frieden und Stabilität hatte uns falsche Schlussfolgerungen darüber ziehen lassen, was der menschliche Geist wirklich braucht. Man könnte meinen, was wir brauchen, sei Gewissheit, das Versprechen, dass alles gut ausgehen würde, die Garantie, dass wir in Sicherheit sind. Genauso wie jeder andere würde ich gern wissen, dass dies das Leben ist, das Gott meiner Familie und mir geben will, aber die Sicherheit, die wir oft suchen, ist nicht nötig, um ein erfülltes Leben zu führen. Manchmal kann sie sogar zum größten Hindernis werden und verhindern, dass wir Gottes entscheidenden Augenblicke in unserem Leben nutzen.

Jonatan war sich einiger Dinge sicher. Gleichzeitig konnte und wollte er sich auf unsicheren Boden begeben. Er rief seinen Waffenträger und sagte: »Komm, lass uns hinübergehen zu der Wache dieser Unbeschnittenen! Vielleicht wird der Herr etwas für uns tun.« Diesen Satz muss man einfach lieben. Auf gut Deutsch sagte er: »Komm, greifen wir sie an. Vielleicht wird Gott uns helfen.«

Jonatan war klar, dass es nicht für alles eine Garantie gibt, dass man nicht wartet, bis das ganze Geld auf der Bank ist. Es gibt einige Dinge, die man wissen kann, und einige Dinge, die man nicht weiß. Er sagte weiter: »Es ist dem Herrn nicht schwer, durch viel oder wenig zu helfen.«

Er hatte einen sehr klaren Blick für die Wirklichkeit. Er wusste mit Sicherheit, dass Gott mächtig genug ist, ihm den Sieg zu schenken, dass es keine Rolle spielte, dass sie nur zu zweit gegen tausend Philister standen. Die Angst seines Vaters, mit sechshundert Soldaten und nur zwei Waffen in den Krieg zu ziehen – Sie haben richtig gelesen: sie hatten nur zwei Schwerter –, war vernünftig, aber kein Grund, Gottes Ziele zu vernachlässigen. Obwohl nur Jonatan und sein Waffenträger losgingen und nur Jonatan ein Schwert hatte, wollte er im Einklang mit Gottes Auftrag handeln.

Lange vorher hatte Gott durch Samuel zum ganzen Haus Israel gesprochen: »Wenn ihr euch von ganzem Herzen zu dem Herrn bekehren wollt, so tut von euch die fremden Götter und die Astarten und richtet euer Herz zu dem Herrn und dient ihm allein, so wird er euch erretten aus der Hand der Philister.« (1. Samuel 7,3)

Gott hatte Israel die Rettung von der Unterdrückung durch die Philister versprochen. Er tat das, indem er eine Armee aus Männern zusammenstellte, die auf Gott vertrauten und gegen die Philister in den Krieg zogen. Jonatan war sich einer Sache sicher: Er wusste mit Gewissheit, dass den Herrn nichts daran hindern konnte, sein Volk zu retten, und dass Gott dazu viele oder auch nur ganz wenige Menschen gebrauchen konnte. Wahrscheinlichkeitsrechnungen sind für Gott irrelevant.

Jonatan hatte ein unerschütterliches Vertrauen in Gottes Fähigkeiten. Er hatte absolutes Vertrauen in Gottes Charakter. Er war absolut sicher, dass Gott vertrauenswürdig ist. Das war für ihn keine Frage. Jonatans Frage war nicht: »Was ist Gottes Wille für mein Leben?«, sondern: »Wie kann ich mein Leben geben, um Gottes Willen zu erfüllen?« Er hatte keine Gewissheit, was sein persönliches Wohl betraf. Dass er im Einklang mit Gottes Absicht handelte, war die einzige Gewissheit, die er brauchte. Er wusste, dass Gott vertrauenswürdig ist, aber er ging nicht so weit, Dinge zu erwarten, die Gott nie versprochen hatte. Er wusste, dass ein Leben mit Gott bedeutet, ein Leben voller Unsicherheiten zu akzeptieren. Der Jonatan-Faktor zeigt sich dann, wenn wir inmitten von Ungewissheit absolutes Vertrauen zu Gott haben und bereit sind, mit ihm zu gehen, auch ohne die Garantie auf persönlichen Erfolg.

Stellen Sie sich vor, Sie wären Jonatans Waffenträger. Jonatan weckt Sie aus dem Tiefschlaf und sagt Ihnen, dass Sie ihm über mehrere Klippen folgen und mit ihm die Philister angreifen sollen.

Und er erklärt, dass er nicht mehr hoffen kann, als dass Gott *vielleicht* helfen *könnte*. Wenn ich dieser Waffenträger wäre, würde ich sagen: »Wecke mich, wenn du es genau weißt.« Ich denke, das hätten die meisten von uns getan. Wir hätten uns im Schatten eines Granatapfelbaumes wieder schlafen gelegt und wären bereit gewesen loszugehen, sobald alles klar wäre.

Wie sicher sind Sie?

Vor einigen Jahren hielt ich an einem theologischen Seminar einen Vortrag. Als ich fertig gesprochen hatte, erzählte mir eine junge Studentin, dass sie einmal geplant hatte, in den Nordwesten zu gehen, um dort bei der Gründung einer neuen Gemeinde mitzuarbeiten. Dann erklärte sie mir, sie habe erkannt, dass dies nicht Gottes Wille sei. Als ich fragte, wie sie das erkannt habe, sagte sie: »Das Geld dafür kam nie zusammen.« Ich fragte sie, wer ihr erzählt habe, dass fehlende Finanzen ein Beweis dafür seien, dass Gott nicht dahinter stehe. Sie antwortete, ihr Pastor und ihre Eltern. Sie hatten gesagt, wenn Gott wolle, dass sie gehe, würde für alles gesorgt werden, bevor sie aufbreche.

Unser Reichtum und Überfluss an menschlichen Ressourcen lassen uns glauben, noch bevor wir eine Vision haben, würden wir mit allem Nötigen ausgestattet. Das ist das Fundament eines Glaubens ohne Risiko. Welch eine Tragödie, da doch ein Teil des Abenteuers in der Entdeckung besteht, dass immer zuerst die Vision kommt. Ich weiß, dass dies wirklich spannend sein kann, aber es ist immer richtig, das Richtige zu tun, selbst wenn es sich als falsch herausstellt. Es gibt Zeiten, in denen Gott uns aufruft, das Richtige zu tun, obwohl er weiß, dass andere falsch reagieren werden. Jesus tat das Richtige, als er aus dem Garten Gethsemane ging, wo er damit gerungen hatte, den Willen des Vaters zu akzeptieren, und einen Weg beschritt, der ihn ans Kreuz führte. Die Konsequenz war für ihn hart. Unsere Antwort auf sein Kommen bestand darin, dass wir ihn kreuzigten. Wir sollten nicht überrascht sein, wenn ein lebenslanger Weg mit Gott uns Leiden und Not bringt. Wenn wir vom Kreuz etwas lernen können, dann die Erkenntnis, dass Gott manchmal erst Erfolg schenkt, wenn wir gestorben sind!

Obwohl Jonatan nicht starb, als er gegen die Philister zog, kann man daraus kein Prinzip ableiten, dass jeder der Gottes Willen tut, am Leben bliebe. Wenigstens nicht auf dieser Erde. Als Jonatan gegen die Philister kämpfte, brach er wahrscheinlich nicht in kalten Schweiß aus. Viele von uns stellen sich seinen Kampf vor und sehen ihn verwundet und vielleicht sogar dem Tode nah. Diese Vorstellung ist nicht unrealistisch. Im Gegenteil, es ist überraschend, dass er sich in einen solchen Kampf stürzte und unverletzt davonkam. Selbst wenn wir am Leben bleiben, heißt das nicht, dass der Sieg ohne Leiden käme.

Wenn wir die entscheidenden Augenblicke Gottes in unserem Leben nutzen wollen, müssen wir die Realität akzeptieren, dass wir über viele Dinge keine Kontrolle haben. Wir haben keine Kontrolle darüber, wann wir sterben oder wie wir sterben. Aber wir müssen die Verantwortung für das übernehmen, worüber wir die Kontrolle haben: Wie wollen wir leben?

Jonatan entschied sich nicht zu sterben, sondern er entschied sich, wie er leben wollte. Die Konsequenzen seines Handelns überließ er Gott. Er entschied sich, das zu tun, was er als richtig erkannt hatte. Wieder griff Gott in die Geschichte ein, und Jonatan setzte dafür sein Leben ein. Dieser Bereich der Ungewissheit ist der Ort, an dem Wunder geschehen können. Manchmal sieht das Wunder so aus, dass wir ein anderer Mensch werden, dass wir in unserem Leben Mut und die richtige Einstellung zeigen.

Bei Beerdigungen wird viel über uns gesagt, das wir nie hören werden. Mit der Zeit begreifen wir aber, dass es nicht so sehr darauf ankommt, was gesagt wird, sondern darauf, wer zu einer Beerdigung kommt. Ich war schon bei Beerdigungen, zu denen nicht mehr als eine Hand voll Leute gekommen waren, um dem Verstorbenen die letzte Ehre zu erweisen, und auch diese schienen hauptsächlich aus einem Pflichtgefühl heraus dort zu sein. Hin und wieder kommt man auch zu einer Beerdigung, die in Wirklichkeit eher eine Feier ist. Ich durfte solche Momente schon erleben. Als ich aus Achtung vor ihrem Bruder, Dave Mushegan, zum Trauergottesdienst von Maxine Marie Papazian kam, staunte ich über die Szene, die sich mir bot. Obwohl der Raum ziemlich groß war, gab es nur noch Stehplätze. Ich stand hinten und beobachtete den Verlauf der Trauerfeier. Was ich sah, überraschte mich: sowohl echtes Feiern als auch von Herzen empfundene Trauer. Aber was mich wirklich überraschte, war das Verhalten der Leute, die hinten saßen. Man erwartet, dass die Leute, die vorne sitzen, tief um den Verstorbenen trauern, weil sie eng mit ihm in Verbindung gestanden haben. Familienangehörige und enge Freunde füllen normalerweise die vorderen Plätze und Reihen. Oft ist der hintere Teil besetzt mit höflichen, distanzierten Bekannten. Das war hier nicht der Fall. Mehrere, die hinten standen, sagten später, wie tief bewegt sie gewesen seien, dass praktisch die ganze Kapelle gleichermaßen um den Tod einer lieben Freundin trauerte. Ich fragte mich, wer wohl bei meiner Beerdigung sein würde: Würden die Leute bis ganz hinten um mich trauern?

Das Leben eines Menschen muss nicht irgendwelche außergewöhnlichen Ereignisse aufweisen, um sich auszuzeichnen. Ein gut geführtes Leben kann genauso motivierend sein und genauso viel bewirken. Manchmal kann man diese innere Verwandlung und Stärke am besten im Scheitern, in der Niederlage oder gar im Tod sehen. Andere Male hat das Wunder damit zu tun, wie Gott inmitten völliger Ungewissheit zum Sieg führt.

Wenn Sie mit Gott gehen, zeigt er sich Ihnen immer. Es ist einfach schwer vorherzusagen, was er tun wird oder wie er es tun wird. Wenn Sie auf Garantien warten, haben Sie nur eine Garantie: Sie werden zahllose göttliche Gelegenheiten verpassen. So viel können Sie mit Sicherheit wissen.

Das Wunder der Ungewissheit

Es muss ungefähr vier Jahre her sein, dass Greg SooHoo, einer unserer Gemeindeältesten, mich anrief und bat, dass ich mich mit ihm in einem Nachtclub in der Innenstadt treffen sollte. Das Gebäude stand zum Verkauf, und Greg schlug vor, dass unsere Gemeinde überlegen könnte, es als unser künftiges Gottesdienstzentrum zu verwenden. Die Örtlichkeit war perfekt für uns. Wir sahen zahllose Möglichkeiten. Wir alle hatten das Gefühl, dass es der ideale Ort sei, besonders für eine Gemeinde wie *Mosaic*. Ich war schon über fünf Jahre Pastor in Los Angeles und wir suchten schon länger nach einem strategisch günstigeren Treffpunkt. *Mosaic* war eine Gemeinde, die sich in vielerlei Hinsicht durch ihre Kreativität, ihre künstlerischen Elemente und ihre Liebe für Schönheit auszeichnet. Das Gemeindehaus musste zum Ausdruck bringen, dass wir soziale Randgruppen erreichen wollen. Der Nachtclub im Zentrum von Los Angeles wäre außerdem ein Symbol unserer Liebe zur Stadt und für unser Bemühen, die Welt zu erreichen, indem wir auf die Menschen zugehen.

Es gab nur ein Problem: Das Gebäude war um ein paar Millionen Dollar zu teuer für uns. Es wäre schön, wenn ich jetzt erzählen könnte, dass wir diese Millionen bekamen oder dass der Eigentümer es uns auf wunderbare Weise viel billiger gab, aber das passierte nicht. Manchmal scheint es, als hätten wir eine entscheidende Gelegenheit Gottes verpasst, aber in Wirklichkeit müssen wir nur auf seinen Zeitpunkt warten.

Ungefähr ein Jahr später kaufte ein chinesisches Ehepaar, George und Susan Luk, diese Immobilie und eröffnete dort wieder einen Nachtclub. Sie nannten ihn *Downtown Soho*. Als die Luks das Gebäude kauften, rief Greg SooHoo mich wieder an und schlug vor, dass wir uns dort treffen sollten. Auf dem Weg zu George Luk überlegte ich ununterbrochen, wie ich ihm plausibel machen könnte, dass wir den Nachtclub für unsere Gottesdienste benötigten. Ich hatte keine Ahnung, ob er dafür offen wäre, dass eine Gemeinde ihre Gottesdienste in seinem Nachtclub feiert, oder ob wir es uns leisten könnten, die Immobilie zu mieten. Ich wusste nur, dass es ungeheuer wichtig war, richtig an die Sache heranzugehen.

Als Greg und ich uns mit George zusammensetzten, drückte ich mich ungefähr folgendermaßen aus: »Wir würden gern hier in diesem Nachtclub Menschen auf die Gegenwart Gottes aufmerksam machen und eine Stimme der Hoffnung für die Stadt werden.« Ich muss zugeben, dass er ziemlich geschockt aussah. Er war höflich und fragte, ob er mit seiner Frau sprechen könne, bevor er uns eine Antwort gebe. Es dauerte keine Woche, dann gab er uns eine Zusage. Unsere Kosten lägen bei eintausend Dollar im Monat. Dieser Betrag würde die Hausmeisterkosten und die Nebenkosten abdecken. Er fügte hinzu, wenn wir uns das nicht leisten könnten, sollten wir es einfach sagen.

Wenn man sich auf das Ungewisse einlässt, stellt man bald fest, dass der Weg mit Gott voller Überraschungen steckt.

Wenn man sich auf das Ungewisse einlässt, stellt man bald fest, dass der Weg mit Gott voller Überraschungen steckt. Erst ein Jahr später erfuhr ich, warum sie so bereitwillig zugesagt hatten.

Ungefähr fünfzehn Jahre vorher war ihre Mutter schwer krank gewesen. Sie waren sicher gewesen, dass sie sterben würde. Jahre zuvor hatte ein Chinamissionar ihrer Mutter eine Bibel geschenkt, die sie immer noch besaß. Um in ihrer Situation etwas Trost zu finden, schlug sie die Bibel auf und begann zu lesen. Sie las zufällig Jesaja 38, wo Hiskia, einer von Israels Königen, mit dem Tod rechnete. Gott forderte ihn auf, sein Haus in Ordnung zu bringen, weil er sterben und nicht wieder gesund werden würde. Hiskia drehte sein Gesicht zur Wand, betete und bat den Herrn, sein Leben zu verschonen. Gott antwortete, dass er die Gebete gehört habe, und dass er Hiskias Leben um weitere fünfzehn Jahre verlängern würde.

Susans Mutter fragte ihre Tochter: »Was meinst du, was das bedeutet?« Susans hoffnungsvolle Antwort war, dies sei ein Versprechen von Gott, dass sie noch einmal fünfzehn Jahre leben würde.

Dann fragte ihre Mutter: »Was ist mit dem nächsten Vers? Was bedeutet dieser Teil?« Susan sagte, das wisse sie nicht.

Ungefähr fünfzehn Jahre später kauften George und Susan den Nachtclub. Ihre Mutter, die von jener Krankheit genesen war, wurde gebeten, zu kommen, sich das Gebäude anzuschauen und ihr Unternehmen zu segnen. Das ist bei vielen asiatischen Familien eine übliche Praxis. Als ihre Mutter eintrat, sagte sie, das wäre ein großartiger Ort für eine Kirche. George und Susan erklärten, dass es ein Nachtclub werden sollte. Die Mutter wiederholte einfach ihre Bemerkung, dass es ein wunderbarer Ort für eine Kirche wäre.

Das bringt uns zurück zu der Stelle über Hiskia. Der Teil, den sie sich nicht hatten erklären können, lautete: »Siehe, ich will deinen Tagen noch fünfzehn Jahre zulegen und will dich samt dieser Stadt erretten aus der Hand des Königs von Assyrien und will diese Stadt beschirmen« (Jesaja 38,5-6). Als wir also kamen und ihnen sagten, dass der Nachtclub der Stadt Hoffnung bringen und die Stadt durch die Gegenwart Gottes befreien könnte, war das für sie die Erfüllung der anderen Hälfte dieser Bibelstelle.

Wie hätten wir ahnen können, wie ungewöhnlich Gott im Leben von George und Susan Luk gewirkt hatte? Wenn wir gewartet hätten, bis alles zusammenpasste, wären wir nie gegangen. Wir alle wollen Wunder erleben, verbringen aber trotzdem unser Leben damit, die Situationen zu vermeiden, in denen Wunder passieren. Wenn wir die entscheidenden Momente nutzen, die Gott uns schenkt, auch wenn wir erkennen, dass wir der Herausforderung, vor der wir stehen, nicht gewachsen sind, erfahren wir die Macht und die Wunder Gottes. Gewiss ist nicht jeder dieser entscheidenden Momente voll aufregender Wunder, aber jeder ist voll von Gottes Absichten. Ich schrieb meiner Familie einmal folgende Worte: »Es ist der gemeinsame Weg, den wir miteinander teilen und an dem wir uns freuen. Es ist das Abenteuer, das wir in Gottes Berufung gefunden haben. Jeder von uns ist auf diesem göttlichen Weg unterwegs. Wir erforschen gefährliche Geheimnisse.«

Selbst ohne Wunder ist dieser Weg ein großes Abenteuer.

Den Weg des Glaubens beginnen

Mein Freund Larry ist Ingenieur und hat eine sehr systematische Vorstellung von Gottes Wirken. Ich war erst seit kurzem Pastor und rief die Gemeinde in eine sehr gefährliche Zukunft. Ich forderte sie auf, Traditionen, die ihnen Trost schenkten, aufzugeben und von einem Ort, der ihnen Identität und Sicherheit gegeben hatte, wegzuziehen. Larry wollte von mir ein prophetisches »So spricht der Herr« hören. Er wollte die Zusicherung, dass dieser Weg genau das war, was Gott von uns wollte. Wenn ich ihm diese geben könnte, würde er mir überallhin folgen. Ich zeigte ihm diese Bibelstelle über Jonatan und sagte: »Larry, ich kann dir nur versprechen, dass der Herr uns vielleicht Erfolg schenkt. Ich weiß einfach, dass das, was wir tun, richtig ist.« Diese Vorstellung widersprach seinem technischen Denken vollkommen. Später gaben Larry und seine Frau, Rhonda, ihre lukrative Karriere als Ingenieure auf; sie leben jetzt in Asien und dienen den Menschen in China.

Der Hebräerbrief erklärt uns: Der Glaube ist, uns dessen sicher zu sein, was wir erhoffen, und uns dessen gewiss zu sein, was wir nicht sehen. Die Vorbilder im Alten Testament werden für diesen Glauben gelobt. Das heißt nicht, dass sie sich Gott gegenüber etwas anmaßten. Es heißt, dass sie Gott in allem vertrauten. Gott gab die Verheißung. Es ist wichtig zu erkennen, was Gott verspricht und was er nicht verspricht. Er verspricht, dass wir sicher sein können, wer er ist, und dass wir uns unserer Beziehung zu ihm sicher sein können. Wie der Weg sich entwickelt, ist voller Ungewissheiten, das Ende der Geschichte jedoch nicht. Das letzte Kapitel der Menschheitsgeschichte ist schon geschrieben. Jesus siegt! Alle, die ihm

Es ist wichtig zu erkennen, was Gott verspricht und was er nicht verspricht. Er verspricht, dass wir sicher sein können, wer er ist, und dass wir uns unserer Beziehung zu ihm sicher sein können. Wie der Weg sich entwickelt, ist voller Ungewissheiten.

nachfolgen, werden dann feststellen, dass sie die ganze Zeit schon mehr als nur Überwinder in Jesus Christus, ihrem Herrn, gewesen sind. Er besiegt den Tod, das Böse, das Leiden, die Trauer, die Einsamkeit, die Verzweiflung und auch den Fürst der Finsternis und alle seine dämonischen Kohorten. Auf meinem Glaubensweg und in meinem Dienst in der Gemeinde habe ich festgestellt, dass der Glaube zwei praktische Dimensionen hat. Ich nenne sie Glauben erster Dimension und Glauben zweiter Dimension.

Der Glaube erster Dimension ist gefragt, wenn wir einen Bereich betreten, in dem unser Glaube an Gott unsere Erfahrungen übersteigt, aber die Herausforderung, vor die wir gestellt werden, im Bereich des Möglichen liegt. Gott fordert uns auf, etwas zu tun, das er im Leben von anderen Menschen schon getan hat; wir haben es nur selbst noch nicht erfahren. Manchmal ruft uns Gott aus unserem persönlichen Erfahrungsbereich und aus unserer persönlichen Komfortzone heraus. Im Gemeindeleben löst diese Dimension des Glaubens oft die Reaktion aus: »So haben wir es noch nie gemacht!« Es ist nicht so, dass es noch nie gemacht worden wäre; es ist nur so, dass *wir* es noch nie gemacht haben.

Die meisten Herausforderungen im Leben sind eine Prüfung unseres Glaubens erster Dimension: Gott in unseren Beziehungen zu vertrauen; Gott bei unseren Finanzen zu vertrauen; Gott in unserem Beruf zu vertrauen; und Entscheidungen zu treffen, die seinem Charakter entsprechen. Diese Dimension des Glaubens hat sehr viel mit Charakter zu tun. Es geht darum, auf Gottes Charakter zu vertrauen, und darum, dass Gott unseren Charakter testet. Aus diesem Grund kann man nicht über Glauben sprechen, ohne über Gehorsam zu sprechen.

Oft wird der Glaube durch Gefühle oder Wünsche verwirrt. Glauben wird dann daran gemessen, wie stark wir fühlen oder glauben, dass etwas geschehen wird. Dahinter steckt die Annahme, dass wir bekämen, worum wir bitten, wenn unser Glaube groß genug wäre. Oft wird uns gesagt, wenn unsere Gebete nicht erhört würden, liege das daran, dass wir nicht genug Glauben hätten. Wir hätten einfach nicht stark genug geglaubt. Bei Menschen, die Gott nachfolgen, ist der Glaube ein Ausdruck ihres Vertrauens zu Gott. Gefragt ist nicht, dass wir unseren Glauben an Gott aufpolieren, sondern unser Vertrauen zu Gott vertiefen. Jesu Verheißung, dass er es tun wird, wenn wir in seinem Namen um etwas bitten, hängt nicht davon ab, wie stark wir an etwas glauben, sondern davon, wie gut wir Gottes Absichten und Ziele repräsentieren. Wenn es die tiefste Absicht hinter einem Gebet ist, Gottes Willen zu erfüllen, können wir vertrauensvoll leben, selbst wenn Gott dieses Gebet nicht so erhört, wie wir es erwarten. Je deutlicher wir Gottes Herz in unseren Gebeten widerspiegeln, desto häufiger entsprechen unsere Bitten seiner Antwort.

Jesus hat gesagt: »Wenn ihr Glauben wie ein Senfkorn habt, könnt ihr Berge versetzen.« Damit hat er nicht gesagt, dass wir mehr Glauben brauchen. Er hat gesagt, dass sehr wenig Glaube nötig ist, um große Dinge zu erreichen. Das Problem ist, dass wir uns oft sagen lassen müssen, wir hätten nicht fest genug geglaubt, wenn wir in diesem Glauben erster Dimension wie gelähmt sind. Aber Jesus sagt genau das Gegenteil: In den meisten Fällen geht es beim Glauben erster Dimension darum, dem zu gehorchen, was Gott bereits gesprochen hat. Es geht darum, mit einem Vertrauen, das in der Hingabe an Gottes Wahrheit gegründet ist, voranzugehen. Gleichzeitig müssen sich unsere Gebete ändern. Wir müssen aufhören zu versuchen, Gott dazu zu bringen, das zu tun, was wir erbitten, oder Gott zu fragen, was wir tun sollen; wie die ersten Jünger in der Apostelgeschichte sollen wir Gott bitten, uns Mut zu geben, das zu tun, was wir bereits wissen.

Das Problem ist, dass wir uns oft sagen lassen müssen, wir hätten nicht fest genug geglaubt, wenn wir in diesem Glauben erster Dimension wie gelähmt sind. Aber Jesus sagt genau das Gegenteil

Im Hebräerbrief (Kapitel 11) werden viele Männer und Frauen beschrieben, die im Glauben lebten. Wir stellen fest, dass sie eine Eigenschaft gemeinsam hatten: Gott sprach zu ihnen, rief sie auf einen Weg, sagte ihnen, was sie tun sollten, und sie taten es. Die Beschreibung von Abraham ist eine gute Zusammenfassung: »Durch den Glauben wurde Abraham gehorsam, als er berufen wurde, in ein Land zu ziehen, das er erben sollte; und er zog aus und wusste nicht, wo er hinkäme« (Hebräer 11,8).

Die Dynamik war genau die Gleiche wie bei Jonatan. Es gab sowohl Gewissheit als auch Ungewissheit. Abraham wusste nur, dass Gott ihn berufen hatte, an einen bestimmten Ort zu gehen. Also gehorchte er und ging. Jonatan wurde berufen, ein Soldat Gottes gegen die Unterdrückung der Philister zu sein. Wie sein Weg im einzelnen aussehen würde, blieb verborgen. Mehr wusste auch Abraham nicht! Er wusste nicht einmal, wohin er gehen sollte. Trotzdem ging er. Es klingt lächerlich, eine Reise anzutreten, wenn man nicht einmal das Ziel kennt, nicht wahr? Man würde erwarten, dass Gott einem wenigstens das Ziel sagt. Aber bei Abraham tat er das nicht. Er rief ihn auf eine Reise, die ihn ins Ungewisse führte. Er rief Israel in einen Kampf, von dem sie nicht wussten, wie sie ihn gewinnen sollten. Solche Dinge hat Gott in der Menschheitsgeschichte immer wieder getan. Er ruft uns aus der Bequemlichkeit heraus in die Ungewissheit. Beim Glauben geht es nur um Charakter, darum, auf den Charakter Gottes zu vertrauen, sicher zu sein, wer Gott ist, und ihm ins Ungewisse nachzufolgen.

Beim Glauben geht es nur um Charakter, darum, auf den Charakter Gottes zu vertrauen, sicher zu sein, wer Gott ist, und ihm ins Ungewisse nachzufolgen.

Diese Beziehung zwischen Klarheit und Ungewissheit wird auch im Leben von Gideon deutlich herausgestellt. Gott berief ihn, um Israel aus den Händen der Midianiter zu befreien. In seiner Begrüßung nannte er Gideon einen mächtigen Krieger. Er berief ihn, in seiner eigenen Kraft zu gehen. Nur mit der Zusage, dass Gott bei ihm sein würde, sollte Gideon Israel aus Midians Händen befreien. Wie Sie sich vielleicht erinnern, war Gideon nicht überzeugt. Zweimal legte Gideon sein berüchtigtes Vlies vor Gott aus und bat ihn um ein Zeichen, das ihm bestätigen sollte, dass Gott bei ihm war. Beide Male war Gott so gnädig und antwortete ihm.

Als Gideon schließlich bereit war zu gehen, sammelte er zweiunddreißigtausend Männer, um in den Krieg zu ziehen. An diesem Punkt griff Gott sehr deutlich in den Prozess ein. Aber es war eine Art des Eingreifens, die wir nur ungern wollen. Er sagte Gideon, der Sieg sei zu leicht für ihn; deshalb sollte Gideon jeden Mann, der Angst hatte, nach Hause schicken. Niemand sollte den Ruhm für den bevorstehenden Sieg für sich beanspruchen können, sondern alle sollten Gott die Ehre dafür geben. Zweiundzwanzigtausend Männer gingen nach Hause, und nur zehntausend blieben. So viel zum Thema Zuversicht und Ungewissheit! Aber das genügte Gott noch nicht. Er teilte Gideon mit, dass es immer noch zu viele Männer seien. Er wies Gideon an, die Männer zum Wasser zu führen und sie nach der Art und Weise, wie sie tranken, zu trennen: »Die Männer, die das Wasser mit der Zunge lecken wie ein Hund, sollen hier bleiben. Die anderen, die das Wasser mit den Händen an ihren Mund führen, schicke nach Hause.« Gideon blieben dreihundert Mann übrig. Noch ein bisschen mehr Ungewissheit, die Gott ihm auferlegte.

Gott forderte Gideon auf, mit diesen dreihundert Mann die Midianiter anzugreifen. Das Buch der Richter beschreibt diesen Feind Israels so: Die Stärke der Midianiter war so erdrückend, dass die Israeliten in Berghöhlen und Festungen Schutz suchten. Immer, wenn die Israeliten ihre Felder bestellten, drangen die Midianiter und andere Feinde in das Land ein. Sie lagerten auf dem Land und vernichteten alle Ernten. Sie verschonten kein Lebewesen für Israel. Sie töteten alle Schafe, alles Vieh, sogar die Esel, die dem Volk Gottes gehörten. Eine Beschreibung lautet: »Denn sie kamen herauf mit ihrem Vieh und ihren Zelten wie eine große Menge Heuschrecken, so dass weder sie noch ihre Kamele zu zählen waren, und fielen ins Land, um es zu verderben. So wurde Israel sehr schwach vor den Midianitern. Da schrien die Israeliten zum Herrn.« (Richter 6,5-6)

Angesichts eines solchen Feindes war Gideons Armee auf dreihundert Mann reduziert worden. Gideon muss wie ein verzweifelter Mann gewirkt haben, der zum Tode verurteilt ist, als er seine Chancen abschätzte. Aber Gott garantierte ihm den Sieg. Er lud Gideon sogar ein, die Midianiter zu belauschen, falls er zu viel Angst hätte, weiterzumachen. Genau das tat Gideon. Wieder bestätigte Gott die Richtung, in die Gideon gehen sollte. Gideon war endlich überzeugt, dass er das Volk befreien sollte.

Und dann schwieg Gott. Er sagte Gideon nicht, was er als Nächstes tun sollte oder wie er vorgehen sollte. Bei dreihundert Mann gegen ein unüberschaubar großes Heer sollte man denken, Gott müsse ihm Schritt für Schritt Anweisungen geben, wie er den Sieg sichern wolle, aber er tat es nicht. Vielmehr lesen wir, dass Gideon sicher war, dass Gott ihm den Sieg schenken wollte, und in der Kraft, die er hatte, voranging, genau wie Gott es ihm befohlen hatte. Deshalb nahm Gideon dreihundert Soldaten und machte sie zu Musikern. Sie umringten die Midianiter und hatten Fackeln in der linken Hand und bliesen in Hörner, die sie in der rechten Hand hielten. Als Spezialeffekt zertrümmerten sie gleichzeitig Töpfe. Die Midianiter bekamen Angst und griffen sich plötzlich gegenseitig an, was Gideon einen leichten Sieg bescherte.

Wenn das nicht der Inbegriff von Ungewissheit ist! Ich weiß nicht, wie Ungewissheit sonst aussehen könnte.

Die Ungewissheit ist der Raum, in dem Gott uns einlädt, kreativ zu sein. Der Weg aus der Bequemlichkeit in die Ungewissheit ist ein Abenteuer, angefangen bei der Berufung bis hin zur eigenen Kreativität. Wenn die einzige Berufung, deren Sie sich je sicher sein können, die Berufung Jesu an alle Christen ist, ihm nachzufolgen und Menschenfischer zu werden, ist das mehr als genug. Er beruft uns alle, zu gehen und alle Völker zu Jüngern zu machen. Er kam, um das, was verloren ist, zu suchen und zu retten. Wir alle haben eine Berufung, unser Leben um sei-

Die Ungewissheit ist der Raum, in dem Gott uns einlädt, kreativ zu sein.

netwillen zu geben. Mit diesem Auftrag über Ihrem Leben können Sie zuversichtlich vorangehen.

In Johannes 13 erfahren wir, dass Jesus, als er wusste, dass alle Macht unter seiner Autorität stand, sich eine Schürze umband und seinen Jüngern die Füße wusch. Danach wies er seine Jünger an, das Gleiche zu tun. Seine Anweisungen waren klar: Gott selbst ist gekommen, um uns zu dienen. Wir sollen jetzt losgehen und der Welt dienen. Selbst wenn alles andere unsicher bleibt, sollte uns dieser Punkt klar sein: Es gibt eine Berufung für unser Leben. An ihr können wir uns orientieren, wenn wir uns fragen, was wir als Nächstes tun sollen. Der Dienst an anderen Menschen ist wie ein Kompass mitten im Nebel. Die einzigartige Weise, wie Gott Sie geschaffen hat – mit Ihrem Talent, Ihrem Verstand, Ihren Gaben, Ihrer Persönlichkeit und Ihren Leidenschaften –, verrät Ihnen, wie Sie diesen Dienst zum Ausdruck bringen sollen. Aber warten Sie nicht darauf, dass Gott alle Lücken füllt. Warten Sie nicht darauf, dass er alle Ungewissheit wegnimmt. Im Gegenteil, vielleicht erhöht er sogar die Ungewissheit und verschlechtert, menschlich gesehen, Ihre Chancen. Das tut er nur, damit Sie am Ende wissen, dass es nicht Ihre Gaben waren, sondern seine Macht durch Ihre Gaben, die seine Absichten in Ihrem Leben zum Tragen brachte.

Selbst wenn alles andere unsicher bleibt, sollte uns dieser Punkt klar sein: Es gibt eine Berufung für unser Leben.

Glauben erster Dimension heißt nicht nur, dem Charakter Gottes zu vertrauen, sondern auch unseren Charakter zu verwandeln. Ein großer Teil dieses Glaubens erster Dimension besteht darin, das Richtige zu tun, unabhängig von den Umständen oder den Konsequenzen. Es geht darum, den Glauben zu haben, dass Gott bei uns sein wird, wenn wir tun, was richtig ist. Viel zu oft gehen wir in Bezug auf unseren Charakter Kompromisse ein, um unerwünschte Konsequenzen zu vermeiden. Daran müssen wir alle arbeiten, denn viele der entscheidenden Augenblicke, die Gott uns schenkt, ereignen sich in diesem Bereich.

Glaube und Treue

Eine liebe Freundin von mir, Shelly Collins, musste einige Entscheidungen treffen, bei denen Glaube erster Dimension gefragt war. Sie war Mitte dreißig und unverheiratet. Wie viele von uns sehnte sie sich nach einem Ehepartner. In all den Jahren, die sie in Los Angeles wohnte, schien der Mensch, von dem sie immer hoffte, dass Gott ihn in ihr Leben bringen würde, nicht auftauchen zu wollen. Der gesunde Menschenverstand sagt, man müsse dort bleiben, wo es viele in Frage kommende Männer gibt, wenn man die Chancen zu heiraten erhöhen will. Diese Frage spielte keine geringe Rolle, als sie sich überlegte, nach Übersee zu gehen und Gott in der moslemischen Welt zu dienen. Selbst einige seelsorgerliche Ratschläge, die sie bekam, bestärkten sie darin, dass es völlig legitim sei, damit zu warten, bis Gott ihr einen Partner fürs Leben geschenkt hätte. Aber Shelly war klar, wozu Gott sie berufen hatte. Er lud sie zu einer Reise ein, die einige ganz reale, praktische Ungewissheiten in sich barg. Wie Abraham gehorchte sie und ging, obwohl sie nicht wusste, wohin sie ging.

Während ihrer missionarischen Ausbildung in Richmond lernte sie einen früheren Koreamissionar kennen, der nach dem Tod seiner Frau in die USA zurückgekehrt war. Seine Frau war an Krebs gestorben. Er war Leiter der Ausbildung für neue missionarische Mitarbeiter. In diesen wenigen Ausbildungstagen wurde ihm klar, dass Gott Shelly in sein Leben geführt hatte. Als ich mit Steve sprach, erzählte er, dass ihn besonders zwei Dinge zu Shelly hinzogen: ihre Mission und ihre Leidenschaft. Er hatte in ihr eine Frau gefunden, die das Leben ähnlich sah wie er. Außerdem war er sehr von ihr fasziniert und fühlte sich zu ihr hingezogen. Shelly hätte nie vorhersehen können, dass sie nicht ohne Ehemann nach Übersee gehen würde, und sie wäre ihm nie begegnet, wenn sie nicht Gottes Einladung, seinen entscheidenden Augenblick für sie zu nutzen und sich in die Ungewissheit vorzuwagen, angenommen hätte. Heute leben Shelly und Steve in Nordafrika und arbeiten gemeinsam unter Moslems.

Wenn Sie Gottes entscheidende Momente nutzen wollen, muss Ihnen klar sein, dass Sie sich auf einer göttlichen Mission befinden. In seinem Brief an Timotheus erinnert der Apostel Paulus ihn an die Einladung, die Jesus uns allen gegeben hat. Er beschwört ihn: »... leide mit mir für das Evangelium in der Kraft Gottes. Er hat uns selig gemacht und berufen mit einem heiligen Ruf, nicht nach unsern Werken, sondern nach seinem Ratschluss und nach der Gnade, die uns gegeben ist in Christus Jesus vor der Zeit der Welt« (2. Timotheus 1,8-9). Ebenso sagt er, dass wir alle »sein Werk [sind], geschaffen in Christus Jesus zu guten Werken, die Gott zuvor bereitet hat, dass wir darin wandeln sollen« (Epheser 2,10). An anderer Stelle erklärt Paulus: »Ihr aber, liebe Brüder, seid zur Freiheit berufen. Allein seht zu, dass ihr durch die Freiheit nicht dem Fleisch Raum gebt; sondern durch die Liebe diene einer dem andern« (Galater 5,13). Jakobus drückte es so aus: »Wer nun weiß, Gutes zu tun, und tut's nicht, dem ist's Sünde« (Jakobus 4,17).

Wenn Sie Gottes entscheidende Momente nutzen wollen, muss Ihnen klar sein, dass Sie sich auf einer göttlichen Mission befinden.

Wenn Sie sich auf eine Reise mit Gott einlassen, müssen Sie sich entscheiden, ein Leben in Gottesfurcht zu führen. Vergessen Sie nie, dass wir den Sohn Gottes getötet haben. Ein gottesfürchtiges Leben zu führen kann ein sehr gefährliches Unterfangen sein. Ja, es gibt ein Geheimnis des Glaubens, aber es gibt auch eine praktische Seite. Glauben erster Dimension fordert uns auf, in den konkreten Realitäten des Lebens zu leben. Gott fordert uns zwar vielleicht heraus, uns auf eine Reise zu begeben, die außerhalb unseres Erfahrungsbereichs liegt, aber der Glaube erster Dimension bedeutet in Wirklichkeit nur, mit unseren Möglichkeiten richtig umzugehen.

Zahllose Möglichkeiten warten auf uns; viel von dem Leben, das Gott sich für uns wünscht, wartet nur darauf, dass wir uns entscheiden, es zu ergreifen, und so vieles von der Fülle, die Jesus uns verheißt, geht auf der Charakterebene verloren. Wenn wir unseren

Charakter opfern, wenn wir einen Weg einschlagen, der nicht integer ist, versuchen wir, das Leben selbst in die Hand zu nehmen. Ein solches Verhalten zeigt, dass wir Gottes Weg nicht vertrauen. Wir versuchen zu kontrollieren, was wir nie kontrollieren sollten, und gleichzeitig geben wir die Kontrolle über das auf, für das wir verantwortlich sind.

Das Abenteuer des Glaubens beginnt mit Treue. Treu zu sein heißt, die Verantwortung für das Gute zu übernehmen, von dem wir erkannt haben, dass wir es tun sollen. Es geht darum, auch die kleinsten Aufgaben als wichtig und unserer besten Anstrengungen wert zu erledigen. Treue ist im Reich Gottes der Weg zu größeren Gelegenheiten, größerer Verantwortung und größeren Abenteuern. Jesus sagt uns, dass jedem, der im Kleinen treu ist, mehr anvertraut werden wird. Das führt uns zu einer entscheidenden Wahrheit: Treue ist die Antwort auf eine Berufung. Wir alle sind von Gott dazu berufen, treu zu sein. Jeder, der sich entschieden hat, Jesus nachzufolgen, wurde auch von Gott berufen. Alle Bürger im Reich Gottes haben eine Berufung. Sie warten vielleicht auf einen Ruf von Gott. Dabei übersehen Sie, dass er Sie bereits berufen hat. Sie wurden geschaffen, um sein Bild widerzuspiegeln und um seine Absichten zu erfüllen. Sie sind das lebende Produkt der Absichten Gottes. Sie sind kein Zufall. Sie wurden absichtlich geschaffen, und deshalb können Sie wissen, dass Gott etwas mit Ihnen vorhat.

Sie wurden geschaffen, um sein Bild widerzuspiegeln und um seine Absichten zu erfüllen.

Sind Sie bereit, ein Leben zu führen, das Gott die Ehre gibt, seinen Charakter widerspiegelt und es ihm überlässt, wie alles ausgeht? Sind Sie bereit, nach dem Glauben zu leben und ihm zu vertrauen, dass er treu ist? Es wird Tage auf diesem Glaubensweg geben, an denen der Ausgang klar ist. Manchmal wird Ihnen dieser Ausgang nicht gefallen. An diesen Tagen müssen Sie wie Jesus erklären: »Vater, willst du, so nimm diesen Kelch von mir; doch nicht mein, sondern dein Wille geschehe!« (Lukas 22,42)

Eine neue Lebensdimension

Wenn wir die Entscheidungen treffen, die nötig sind, um ein Leben zu führen, das den Glauben erster Dimension vertieft, fängt der Spaß erst richtig an. Während Glaube erster Dimension uns aus unserem eigenen Erfahrungsbereich herausholt, führt uns Glaube zweiter Dimension über das Erklärbare hinaus. Glaube erster Dimension sieht die Realität im Bereich des Möglichen, Glaube zweiter Dimension hingegen sieht die Realität im Bereich des Unmöglichen. Beim Glauben erster Dimension geschieht das Wunder im Inneren. Gott wirkt in uns und durch uns. Beim Glauben zweiter Dimension ist der Kontext oft äußerlich. Gottes Hand greift deutlich um uns herum ein.

Der Sieg, den Jonatan an jenem Tag erlebte, begann damit, dass Gott durch Jonatan und sein Schwert handelte. Es ist keine Kleinigkeit, dass ein einziger Mann mit einem Schwert viele gut bewaffnete Soldaten erschlagen kann. Dann schickte Gott ein Erdbeben, und die Sache wurde wirklich interessant. Ich bin überzeugt, dass Gott sich danach sehnt, seine Fingerabdrücke in unserem Leben zu hinterlassen, zu unseren Gunsten zu handeln und uns mit seiner Größe zu überraschen. Ich bin gleichermaßen überzeugt, dass wir Gott die meiste Zeit keinen Raum schaffen, in dem er das tun könnte. Der Alltag ist nicht unbedingt das beste Umfeld für ein Wunder. Wenn wir immer auf Nummer Sicher gehen, lassen wir Gott keinen Raum. Wenn wir nur dorthin gehen, wo wir das Ziel kennen, und nur das tun, bei dem uns der Erfolg sicher ist, erkennen wir nicht, dass wir Gott brauchen. Jedes Mal, wenn wir auf Gottes Einladung reagieren, erkennen wir deutlicher, dass wir Gott brauchen. Jedes Mal, wenn wir eine Herausforderung Gottes annehmen, hat Selbstgenügsamkeit keinen Platz mehr.

> Jedes Mal, wenn wir eine Herausforderung Gottes annehmen, hat Selbstgenügsamkeit keinen Platz mehr.

Die Bibel ist voll von Beispielen für einen Glauben erster Dimension, aber der Glaube zweiter Dimension ragt deutlich heraus. Daniel lebte zu der Zeit, als Babylon über Israel herrschte. Darius war König, und mit seiner Herrschaft brachte er auch seine Götter. Daniel war einer der jungen hebräischen Männer, die für den Dienst am Königshof ausgewählt worden waren. Daniel hatte sich eine Stellung mit großem Einfluss und Respekt erarbeitet, bis Darius auf die Idee kam, es zum Verbrechen zu erklären, zum Gott Israels zu beten. Daniel weigerte sich, dem Befehl zu gehorchen, dass man nur Darius anbeten dürfe. Stattdessen ging er in sein Haus, stieg nach oben, wo das Fenster offen war, und kniete sich dort dreimal am Tag nieder und betete und dankte dem lebendigen Gott, wie er es immer getan hatte.

Daniels Glaube erster Dimension bewirkte es, dass er jeden Tag am Fenster betete, auch als es gegen das Gesetz war. Er tat, was richtig war, unabhängig von den Konsequenzen. Sein Glaube zweiter Dimension wurde sichtbar, als der König ihn in die Löwengrube warf und Gott eingriff, so dass Daniel die Nacht überlebte. Wenn Daniel in der ersten Dimension nicht treu gewesen wäre, wäre ein Glaube zweiter Dimension in seinem Leben nicht nötig geworden.

Oft bereitet der Glaube erster Dimension den Boden für die zweite Dimension. Wir dürfen nicht vergessen: Wenn wir in die Löwengrube geworfen und gefressen werden, ist Gott trotzdem treu. Das macht den Glauben zweiter Dimension so spannend. Wir wissen, dass Gott die Ehre bekommt, weil wir getan haben, was richtig ist. Eine Liste von Männern und Frauen, die nach dieser Devise lebten, finden wir im 11. Kapitel des Hebräerbriefes, angefangen bei Vers 35. Zuerst werden viele beschrieben, deren Glaubensweg zu einem Sieg in ihrem Leben führte, danach werden andere beschrieben, deren Leben der Sieg war.

Zu denen, die im Glauben lebten, gehörten auch Menschen, von denen es heißt: »Andere aber sind gemartert worden und haben die Freilassung nicht angenommen, damit sie die Auferstehung, die besser ist, erlangten. Andere haben Spott und Geißelung erlitten, dazu Fesseln und Gefängnis. Sie sind gesteinigt, zersägt, durchs Schwert getötet worden; sie sind umhergezogen in Schafpelzen und Ziegenfellen; sie haben Mangel, Bedrängnis, Misshandlung erduldet. Sie, deren die Welt nicht wert war, sind umhergeirrt in Wüsten, auf Bergen, in Höhlen und Erdlöchern« (Hebräer 11,35-38). Der Verfasser des Hebräerbriefs zieht die Schlussfolgerung: »Diese alle haben durch den Glauben Gottes Zeugnis empfangen und doch nicht erlangt, was verheißen war.« (Hebräer 11,39)

Wenn Sie in die Löwengrube geworfen werden, hoffen Sie selbstverständlich, dass Sie am nächsten Morgen noch da sind, um Gottes Sieg feiern zu können. Aber wenn nicht, dann befinden Sie sich in der Gegenwart Gottes, und Sie haben ein paar hungrigen Löwen eine kleine Freundlichkeit erwiesen.

Im Glauben schwanger

Wenn wir das Glaubensleben im Zusammenhang mit einer Schwangerschaft beschreiben wollen, sind Sarah und Maria die beste Beispiele für einen Glauben erster und zweiter Dimension. Beide Frauen bekamen Kinder. Beide wurden durch das wunderbare Eingreifen Gottes schwanger, aber sie wurden auf völlig unterschiedliche Art schwanger.

Sarah war ungefähr neunzig Jahre alt, und Abraham war bereits über hundert. Als Gott ihnen sagte, dass sie ein Kind bekommen sollten, lachte Sarah. Es war mehr als unwahrscheinlich, dass sie noch schwanger werden würde. Sie war ihr ganzes Leben lang unfruchtbar gewesen und sie war inzwischen längst über das Alter hinaus, in dem man Kinder bekommt. Alles, was sie hatten, war das Versprechen von Gott. Die Herausforderung an sie war Glaube erster Dimension – sie mussten Gott vertrauen, dass er das tun würde, was er gesagt hatte. Sie vertrauten Gott jedoch nicht, und Sarah gab Abraham Hagar, seine Nebenfrau, damit sie ihm einen Sohn gebären würde. Eine solche Praxis war in jener Zeit üblich, aber nicht der Weg, auf dem Gott seine Verheißung erfüllen wollte. Sie vertrauten nicht dem Charakter Gottes, und sie handelten außerhalb des Charakters, den Gott sich bei ihnen wünschte.

Schließlich wurde Sarah schwanger und bekam einen Sohn namens Isaak. Abraham und Sarah taten sich schwer mit dem Glauben erster Dimension. Es war kaum zu glauben, aber sie konnte auf natürliche Weise schwanger werden, und eine Schwangerschaft war im Bereich des Möglichen. Deutlich gesagt: Obwohl sie Gott nicht ganz glaubten, versuchten sie weiterhin, ein Kind zu bekommen. Gott versprach ihnen, dass sie einen Sohn bekommen würden, aber dazu war ihre Beteiligung nötig. Sarah wurde auf die gute alte Weise schwanger.

Bei Maria hingegen ist es eine ganz andere Geschichte. Sie führte ein Leben, das Gott gefiel, und Gott erwählte sie in ihrer Treue. Sie wurde schwanger durch das wunderbare Eingreifen des Heiligen Geistes. Diese Schwangerschaft befand sich nicht nur außerhalb ihres Erfahrungsbereichs; sie war eindeutig nicht im Bereich des Möglichen. Marias Weg führte sie außerhalb des Bereichs des Erklärbaren in eine Welt des Unmöglichen. Bei Gott ist zwar alles möglich, aber viele Dinge sind ohne ihn eindeutig unmöglich. Das ist die nächste Glaubensdimension. Wenn Gott eingreift und es wirklich keine menschliche Erklärung gibt, weist unser Leben auf Gott hin und sein Eingreifen ist unbestreitbar.

Wenn Gott eingreift und es wirklich keine menschliche Erklärung gibt, weist unser Leben auf Gott hin und sein Eingreifen ist unbestreitbar.

Normalerweise erregt diese Art des Glaubens unsere Aufmerksamkeit. Männer und Frauen mit diesem Glauben bezeichnen wir typischerweise als Glaubenshelden. Das hat seine Berechtigung. Jeder, der Gott nachfolgt, ist Teil einer Glaubensgemeinschaft. Glauben ist eine Voraussetzung für das Bürgertum im Reich Gottes. Damit ist gewissermaßen jeder, der Jesus Christus nachfolgt, ein Glaubensmensch. Aber wir alle wissen, dass es Menschen gibt, die sich in diesem Glaubensbereich hervortun. Sie scheinen sich ganz natürlich auf diese zweite Erfahrungsebene zu begeben. Sie scheinen ideal für das Wunderbare zu sein. Die meisten von uns sehnen sich danach, diese Art des Glaubens zu haben und zu erleben.

Die erste Dimension ist, um es noch einmal zu sagen, die schwere Aufgabe der Treue. Die zweite Dimension scheint dort zu sein, wo wirklich etwas passiert. Es sollte uns nicht überraschen, dass wir ständig nach Wegen suchen, den Glauben zweiter Dimension zu erleben, ohne uns im Glauben erster Dimension bewähren zu müssen. Meistens sind diese beiden Dimensionen jedoch nicht voneinander zu trennen.

Blind losgehen

Eine ungewöhnliche Geschichte im Johannesevangelium handelt von einem Mann, der blind geboren wurde (Johannes 9). Die Jünger waren mit Jesus unterwegs und machten Jesus auf den Mann aufmerksam. Das taten sie jedoch nicht, um Jesus zu bitten, ihn zu heilen, sondern um eine theologische Diskussion zu beginnen. Sie fragten Jesus: »Meister, wer hat gesündigt, dieser oder seine Eltern, dass er blind geboren ist?« (Vers 2)

Ein Teil der jüdischen Überlieferung und Theologie besagte, dass menschliches Leiden eine Folge von Gottes Gericht über unserer Sünde sei. Jesus erklärt, dass diese Sicht falsch sei: »Sondern es sollen die Werke Gottes offenbar werden an ihm« (Johannes 9,3). Dann heilte Jesus ihn. Ich möchte genauer betrachten, wie er diesen Mann heilte. Johannes berichtet uns, dass Jesus auf den Boden spuckte, den Speichel mit der Erde vermischte und daraus einen Brei machte. Dann nahm er den Brei und strich ihn dem Mann auf die Augen.

Es war schon schlimm genug, blind und die Zielscheibe des Spotts zu sein. Dieser Schmerz wurde durch die Beleidigung der

Jünger Jesu gesteigert, die den Blinden nur als Diskussionsobjekt sahen und nicht als Mensch, der Mitgefühl und Barmherzigkeit nötig hatte. Aber dass ihm dann noch jemand Spucke und Erde ins Gesicht schmierte, das überträfe für mich noch jede Beleidigung. Er war blind, aber nicht taub. Der Mann wusste genau, was hier passierte. Ein interessierter Beobachter müsste zu der Schlussfolgerung kommen, dass Jesus den Mann lächerlich machte. Selbst diejenigen, die hofften, dass Jesu seltsame Methodik irgendwie den Mann heilen würde, hätten diese Hoffnung schnell aufgegeben, als Jesus ihn wegschickte und sagte, dass er sich am Teich Siloah waschen sollte.

Manchmal lesen wir diese Stelle durch eine zu fromme Brille. Wenn wir dieses Ereignis so interpretieren, dass es passender klingt, denken wir unbewusst: »Es war Gottes Speichel, heilige Spucke, eine Art heiliger Brei, eine wunderbare Mischung, die nur Gott verstehen oder schaffen konnte.« Aber ich glaube, ein solches Denken wird dieser Erfahrung nicht gerecht. Die Spucke kam nicht von dem Teil Jesu, der »ganz Gott« ist; sie kam von dem Teil Jesu, der »ganz Mensch« ist. Es war einfach Spucke. Übrigens muss es ziemlich viel Spucke gewesen sein. Sie wurde mit der dreckigen Erde vermischt, zu einem Brei geformt und dann einem Blinden ins Gesicht geschmiert, der sich nicht dagegen wehren konnte. Vielleicht dachte er: »Wenn ich diese Demütigung über mich ergehen lasse, wird Jesus mich heilen.«

Ich wüsste gern, was ihm durch den Kopf ging, als er Jesus sagen hörte: »Geh zum Teich Siloah und wasche dich.« Was hätten Sie getan? Sie sind blind. Wie sollen Sie zum Teich Siloah kommen? Bot Jesus seine Hilfe an? Sorgte er dafür, dass ein Jünger ihn dorthin führte? Ich wäre keinen Schritt weit gegangen, wenn ich in der Haut dieses Blinden gesteckt hätte. Ich wäre geblieben, wo ich war. Ich hätte darauf bestanden, dass Jesus mich heilt, bevor ich von ihm weggehe. Ich wäre beleidigt gewesen, ich hätte Bitterkeit in meinem Herzen zugelassen, und ich hätte Jesus vorgeworfen, unsensibel zu sein und meinen Schmerz brutal zu missachten.

Aber der Mann ging. Der Bericht nennt uns keine Details, wie er dorthin kam; er fand einfach einen Weg. Er wusch sich das Gesicht, wie Jesus ihm aufgetragen hatte, und er ging sehend nach Hause. Seine Nachbarn begriffen schnell, was geschehen war. Der blind Geborene, dessen Lebensbeschäftigung darin bestanden hatte, am Straßenrand zu sitzen und zu betteln, konnte jetzt sehen. Als er gefragt wurde, wer ihm die Augen geöffnet hatte, erklärte er: »Der Mensch, der Jesus heißt, machte einen Brei und strich ihn mir auf die Augen und sprach: Geh zum Teich Siloah und wasche dich! Ich ging hin und wusch mich und wurde sehend« (Johannes 8,11).

Eine wichtige Anmerkung von Johannes dürfen wir nicht übersehen. Er erklärt, dass Siloah »gesandt« bedeutet. Dieser Ort war sowohl aufgrund seines Namens als auch als Metapher der Ort des Gehorsams. Als Jesus diesen Mann aufforderte, an den Ort zu gehen, der »gesandt« heißt, als er ihn aufforderte, von ihm wegzugehen, auch wenn seine Gebete nicht erhört waren, auch wenn seine Bedürfnisse nicht gestillt waren, auch wenn seine Fragen nicht beantwortet waren, war er in einer schlimmeren Verfassung als vorher. Er war blind, hatte Matsch ins Gesicht geschmiert bekommen und ging weg von dem Einzigen, der ihm helfen konnte. Er hatte bestimmt nicht begriffen, dass seine Heilung an dem Ort geschehen würde, der »gesandt« heißt. Aber wenn er sich geweigert hätte, diesen Weg zu gehen, hätte er dieses Wunder nicht erlebt.

Dieser Blinde ist ein eindrückliches Beispiel für den Zusammenhang zwischen Glauben erster und zweiter Dimension. Glauben erster Dimension heißt, im Gehorsam das zu tun, was Gott bereits gesagt hat. Damit schaffen wir die Voraussetzungen für das Wunderbare. Willkommen in der zweiten Dimension.

Wie viele von uns sitzen vor Gott mit Matsch im Gesicht und warten darauf, dass Gott uns heilt? Wie viele von uns sagen zu Gott: »Heile mich, dann werde ich gehen«? Ist es möglich, dass Sie losgehen müssen, um die Fülle Gottes in Ihrem Leben zu erfahren? Für uns alle gibt es einen Teich Siloah, einen Ort mit dem Namen »gesandt«, einen Weg, zu dem wir berufen sind, und auf dem die Dinge zuerst noch unsicherer werden, bevor sie klar werden, auf dem wir mit jedem Schritt stärker darauf angewiesen sind, Gott zu vertrauen. Um diesen Weg zu gehen, müssen wir uns absolut gewiss sein, dass Gott gut ist, und gleichzeitig die Forderung aufgeben, wir müssten alle Details wissen.

Eine Sprosse höher steigen

Diese Beziehung zwischen Glauben und Ungewissheit ist unvermeidlich. Das, was gestern Ihren Glauben forderte, kann morgen selbstverständlich werden. Obwohl solche Situationen immer noch ein Ausdruck Ihres Glaubens sind, sind sie nicht länger die Herausforderungen, die Sie zu einer neuen Glaubenserfahrung führen. Anfangs ist es ein riesiger Glaubensschritt, Gott zu vertrauen, dass er uns einen Weg führt, der über unseren Erfahrungsbereich hinausgeht. Aber später wird Gott mehr von uns erwarten. Vergessen Sie nicht: Der Glaube ist »eine feste Zuversicht auf das, was man hofft, und ein Nichtzweifeln an dem, was man nicht sieht« (Hebräer 11,1). Sobald etwas gewiss ist, ist dafür kein Glaube mehr nötig. Seien Sie nicht überrascht, wenn das, was Gott gestern von Ihnen verlangte, für Ihren Glaubensweg heute nicht mehr ausreicht.

Seien Sie nicht überrascht, wenn das, was Gott gestern von Ihnen verlangte, für Ihren Glaubensweg heute nicht mehr ausreicht.

Mose hatte Israel gerade aus der ägyptischen Gefangenschaft geführt. Zehn Plagen hatten den Pharao schließlich bewogen, Gottes Volk gehen zu lassen. Jetzt stand Mose am Ufer des Roten Meeres, während der Pharao seinen Entschluss, die Israeliten freizulassen, bedauerte und seine früheren Sklaven verfolgte. Als Mose am Ufer wartete, wies Gott ihn an: »Du aber hebe deinen Stab auf und recke deine Hand über das Meer und teile es mitten durch, so dass die Israeliten auf dem Trockenen mitten durch das Meer gehen«

(2. Mose 14,16). Gott erlaubte Mose, am Ufer zu stehen und seinem Volk den Weg zu bahnen.

Seinem Nachfolger, Josua, war ein solcher Luxus nicht vergönnt. Mose war tot. Josua, der früher Moses Gehilfe gewesen war, war jetzt Führer des Volkes Israel. Er stand am Jordan, der zwischen Gottes Volk und dem verheißenen Land lag. Während Mose hatte am Ufer stehen und zusehen dürfen, wie sich das Wasser teilte, bekam Josua andere Anweisungen. Dieses Mal befahl Gott: »So nehmt nun zwölf Männer aus den Stämmen Israels, aus jedem Stamm einen. Wenn dann die Fußsohlen der Priester, die die Lade des Herrn, des Herrschers über alle Welt, tragen, in dem Wasser des Jordans stillstehen, so wird das Wasser des Jordans, das von oben herabfließt, nicht weiterlaufen, sondern stehen bleiben wie ein einziger Wall.« (Josua 3,12-13)

Bei Mose teilte Gott das Wasser, und erst danach ging das Volk hindurch. Bei Josua wurden die Anführer aufgefordert, zuerst ins Wasser zu steigen, und erst dann teilte sich das Wasser. Auf meinem Lebensweg habe ich immer wieder erlebt, dass Gott die Parameter für meinen Glauben verändert. Seine Erwartungen an mich werden immer größer. Das, was am Anfang unseres Glaubens das Äußerste ist, ist nicht der Maßstab für unseren Glauben, wenn wir reifer geworden sind. Sie sollten damit rechnen und es sich wünschen, dass Gott nicht nur das Wasser teilt, wenn Sie am Ufer stehen, sondern weiter geht und von Ihnen verlangt, ins Wasser zu steigen und das Wunder zu erleben, das um Sie herum geschieht. Im ersten Fall schauen Sie zu, wie das Wunder geschieht. Aber im zweiten Fall werden Sie ein Teil davon. Beide Erfahrungen waren Ausdruck eines Glaubensweges. Beide weisen erstaunliche Ähnlichkeiten auf, aber das, was Gott im zweiten Fall verlangte, ging über das, was er im ersten Fall gefordert hatte, hinaus. Meine Erfahrung ist es, dass Gott unsere Glaubenskapazität erweitert, wenn wir mit ihm gehen. Ist es möglich, mit Gott so zu leben, dass unser ganzes Leben eine Glaubenserfahrung der zweiten Dimension wird? Ich bin nicht ganz sicher, aber ich will es herausfinden.

Schon die Bilder, die Gott gebraucht, wecken meinen Hunger, in einer anderen Dimension zu leben. Dass sich das Wasser erst teilte, nachdem die Füße der Männer den Boden des Flusses berührt hatten, hat uns viel zu sagen. Etwas Ähnliches sehe ich im Römerbrief, wo Paulus uns sagt: »Der Gott des Friedens aber wird den Satan unter eure Füße treten in Kürze« (Römer 16,20). Ich habe kein Problem damit zu glauben, dass Gott Satan unter seine Füße treten wird. Was mir jedoch die Sprache verschlägt, ist, dass Satan nicht unter Gottes Füße getreten werden soll, sondern unter meine Füße, unter unsere Füße. Ich kann begreifen, dass Satan unter die Füße Gottes getreten wird. Wir wissen, dass der Himmel Gottes Thron ist und dass die Erde der Schemel seiner Füße ist. Er hat große Füße! Die Frage drängt sich auf: Wenn unsere Füße eine solche kosmische Macht haben, welches ungenutzte Potenzial hat Gott dann in unseren restlichen Körper gelegt?

Gottes mächtiges Eingreifen erleben wir erst, wenn wir losgehen. Jesus begann seinen öffentlichen Dienst mit der Einladung an uns, ihm nachzufolgen. In einer so intimen Einladung liegt ein großer Trost, aber wir dürfen nicht vergessen, dass Gott auf einem Weg ist, den keiner von uns ohne ihn gehen kann. König David drückte es folgendermaßen aus: »Und ob ich schon wanderte im finstern Tal, fürchte ich kein Unglück; denn du bist bei mir.« (Psalm 23,4)

Der Gott des Lichts besteht darauf, an dunkle Orte zu gehen; der Gott des Friedens mischt sich ständig in die Kriege der Menschen ein; der Gott, der gut ist, steigt in die Tiefen menschlicher Bosheit hinab. Gott, der auf Kosten seines eigenen Lebens erlösen und retten kann, geht in den Abgrund menschlicher Verlorenheit, um diejenigen zu befreien, die für ein Leben in ihm ihre Ketten aufgeben. Jesus nachzufolgen heißt, ins Ungewisse zu gehen, Sicherheit aufzugeben und Gewissheit gegen Vertrauen zu ihm einzutauschen.

Momentanes Leiden

Vor über zwanzig Jahren, als ich gerade anfing, mit Jesus zu leben, stieß ich auf die Schriften des Propheten Jeremia. Jeremia hat eine sehr deutliche Sprache, besonders in Zeiten von Krisen und Frustration. Jeremia öffnet uns ein Fenster zu seiner Seele, als er seine Frustration hinausschreit und zu Gott sagt:

> Herr, du hast mich überredet und ich habe mich überreden lassen.
> Du bist mir zu stark gewesen und hast gewonnen;
> aber ich bin darüber zum Spott geworden täglich,
> und jedermann verlacht mich.
> Denn sooft ich rede, muss ich schreien; »Frevel und Gewalt!«, muss ich rufen.
> Denn des Herrn Wort ist mir
> zu Hohn und Spott geworden täglich. (Jeremia 20,7-8)

Man muss wirklich am Ende sein, um an Gott zu glauben und so mit ihm zu reden. Können Sie sich vorstellen, dass Sie vor Gott die Faust ballen und sagen: »Du hast mich überredet, du hast mich getäuscht«? Jeremia hatte alles getan, was Gott von ihm verlangt hatte. Er war treu den Weg gegangen, zu dem Gott ihn berufen hatte. Und was war sein Lohn? Ein Leben in Elend und Angst. Ein Leben in Schmerz und Enttäuschung. Das hätte ihn nicht überraschen dürfen, da er ab dem Tag, an dem Gott ihn rief, gewarnt wurde, dass das Volk sich gegen ihn wenden würde. Als Lohn für seine Treue gegenüber Gott wurde er täglich lächerlich gemacht, verspottet, beleidigt und beschimpft. Er war wütend auf Gott, weil er nicht dachte, dass Gott sich durchsetzen würde.

Wenn es ein Segen ist, Gott nachzufolgen, dann war es für Jeremia ein Fluch. Nichts schien gut für ihn zu laufen. Wäre es nicht faszinierend, wenn unsere modernen Prediger, die Wohlstand und materiellen Segen predigen, mit Jeremia sprechen könnten? Würde

Jeremia glauben, dass sie überhaupt vom selben Gott sprechen? Geriete er in eine Glaubenskrise und würde sich fragen, ob er seine Berufung verfehlt habe? Würde er so verbittert gegenüber dem Gott Israels werden, dass er seinem Glauben abschwören und dem Gott Amerikas nachfolgen würde?

Das erinnert mich an einen Werbespot, bei dem jeder sich als Emmitt Smith bezeichnet. Alle behaupten, sie hätten denselben Namen, aber sie sind nicht dieselbe Person. Ich denke, Jeremia stand vor dem gleichen Dilemma. Wir benutzen den Namen desselben Gottes, aber er sieht ganz anders aus. Jeremia folgte dem wahren Gott. Das, was er erlebte, war wahres Leben in Gott. Vor ihm lagen noch Angriffe auf sein Leben, Gefängnis und die Entwürdigung, in eine Zisterne geworfen zu werden, um nur ein paar der Erfahrungen zu nennen, die noch auf ihn warteten. Er wurde gut darauf vorbereitet, das poetische Werk zu schreiben, das wir unter dem Namen Klagelieder kennen.

Jeremias Leben erinnert uns: Selbst wenn der Anfangs- und der Endpunkt sicher sind, kann alles, was dazwischen kommt, turbulent und unsicher sein. Jeremias Weg begann damit, dass Gott ihm beschrieb, wie eng er mit seinem Leben verbunden ist. Schon bevor er im Mutterleib geformt wurde, kannte Gott ihn. Bevor er geboren wurde, wurde er ausgesondert, von Gott zu einmaligen, göttlichen Zwecken erwählt. Ohne die Details zu kennen, war Jeremia von Gottes Einladung überwältigt. Seine Antwort bestand darin, dass er seine eigene Unzulänglichkeit bekannte und seine Angst zugab. Aber Gott war ungerührt und wies Jeremia an: »Du sollst gehen, wohin ich dich sende, und predigen alles, was ich dir gebiete. Fürchte dich nicht vor ihnen; denn ich bin bei dir und will dich erretten, spricht der Herr.« (Jeremia 1,7-8)

Gott hatte ihn nicht nur von Anfang an geformt, Jeremia hatte auch die Verheißung, dass er am Ende errettet werden würde. Später wiederholte Gott diese Verheißung, als er die Schwierigkeit des Weges, der vor Jeremia lag, beschrieb. Gott versprach Jeremia: »... dass, wenn sie auch wider dich streiten, sie dir dennoch nichts anhaben können; denn ich bin bei dir, spricht der Herr, dass ich dich errette.« (Jeremia 1,19)

Diese Worte von Gott könnte man leicht so verstehen, dass jeder Konflikt und jede Schwierigkeit zu einem sofortigen Sieg führen würde und es Grund zum Feiern gäbe. Es ist nicht schwer zu erkennen, warum Jeremia das Gefühl hatte, Gott hätte ihn betrogen. Jeremia nutzte den heiligen Augenblick, der sein Leben für immer verändern sollte, aber er hatte nicht vollständig verstanden, was eine solche Entscheidung mit sich bringen kann. Mit Gott zu leben heißt nicht, einen Ausweg aus den Nöten des Lebens zu finden. Entscheidende Momente Gottes sind nicht das Tor zu einer Welt ohne Probleme.

Die Gewissheit, dass Gott Sie berufen hat, und das Vertrauen, dass er in Ihrem Leben seinen Sieg bewirken wird, sind keine Garantie für einen sicheren und gefahrlosen Weg. Wir können uns von Jeremia motivieren lassen, weil er sich weigerte, das Geschenk, das Gott ihm gegeben hatte, aufzugeben. Gott hatte ihn eingeladen an seinen Plänen mitzuwirken und mit ihm ein Abenteuer zu erleben. Das war ein Privileg, egal, was es kostete. Selbst aus seinem schwachen Augenblick ging Jeremia als ein Mann hervor, der das tun musste, was richtig war, egal, welche Konsequenzen es für ihn nach sich zog. Nicht alle von uns sind zu Jeremias Erfahrung berufen, aber wir sind zur gleichen Hingabe aufgefordert.

Die Gewissheit, dass Gott Sie berufen hat, und das Vertrauen, dass er in Ihrem Leben seinen Sieg bewirken wird, sind keine Garantie für einen sicheren und gefahrlosen Weg.

Sie sollten diese Erfahrung genauer betrachten, wenn Sie ernsthaft daran denken, sich auf diesen göttlichen Weg einzulassen. Wenn Sie nicht richtig verstehen, worum es bei entscheidenden Augenblicken Gottes im Kern geht, sind Sie vielleicht zu halbherzig, um Gottes Wirken in Ihrem Leben voll zu erkennen. Wenn Sie nur ein schnelles Rezept gegen Langeweile oder Mühen suchen, dann ist das nicht der richtige Weg. Um einen entscheidenden Augenblick Gottes zu nutzen, muss Ihnen seine Einladung, mit ihm seinen Weg zu gehen, wichtig sein. Diese Momente können wir nur voll erfassen, wenn ein Moment mit Gott uns mehr wert ist als eine Ewigkeit ohne ihn.

Als Jesus ihm sagte, dass er im Alter gebunden und dorthin geführt werden würde, wohin er nicht gehen will, reagierte Petrus auf dieses Bild für seinen Tod mit einer Frage: »Was ist mit diesem da?« Ich weiß genau, was er dachte: »Es macht mir nichts aus, deinetwegen zu leiden, Herr, solange alle anderen auch leiden müssen.« Wenn Sie der Einzige wären, der zum Leiden berufen ist, würden Sie Jesus dann trotzdem nachfolgen?

Wie viel ist eine Minute wert?

Vor genau dieser Frage stand ich vor ein paar Jahren. Es war früh am Morgen, und das Telefon klingelte. Meine Frau ist ein Morgenmensch, aber ich bin das genaue Gegenteil. Ich würde nur als Morgenmensch zählen, wenn man berücksichtigt, dass ich oft die ganze Nacht bis zum Morgen aufbleibe. Als das Telefon klingelte, bevor es überhaupt richtig hell war, empfand ich das deshalb als grausame, ungebetene Störung. Es war meine kleine Schwester, Lei. Soweit ich mich erinnern kann, war es das erste Mal, dass sie mich überhaupt anrief. Es ist nicht so, dass wir keinen Kontakt zueinander hätten oder nicht miteinander reden würden; aber eben nur selten am Telefon.

Hassen Sie es auch, wenn jemand Sie aufweckt und dann fragt: »Habe ich dich aufgeweckt?« Man fühlt sich verpflichtet zu lügen. Bei meiner Schwester kämpfte ich mich durch meine Schlaftrunkenheit und fragte, warum sie mich anrief. Sie zögerte, dann fragte sie:

»Was hast du heute vor?«

Ich erwiderte: »Warum? Was meinst du damit?«

Sie fragte: »Na ja, was machst du heute?«

Ich antwortete: »Nichts Besonderes.«

Sie sagte: »Es ist nämlich so: Ich habe gestern Nacht von dir geträumt.«

Da merkte ich, dass sie am Telefon weinte. Nun ist meine Schwester schon immer einmalig, zweifellos ein Mensch, der zum Rhythmus einer anderen Trommel marschiert als ich. Als sie mich aufweckte, um mir zu sagen, dass sie von mir geträumt habe, und anfing, am Telefon zu schluchzen, wurde ich ein wenig nervös. Ich wollte es eigentlich gar nicht wissen, aber ich hatte das Gefühl, dass ich fragen sollte: »Was hast du denn geträumt?«

Sie antwortete: »Ich habe geträumt, dass du gestorben bist.« Dann wiederholte sie es noch einmal: »Ich habe geträumt, dass du heute gestorben bist. Machst du heute irgendetwas Gefährliches?«

Mir fiel beim besten Willen nichts ein, außer dass ich am Abend von Dallas nach Vegas fliegen wollte. Dort fand der Nationalkonvent unserer Denomination statt, und ich war als Sprecher eingeladen worden. Als ich ihr sagte, dass ich an diesem Abend wegfliegen würde, flehte sie mich inständig an, dass ich nicht in dieses Flugzeug steigen sollte. Sie schien sicher zu sein, dass ich sterbe, wenn ich in dieses Flugzeug steige. Selbst für Lei war dieses Gespräch ziemlich wirr. So fangen schlechte Tage an.

Ein paar Stunden später bekam ich einen Anruf von meiner Mutter. Sie begann das Gespräch mit der Frage: »Hast du mit deinem Bruder Alex gesprochen?«

Ich antwortete: »Nein, in letzter Zeit nicht.«

»Weißt du, ob es ihm gut geht?«, fragte sie mich mit einer gewissen Panik in der Stimme.

Ich antwortete: »Nein, keine Ahnung. Warum?«

Sie erklärte mir, dass sie geträumt habe, einer ihrer zwei Söhne sei getötet worden. Jetzt hatte also meine Schwester geträumt, dass ich sterbe, und meine Mutter hatte geträumt, dass entweder ich oder mein Bruder stirbt. Habe ich erwähnt, dass ich noch eine andere Schwester habe, die, wie ich jetzt weiß, einen ähnlichen Traum hatte? Habe ich schon gesagt, dass ich aus einer sehr ungewöhnlichen Familie komme?

Hilfe suchend wandte ich mich an meine Frau. Immerhin war sie nicht von der genetischen Anomalie betroffen, die meine ganze Familie verrückt machte. Ich erzählte ihr, was passiert war, und sagte: »Ich glaube, meine Familie hat den Verstand verloren.«

Kim wurde sehr still und sogar blass. Sie sagte: »Schatz, du weißt, dass ich mich nie an meine Träume erinnere, aber vor zwei Wochen wachte ich mitten in der Nacht auf und weinte, weil ich geträumt hatte, dass du gestorben wärst.« Das waren nicht die tröstenden Worte, die ich von meiner Frau hören wollte. Die ganze Welt um mich herum hatte den Verstand verloren.

Und dann war da das Wetter. Wir wohnten damals in Dallas. Dort gibt es die so genannten Blue Northerns, Sturmbildungen, die extremes Wetter bringen, manchmal Schnee, manchmal Regen. Es war genau einer dieser Tage. Schwarze Wolken, unheilschwangere Umgebung, grelle Blitze und ohrenbetäubendes Donnern.

Ich muss zugeben, dass die Besorgnis, die diese Anrufe nicht ganz auslösen hatten können, durch das Wetter endgültig geweckt wurde. Kim fuhr mich an diesem Nachmittag zum Flughafen, ein wenig nervös, dass ich unter solchen Umständen abfuhr. Es goss in Strömen, als ich das Terminal betrat. Mein Flug hatte wegen der schlechten Wetterbedingungen Verspätung. Es war nicht sicher, ob die Flugzeuge überhaupt starten konnten. Ich begann, im Flughafen auf und ab zu gehen, und fragte mich, was hier los sei. Warum träumte meine ganze Familie, dass ich sterben würde? Warum tobte ausgerechnet an diesem Tag ein so starker Sturm?

Plötzlich sah ich einen Automaten an der Seite hängen, der mir noch nie aufgefallen war. Es war ein Automat, an dem man eine Sofortversicherung abschließen konnte. Man zahlt 10 Dollar und bekommt eine Lebensversicherung über 100 000 Dollar oder so. Ich muss gestehen, dass ich damals keine Lebensversicherung hatte. Ich hatte es nie für nötig gehalten. Ich hatte nie das Gefühl gehabt, dass ich sterben könnte. Ich war es gewohnt, ständig zu fliegen; es beunruhigte mich nie. Und ich weiß, dass ich diese Versicherungsautomaten noch nie im Leben gesehen hatte, seit ich mit fünf Jahren das erste Mal geflogen bin. Warum stand der Automat jetzt da? Hatte man ihn erst neu aufgestellt? War es der erste Tag, an dem diese Versicherung im Flughafen möglich war? War das Gottes Aufforderung an mich: »Erwin, schließ eine Lebensversicherung ab. Du wirst heute sterben!«? Ich fühlte mich, als wäre ich schon tot.

Ich hatte kein Bargeld bei mir und konnte also nichts in den Automaten werfen. Ich holte mir mit meiner Bankkarte ein wenig Bargeld und ging zu dem Automaten zurück. Ich dachte: »Hier gibt Gott mir eine Gelegenheit, für meine Familie zu sorgen, bevor er mich heimholt.« Als ich das Geld in den Schlitz des Automaten legte, schoss mir jedoch ein anderer Gedanke durch den Kopf: »Nein, Gott prüft mich. Er wartet darauf, ob ich wirklich Geld in diesen Automaten schiebe. Wenn ich das Geld in den Automaten schiebe, weiß er, dass ich ihm nicht vertraue, und dann lässt er mich sterben. Wenn ich kein Geld in den Automaten schiebe, wird mir nichts passieren. Das ist eine Glaubensprüfung.«

Ich steckte mein Geld wieder ein. Ich schloss die Versicherung nicht ab. Die nächste Stunde ging ich im Flughafen auf und ab. Mein Weg führte immer wieder an diesem Automaten vorbei. Ich spielte beide Szenarien in meinem Kopf durch und versuchte zu entscheiden, welche die richtige sei. Schließlich wurde mein Flug aufgerufen. Unser Flugzeug war an ein anderes Gate gebracht worden. Obwohl der Sturm immer noch tobte, hatte man entschieden, dass der Flug jetzt durchführbar sei. Ich wollte nicht in dieses Flugzeug steigen, aber ich wollte mich auch nicht von meiner Angst lähmen lassen.

Als ich sah, wie die Menschen sich auf das Gate zubewegten, erkannte ich einen berühmten Evangelisten in der Schlange. Ich dachte: »Vielleicht steigt er in das Flugzeug. Gott liebt ihn. Gott würde ihn doch nie bei diesem Flug sterben lassen.« Also ging ich auf ihn zu und fragte ihn, ob er auch in das Flugzeug nach Las Vegas steige, und er sagte Ja. Ich fühlte mich ein wenig besser. Als ich das Flugzeug betrat, nahm er in der ersten Klasse Platz. Ich ging weiter zu meinem Platz zweiter Klasse. Ich brauchte den Trost von Gottes Wort. Als ich auf meinem Platz saß und mich angeschnallt hatte, zog ich meine Bibel heraus und tat das, von dem ich in der Gemeinde immer lehre, dass man es nicht tun soll: Ich schlug die Bibel willkürlich auf, um Gott durch ein russisches Bibelroulette zu mir sprechen zu lassen.

Ist Ihnen schon einmal aufgefallen, dass Sie, wenn Sie Ihre Bibel ungefähr in der Mitte aufschlagen, bei den kleinen Propheten landen? Genau das war auch bei mir der Fall. Ich landete bei Amos, Kapitel 4. In einem stillen Flüstern bat ich Gott, aus seinem Wort zu mir zu sprechen. Ich schaute nach unten, und das Erste, was mir in den Blick fiel, war Vers 12: »Darum will ich's weiter so mit dir machen ... Weil ich's denn so mit dir machen will, so bereite dich ... und begegne deinem Gott!« Hier stand es schwarz auf weiß: »Erwin, du bist schon tot! Der Unfall ist nur noch reine Formsache.«

Es war, als wäre ich in Brand gesetzt. Die wachsende Angst, die ich den ganzen Tag unterdrückt hatte, explodierte förmlich in mir. Eine laute Stimme schrie in meinem Kopf: »Wir werden sterben! Wir werden sterben!« Ich müsste in die erste Klasse laufen und dem großen Mann Gottes sagen, dass er für uns alle beten solle, damit wir am Leben blieben. Mir gingen die Worte »für vier dumme Minuten« durch den Kopf. Ich saß wegen vier dummer Minuten in diesem Flugzeug. Ich flog nicht nach Las Vegas, um dort einer der Hauptredner beim Konvent der Southern Baptists zu sein. Ich war nicht eingeladen worden, um irgendeine herausragende Rolle zu spielen. Ich war eingeladen worden, um vier Minuten zu sprechen. Mehr nicht. Vier Minuten. Wissen Sie, welche vier Minuten? Die vier Minuten, in denen jeder aufsteht und zur Toilette geht. Die vier Minuten, in denen man sich eine Cola kaufen geht oder schnell einen Telefonanruf erledigt. Diese vier Minuten. Ich würde für vier dumme Minuten sterben, und das wollte ich nicht.

Es war zu spät, um es mir noch anders zu überlegen. Das Flugzeug hob bereits ab. Ich war fest entschlossen, in die erste Klasse zu laufen und mit dem Evangelisten zu sprechen, sobald das Flugzeug in der richtigen Höhe war und die Sicherheitsgurte gelöst werden durften. Aber bis dahin hatte ich noch ein paar Minuten. Also beschloss ich weiterzulesen. Dann kam ich zu Kapitel 5, wo Gott durch Amos sagt:

> Denn so spricht der Herr zum Hause Israel:
> Suchet mich, so werdet ihr leben.
> Suchet nicht Bethel
> und kommt nicht nach Gilgal
> und geht nicht nach Beerscheba;
> denn Gilgal wird gefangen weggeführt werden,
> und Bethel wird zunichte werden.
> Suchet den Herrn, so werdet ihr leben. (Amos 5,4-6)

Klarer hätte es Gott mir nicht sagen können: »Erwin, suche mich, und du wirst leben. Lauf nicht in die erste Klasse. Wende dich an niemand anderen. Suche nur mich, und du wirst leben.« In meinem Herzen schien sich die Frage zu bilden: »Erwin, bist du bereit, alles aufzugeben, um vier Minuten für Gott zu leben?« Natürlich wusste ich zu diesem Zeitpunkt nicht einmal, ob ich diese vier Minuten bekommen würde, aber das war nicht das eigentliche Problem. War ich bereit, mein Leben zu verlieren, um etwas zu tun, das Gott wichtig war? Würde mein Tod, und somit auch mein Leben, einen Sinn finden, weil ich einfach in die richtige Richtung ging? Genügte der Versuch, etwas zu tun, das Gott achtete und ihm die Ehre gab? Die Antwort für mich wurde ein klares, deutliches Ja.

In diesem Moment betete ich ein einziges Gebet. Ich bat Gott, mir diese vier Minuten zu schenken und mir zu erlauben, den anderen zu sagen, wofür es sich lohnt zu leben und zu sterben. Nicht nur, damit das Publikum das hörte, sondern auch, damit mein dreijähriger Sohn eines Tages verstehen könnte, was mir im Leben wichtig war. In der Tiefe meines Herzens begriff ich, dass ich leben würde, selbst wenn dieses Flugzeug abstürzen sollte. Ich konnte das Leben, das ich hatte, nicht verlieren, ich würde nur den Wohnort wechseln und bekäme dazu einen besseren Körper. Ist es Ihr Ziel, lange zu leben oder mit Gott zu leben? »Suchet mich, so werdet ihr leben, und daran wird der Tod nichts ändern.« Schließlich sind wir bereits in Jesus gestorben, wenn wir in ihm sind, und er hat uns bereits zu einem neuen Leben auferweckt.

In diesem Moment wurde mir der Wert jedes Moments sehr deutlich. Ich war bereit, mein Leben für Gott zu geben, aber die Minuten behielt ich für mich. Ein Moment, den wir für Gott leben, ist von größerem Wert als eine Ewigkeit, die wir ohne ihn leben. Das ist das Schöne, wenn man das Leben durch die Brille der entscheidenden Augenblicke Gottes sieht. Das verändert nicht nur den Inhalt unseres Lebens, sondern auch den Wert einer einzigen Minute.

Kurze Zeit später wurde jener Evangelist wegen seines doppelbödigen Lebens entlarvt. Er war nicht das, was er vorgab. Ich hätte am falschen Ort Sicherheit und Trost gesucht. Das Leben scheint voll mit Orten zu sein, an die wir gehen und uns verstecken können, Orte, die uns das Gefühl von Sicherheit und Schutz geben. Für Israel gab es Orte, an denen sie Gott begegnet waren, wie Gilgal, Beerscheba und sogar Bethel. So viele Orte, an denen man sich verstecken kann, wenn man in Wirklichkeit zu Gott laufen sollte.

Durch die unbekannte Tür

Das ist der Unterschied zwischen Jonatan und vielen von uns. Er hatte keine Ahnung, ob Gott in dieser speziellen Situation zu seinen Gunsten eingreifen würde; er wusste nur, wer Gott war. Er wusste, wenn er Gott suchte, würde er leben, auch wenn er bei dem Angriffsversuch sterben würde. Es ist ironisch, dass wir zu Gott laufen und ihn bitten, uns Sicherheit zu schenken, während Gott uns doch zu einem gefährlichen Glauben beruft. Nichts, auf das wir außerhalb von ihm unser Vertrauen setzen, bleibt bestehen. Wir dürfen lernen, mit einer unbekannten Zukunft zu leben. Es gibt nur einen Einzigen, der sicher ist; alles andere ist im Bereich des Ungewissen. Unser Vertrauen auf irgendetwas anderes als auf Gott zu setzen ist nichts anderes als Aberglaube.

Er hatte keine Ahnung, ob Gott in dieser speziellen Situation zu seinen Gunsten eingreifen würde; er wusste nur, wer Gott war.

Meschach, Schadrach und Abed-Nego waren Zeitgenossen Daniels. Sie waren wie er als Berater des Königs Nebukadnezar ausgewählt worden. Obwohl sie dem König gut dienten, beschworen sie seinen Zorn herauf, als sie sich weigerten, vor dem Götzen niederzuknien, den er hatte bauen lassen. Der König stellte sie vor die Wahl, entweder vor seinem Götzenbild niederzuknien oder in einen brennenden Feuerofen geworfen zu werden. Alle drei entschieden sich für das Feuer. Daniel erzählt uns den Höhepunkt des Konflikts und berichtet die ungewöhnliche Antwort seiner Freunde: »Es ist nicht nötig, dass wir dir darauf antworten. Wenn unser Gott, den wir verehren, will, so kann er uns erretten; aus dem glühenden Ofen und aus deiner Hand, o König, kann er erretten. *Und wenn er's nicht tun will*, so sollst du dennoch wissen, dass wir deinen Gott nicht ehren und das goldene Bild, das du hast aufrichten lassen, nicht anbeten wollen.« (Daniel 3,16-18; Hervorhebung durch den Autor)

Genauso wie Jonatan wussten die drei Männer, wer Gott war, und sie vertrauten auf das, was Gott tun konnte. Sie wussten auch, dass sie nicht wussten, ob er sie retten würde. Ihnen war klar, dass der Ausgang ungewiss war, aber trotzdem handelten sie so. Wir erfahren, dass der Feuerofen dann siebenmal heißer angeheizt wurde. Nebukadnezars stärkste Soldaten banden die drei und gingen daran, sie in den Ofen zu werfen. Das Feuer war so heiß, dass es die Soldaten des Königs verzehrte. Dann fielen Schadrach, Meschach und Abed-Nego durch die Tür ins Feuer.

Sie hatten bestimmt gewünscht, dass Gott diese Tür zumachen würde. Bestimmt sehnten sie sich danach, dass Gott sie auf einen anderen Weg führen würde. Ihr scheinbar letztes Stündchen sollte ihr größter Augenblick werden. Das Feuer verzehrte sie nicht. Eine vierte Gestalt kam zu ihnen ins Feuer. Gott begegnete ihnen im Feuerofen. Sie gingen an einen Ort, an den sie nie allein gehen und lebendig wieder herauskommen konnten. Gott begleitete sie auf einem Abenteuer. Als der König sie aufforderte herauszukommen, stiegen sie aus dem Feuer. Sie waren jetzt außer Gefahr, aber sie waren gefährlicher als je zuvor. Die Tür, durch die wir am wenigsten gehen wollen, kann genau die Tür sein, hinter der wir Gott am tiefsten begegnen.

Es war Silvester und ich befand mich auf dem Rückflug nach Los Angeles. Ich schaute aus dem Fenster. Die dicke Wolkendecke sah aus, als läge unter mir ein weiches Kissen, das, wenn nötig, jeden Sturz abfedern würde. Ich schaute nach Westen und sah, dass der Horizont mit einem kräftigen Rot und Orange durchzogen war, fast wie um hervorzuheben, welches Geheimnis jenseits unseres Gesichtskreises liegt. Ich dachte über die Ereignisse der letzten Tage nach. Kims Pflegevater war gestorben. Der Tod ist eine unausweichliche Erinnerung daran, dass wir im Ungewissen leben. Nach dem Gottesdienst versammelte sich die Familie in seinem Haus. Es war spät am Abend. Alle verabschiedeten sich und brachen auf. Die versammelte Familie war einmalig und ungewöhnlich, denn alle Kinder waren Pflegekinder, die jahrelang die Fürsorge von Theodore und Ruth genossen hatten.

Als eine Verwandte zur Tür ging, überlegte sie laut: »Durch welche Tür bin ich denn jetzt hereingekommen? War es diese oder die da drüben?«

Durch ihre Frage neugierig geworden, fragte mein Sohn sie: »Warum ist das wichtig?«

Sie antwortete, als wäre das selbstverständlich: »Ich gehe immer durch dieselbe Tür hinaus, durch die ich gekommen bin.«

Neugierig fragte Aaron weiter: »Warum? Bist du abergläubisch?«

Sie antwortete: »Ja, bei manchen Dingen bin ich das. Und das ist so etwas.«

Aaron ließ nicht locker: »Was wird passieren, wenn du nicht durch die Tür hinausgehst, durch die du gekommen bist?«

Sie antwortete kurz angebunden: »Das weiß ich nicht, aber ich will es nicht herausfinden.«

Aberglaube hat eine große Macht. Er kann uns binden und festhalten. Er beherrscht es, unseren Blick auf unsere tiefsten Ängste zu lenken. Wie viele von uns stehen unter dem Zwang, immer dorthin zurückzugehen, woher sie kamen – zu dem zurückzukehren, was sie kennen, zu dem, was sie vorhersagen können, zu dem, was sie kontrollieren können? Ist es möglich, dass wir auch Angst haben, durch eine andere Tür hinauszugehen? Ja, der neue Weg hinaus ist voll Ungewissheit, aber mit dieser Ungewissheit kommt das Geheimnis, das Abenteuer und das Wunder. Der Jonatan-Faktor führt uns im Vertrauen nach vorne in die Zukunft, wenn wir wissen, dass wir nichts wissen.

Der Jonatan-Faktor führt uns im Vertrauen nach vorne in die Zukunft, wenn wir wissen, dass wir nichts wissen.

Ihr Schlaf war tief, aber unruhig. »Nimm die Blume. Mit deinem Atem enthält sie genug für ein Leben. Du musst dich entscheiden, wer von den Schlafenden aufwacht.«
Ein Duft ging von der Erde unter ihnen aus und machte die Luft süß und betörend. Ihre Wirkung war nicht Schlaf, sondern Kapitulation. Die meisten wollten ihr Leben lieber verschlafen, als ihre Träume zu leben.
Eine würde auf Aydens Atem antworten. Eine falsche Wahl bedeutete, die heilende Kraft der Iris zu vergeuden. Wenn er nur wissen könnte, welche Träume sie in ihrem Schlaf festhielten. Maven würde ihm auch keinen Tipp geben, selbst wenn er es wüsste. Kein einziges Mal blinzelte er oder änderte seine Miene, als Ayden auf Kembr zuging – von Gesicht zu Gesicht, von Mund zu Mund, dann von Atem zu Atem.
Ihre Augen gingen auf, und sie sprach, als hätte sie diesen Moment schon tausendmal vorher erlebt. »Ist das ein neuer Traum?«
Ayden fragte sie, als ob sie nichts gesagt hätte: »Welcher Traum hat dich festgehalten?«
»Nur, dass ich aufgeweckt wurde.«

Eintrag 828, The Perils of Ayden

4

Einfluss – Atme ein, atme aus

Steve und Janice leiten unsere Kinderarbeit bei *Mosaic*. Ihre Hingabe und ihre einmaligen Gaben, wenn es um die Charakterentwicklung und Förderung des Potenzials von Kindern geht, haben mich schon immer erstaunt. Deshalb überraschte es mich nicht, als ich hörte, was im Kinderfreizeitlager passiert war: Von mehreren hundert Kindern, die am so genannten *Adventure Mountain* (Abenteuerberg) teilgenommen hatten, waren ausgerechnet die sieben Jungen aus unserer Gemeinde als die Besten ausgezeichnet worden. Bei dem berüchtigten Ruf von Ost Los Angeles tat es besonders gut, dass Kinder aus unserer Gemeinde für ihr beispielhaftes Verhalten belohnt wurden. Die Belohnung bestand aus dem begehrten Recht, im Baumhaus schlafen zu dürfen.

Als ihr Betreuer durfte Steve mit ihnen zusammen dieses große Naturabenteuer erleben. Für das Abenteuer, im Baumhaus zu schlafen, waren nur die besten Kinder im Lager geeignet. Und es gab nur eine einzige Regel, gegen die man nicht verstoßen durfte: Man durfte kein Essen draußen lassen. Im Wald gab es wilde Tiere. Wenn man nicht vorsichtig war, konnte der Essensgeruch einen selbst und die anderen in ernste Gefahr bringen. Das sollte für die Kinder, die den ersten Preis für die sauberste Hütte gewonnen hatten, kein Problem sein. Außerdem sollte die Warnung vor Gefahren genügen, um die Neun- und Zehnjährigen zu motivieren, besonders sorgfältig zu sein.

Aber es genügte ein einziger Junge, der das nicht als Warnung verstand, sondern als Gelegenheit. Zuerst gewann er einen Freund für sich und dann die anderen fünf. Sie gingen so sorgfältig und gewissenhaft vor, dass Steve nicht das Geringste von dem, was sich zusammenbraute, bemerkte. Sie nahmen Kartoffelchips, zerbröselten sie und verteilten sie rund um das Baumhaus. Außer den Chips opferten sie auch noch ihre geliebten Kekse, um den Erfolg ihres Plans zu sichern. Sie wollten ein paar Waschbären anlocken und sie vom Baumhaus aus beobachten. Aber am Ende waren sie umringt von Waschbären *und* Bären. Ihnen war nicht in den Sinn gekommen, dass sowohl Waschbären als auch Bären auf Bäume klettern können!

Es wurde niemand verletzt, aber es hätte ein tödlicher Fehler sein können. In diesem Fall sorgte es nur für einen aufregenden Abend. Gott sei Dank, waren sie die Kinder, die sich im Lager am besten benommen hatten. Was hätte erst passieren können, wenn sie die wirklich schlimmen Kinder eine Nacht im Baumhaus hätten schlafen lassen? Die Preisfrage lautet also: Wie konnten sieben wirklich brave Kinder sich zusammentun und eine so schlechte Entscheidung treffen? Es beginnt immer mit einem.

Jede Schule hat einen. Jeder Lehrer fürchtet dieses Kind. Jeder Elternteil ist sicher, dass es sein Kind nicht ist. Sie wissen, wen ich meine: Das Kind, das Ihr liebes Kind beeinflusst, das Falsche zu tun. Dieses berüchtigte Individuum, das hinter jedem Streich von der Geburt bis zur sechsten Klasse steckt. Diese Kinder sind berüchtigt für ihren Einfluss auf unsere Kindheit. Heute leiten sie, wenn sie nicht im Gefängnis sitzen, Spielsalons, oder – was Gottes Sinn für Humor zeigt – sie sind Pastoren in Gottes Gemeinden.

Wenn Eltern fragen: »Wer hat dich dazu überredet?«, wollen sie in Wirklichkeit keine Informationen bekommen. Diese Frage ist ein Ausdruck ihrer Hoffnung. Eltern hoffen immer, jemand anderes habe ihr Kind dazu überredet und ihr Kind sei nicht die treibende Kraft für unerlaubtes Verhalten.

Aus irgendeinem Grund wird normalerweise die Fähigkeit, andere zu beeinflussen, in den jungen Jahren unseres Lebens nur negativ gesehen. Als Eltern gehen wir oft fälschlich davon aus, dass unsere Kinder immer das Gute tun, solange sie nicht zum Schlechten beeinflusst werden. Das Gute scheint durch Autorität und Macht, auch als Mama und Papa bekannt, verstärkt zu werden. Ungewollt entsteht eine negative Beziehung zwischen Einfluss und Tugend.

Gleichzeitig sind wir als Kinder viel sensibler für den Einfluss von Gleichaltrigen als für elterliche Autorität. Ehrlich gesagt, glaube ich nicht, dass sich das jemals ändern wird. Wir sind immer offener für Einfluss als für Autorität. Wir lassen uns viel lieber in eine Richtung ziehen, als uns durch die Ausübung von Macht und die Androhung von Konsequenzen kontrollieren zu lassen.

Menschen sind geschaffen mit der Fähigkeit zu beeinflussen und beeinflusst zu werden. Das gehört dazu, denn wir sind auf Beziehungen angelegt. Das wird dadurch verstärkt, dass wir nicht nur intellektuelle, sondern auch emotionale Geschöpfe sind. Beeinflussung kann eine gute Sache sein, besonders dann, wenn wir zwischen Einfluss und Manipulation unterscheiden.

Manipulation ist der Einsatz von Einfluss, um andere zum eigenen Vorteil auszunutzen. Manipulation ist die dunkle Seite des Einflusses. Manipulation könnte man als Beziehungslüge beschreiben. Es ist nicht nur ein Betrug mit Worten, sondern auch eine Korruption des Vertrauens. Wenn wir andere manipulieren, betrügen wir Menschen, die nicht nur unseren Worten vertrauen, sondern auch unseren Absichten. Wir alle haben die Fähigkeit, andere zu manipulieren, und müssen aufpassen, dass wir auf dieser Ebene nicht Beziehungen zerstören. Gleichzeitig dürfen wir Manipulation nicht mit Beeinflussung verwechseln.

Einfluss ist die beste Möglichkeit, andere zu führen und zum Guten zu bewegen.

Manipulation ist von Grund auf böse, Einfluss ist die beste Möglichkeit, andere zu führen und zum Guten zu bewegen. Der richtige Einsatz von Einfluss ist wichtig, wenn wir Gottes entscheidende Momente in unserem Leben nutzen wollen. Wir müssen immer daran denken, dass Gott die größten Momente nie für uns allein geplant hat. Es geht immer darum, dass unser Leben das Leben anderer anrührt. Zu lange haben wir die weit verbreitete Vorstellung von einem Glauben, der nur für uns selbst da ist, akzeptiert. Das ist nichts anderes als die Vergeistlichung eines Lebensstils, bei dem es nur um mich geht. Ein Leben im Egoismus. Es gibt einen Unterschied zwischen einem privaten Glauben und einem persönlichen Glauben. Gott begegnet uns zwar als einmaligen Individuen, aber seine Absicht ist nie ein individualistischer Glaube. Ein Leben, das von Gott angerührt wird, führt immer dazu, dass man andere anrührt.

Ein Leben, das von Gott angerührt wird, führt immer dazu, dass man andere anrührt.

Die Kehrseite der Beeinflussung

Meiner Erfahrung nach ist einer der Bereiche, in denen wir uns am ohnmächtigsten fühlen, unsere fehlende Fähigkeit, die Welt um uns herum positiv zu beeinflussen. Wir sehen so vieles, das wir in Ordnung bringen müssten, so vieles, das man verbessern könnte, aber niemand scheint auf unsere Ideen hören zu wollen. Das gilt besonders am Arbeitsplatz. Ich kann gar nicht zählen, wie oft ich Arbeitnehmer über ihre Arbeitssituation klagen höre. Egal, welcher Beruf oder welche Umgebung, das Problem ist immer das gleiche: Es ist der Chef. Das Szenario ist überall identisch. Der Chef hat keine Ahnung und hört nicht zu.

Es ist erstaunlich, in wie vielen Firmen die Person mit all den richtigen Antworten für die Person arbeitet, die nicht einmal die Fragen kennt. Wie Sie sich vorstellen können, ist die Lösung immer die gleiche: »Werft meinen Chef hinaus und setzt mich auf seinen Posten.« Das ist die Lösung für fast jeden Konflikt am Arbeitsplatz, dem ich bis jetzt begegnet bin – wenn ich der Analyse von unzufriedenen Arbeitnehmern glauben kann.

In der Kirche ist es nicht anders. In den Jahren, in denen ich nun schon gemeinnützige Organisationen und Gemeinden berate, staune ich immer wieder über das Maß an Frustration, dem ich begegne. Es läuft fast immer auf Einfluss hinaus. Jemand will etwas verändern. Er ist frustriert, weil seine Versuche ins Leere laufen. Jemand mit mehr Autorität weigert sich, auf seine Ideen zu hören, beachtet sie nicht oder versteht sie einfach nicht.

Das ist überall gleich, ob man das neue Kind in einer Gruppe oder der Unterste auf der Karriereleiter ist. Man sieht die Dinge anders. Man hat einen objektiven Blick. Man ist motiviert, begeistert und bereit zu gehen, aber niemand hört einem zu. Man fragt sich, warum sie einen überhaupt eingestellt haben, wenn es sie nicht interessiert, was man einzubringen hat. Niemand scheint Ihr Potenzial zu erkennen. Man lässt Sie nur stupide Arbeiten tun. Währenddessen vergeuden Sie Ihre Stunden und wünschen, Sie könnten etwas verändern.

In der Ehe kann es auch so sein. Seit Generationen haben Männer die uneingeschränkte Macht und Autorität im Haus. Nicht nur Kinder, auch Ehefrauen fühlen sich machtlos, wenn es darum geht, eine echte Rolle bei der Gestaltung des Familienlebens zu spielen. Unsere Gesellschaft ist oft taub für die Rufe von Frauen, die sich machtlos fühlen bei der Gestaltung ihres Lebens. Gleichzeitig gibt der Feminismus den Frauen Möglichkeit, die gleichen Machtinstrumente einzusetzen, unter denen sie früher gelitten haben. Das Mittel gegen dieses Gefühl der Machtlosigkeit, die Lösung, um die ethisch falsche Ausübung von Macht durch Männer zu beenden, besteht nicht darin, die gleiche Macht und den gleichen Einfluss zu bekommen und diese Macht auf die gleiche Weise einzusetzen. Denn dadurch verändert sich im Kern nichts. Das System bleibt das gleiche. Es wird nur oben an der Spitze enger und jeder will den anderen hinunterstoßen

> Wir haben den Blick für die große Macht des Einflusses verloren. Deshalb haben wir auch die Schönheit dieser Kunst aus den Augen verloren. Das Problem bei der Macht durch eine bestimmte Position ist es, dass die Macht zwar vielleicht das Handeln eines anderen Menschen kontrollieren kann, aber nicht sein Herz berührt.

ßen, während alle nur nach mehr Macht, nach mehr Autorität gieren und um eine bessere Position kämpfen.

Wir haben den Blick für die große Macht des Einflusses verloren. Deshalb haben wir auch die Schönheit dieser Kunst aus den Augen verloren. Das Problem bei der Macht durch eine bestimmte Position ist es, dass die Macht zwar vielleicht das Handeln eines anderen Menschen kontrollieren kann, aber nicht sein Herz berührt.

Gott sucht Männer und Frauen, die sich durch den Jonatan-Faktor charakterisieren lassen, die ihren Einflussbereich verstehen, entwickeln und erweitern.

Ich bin mit dir

Samuel schreibt: »Das Volk wusste aber nicht, dass Jonatan weggegangen war ... Jonatan sprach zu seinem Waffenträger: Komm, lass uns hinübergehen zu der Wache dieser Unbeschnittenen! Vielleicht wird der Herr etwas für uns tun, denn es ist dem Herrn nicht schwer, durch viel oder wenig zu helfen.«

Dann zitiert Samuel die Antwort von Jonatans Waffenträger: »Tu alles, was in deinem Herzen ist; geh nur hin! Siehe, ich bin mit dir, wie dein Herz will.«

Jonatan kannte seinen Einflussbereich ganz genau. Was tat er, und was tat er nicht? Jonatan weckte nicht seinen Vater Saul. Er hatte begriffen, dass sein Vater als König bereits seine Entscheidung getroffen hatte. Er wollte die Philister nicht angreifen; er wollte unter dem Granatapfelbaum bleiben. Das Gespräch war vorbei. Jonatan konnte Saul weder zwingen noch ihn überreden, seine Meinung zu ändern. Es war irrelevant, ob er zu ihm als König oder als Vater ging. Saul würde sich nicht umstimmen lassen.

Oft meinen wir, wir wären machtlos, weil wir »oben« nichts verändern können. Die Leute, die auf Macht- und Autoritätspositionen sitzen, wollen die Dinge einfach nicht mit unseren Augen sehen.

Wenn wir oben nichts ändern können, schließen wir viel zu oft daraus, dass wir überhaupt nichts ändern können.

Wenn Jonatan auch so gedacht und sich mit seiner Machtlosigkeit abgefunden hätte, hätte er seinen gottgegebenen Augenblick der Entscheidung nie genutzt. Er versuchte auch nicht, die sechshundert Männer zu überreden, die unter Sauls Führung standen. Jonatan stachelte keinen Aufstand an. Er dachte nicht daran, die Soldaten des Königs Saul zu Kriegern des Prinzen Jonatan zu machen. Ihm war klar, dass er nicht die Autorität über die Armee hatte, und diese Grenze überschritt er nicht.

Wie oft haben wir schon gemeint, wir hätten nicht die Macht, etwas zu verändern, weil uns die verfügbaren Ressourcen vorenthalten wurden?

Wie oft haben wir schon gemeint, wir hätten nicht die Macht, etwas zu verändern, weil uns die verfügbaren Ressourcen vorenthalten wurden? Jonatan hätte leicht denken können, da er nicht rechtmäßig auf die Soldaten zugehen konnte, hätte er nicht die Macht, überhaupt irgendetwas zu tun. Auch wenn es nicht erwähnt wird, muss ein Gespräch stattgefunden haben. Es ist äußerst unwahrscheinlich, dass Jonatan nicht zuerst versucht hat, seinen Vater zu überreden, die Philister anzugreifen. Dass er in der Nacht losschleichen musste, verrät: Jonatan wusste, dass sein Vater seiner Vorgehensweise nicht zustimmen würde. Ich kann mir nur vorstellen, dass das Gespräch zwischen diesem jungen Soldaten und dem König Ähnlichkeit mit vielen Gesprächen hatte, die auch heute ablaufen. Wie viele junge, aufstrebende Führungspersonen sind frustriert, wenn diejenigen über ihnen nicht mehr die Einsatzbereitschaft zeigen, die ihnen früher ihre Autorität eingebracht hat? Wie oft nehmen die Menschen in Führungspositionen ihre Leitungsverantwortung nicht mehr wahr, weil sie einfach an dem festhalten, was sie haben? Saul war gelähmt, weil er zu viel zu verlieren hatte. Die Geschichte zeigt uns, dass Sauls mangelnde Bereitschaft, Gott zu vertrauen, ihn am Ende alles kostete. Dass Jonatan mitten in der Nacht wegging und niemanden außer seinem Waffenträger weckte, zeigt klar, dass Saul weder selbst gegangen wäre noch seine Ressourcen Jonatan anvertraut hätte.

Zwei Stolpersteine, die uns oft in die Irre führen, sind mangelnde Autorität und fehlende Ressourcen. Es wäre völlig gerechtfertigt gewesen, wenn Jonatan sich entschieden hätte, nichts zu tun. Er hätte sich durch die Umstände leicht lähmen lassen können. Er hätte sie sogar als Zeichen von Gott akzeptieren können, dass er nicht weitergehen solle. Was kann schließlich einer allein schon ausrichten?

Aus dem Handeln Jonatans können wir viel lernen. Er versuchte nicht, den König, der die rechtmäßige Autorität hatte, auszuspielen. Er versuchte nicht, zu stehlen oder etwas zu nehmen, das ihm nicht gehörte, aber er ließ sich von seinen Begrenzungen nicht einschränken. Saul hatte ihm ein Schwert gegeben, und es war sein Recht, es zu benutzen. Saul hatte einen Mann unter seine Autorität gestellt, und Jonatan forderte diesen einen auf, ihm zu folgen. Selbst in dieser Beziehung war Jonatan eine Inspiration. Jonatan handelte nicht unter militärischem Befehl und versuchte deshalb nicht, seinem Waffenträger zu befehlen, dass er ihm folgen sollte. Er lud ihn einfach ein. Jonatan wusste, dass zwischen ihm und dem jungen Mann mehr als eine Beziehung zwischen Befehlsempfänger und Kommandierendem bestand. Er hatte etwas in das Leben seines Gehilfen investiert und hatte seine Treue erworben.

Als Diener wurde von dem jungen Mann verlangt, seinem Herrn zu gehorchen. Aber der Waffenträger zeigte mehr als Gehorsam; er zeigte Treue. Dass Jonatan hier ohne die Zustimmung des Königs die Initiative ergriff, muss dem Waffenträger klar gewesen sein. Selbst der kleinste Fehltritt konnte Saul und seine Männer wecken. Jonatans Diener hätte die Absicht seines Herrn leicht sabotieren können. Man hätte ihm keinen Vorwurf daraus machen können, wenn er Jonatans Bitte aus Loyalität gegenüber dem König abgelehnt hätte. Was wir hier finden, ist eine tiefere Loyalität. Nicht einfach Loyalität gegenüber einem Volk oder einem König oder Loyalität gegenüber dem Sohn eines Königs, sondern Loyalität gegenüber einem Mann: Jonatan. Titel, Position und Autorität mögen Macht beinhalten, aber Einfluss wirkt durch Beziehungen. Letztendlich ist der Einfluss die Quelle, aus der Macht entspringt.

Die Antwort des Waffenträgers zeigt, wie groß die Macht des Einflusses war: »Tu alles, was in deinem Herzen ist; geh nur hin! Siehe, ich bin mit dir, wie dein Herz will.« Darum geht es beim Einfluss: Das Herz und die Seele eines anderen Menschen durch die Kraft unseres Charakters und unserer Persönlichkeit zu gewinnen. Aus diesem Grund ist Einfluss immer stärker als Autorität. Autorität kann bestimmen, was ein Mensch tut, aber Einfluss formt, was für ein Mensch er wird. Einfluss wird aus Vertrauen geboren und findet ihre Kraft im Bereich von Herz und Seele. Genauso wie Jonatan müssen wir unseren Einfluss in vollem Maß einsetzen, wenn wir Gottes entscheidende Momente in unserem Leben nutzen wollen. Wir dürfen uns nicht fürchten, andere in eine ungewisse Zukunft zu führen. Geistlicher Einfluss ist nicht nur eine Gabe; er ist eine Verantwortung. Jonatans anfänglicher Einfluss war begrenzt, aber seine Hingabe, das zu tun, was richtig war, diesen Moment Gottes zu nutzen, vergrößerte seinen Einflussbereich.

Titel, Position und Autorität mögen Macht beinhalten, aber Einfluss wirkt durch Beziehungen. Letztendlich ist der Einfluss die Quelle, aus der Macht entspringt.

Einfluss ist ansteckend

Als Erste erwischte es meine Mutter. Dann steckte sie meine Schwester an. Wir sind nicht ganz sicher, welche von ihnen es direkt an meinen Bruder weitergab, aber danach holte es sich von diesen dreien meine andere Schwester. Und so wohnte ich mit einigen, wie ich fand, wirklich kranken Leuten unter einem Dach. Ich tat alles, was ich konnte, um nicht auch infiziert zu werden. Waren Sie schon einmal mit Leuten zusammen, die alle die Grippe hatten?

Für mich war das nichts anderes. Es hatte sie wirklich schlimm erwischt, und sie waren furchtbar ansteckend. Sie waren alle Christen geworden, und sie waren entschlossen, jeden in ihrem Umkreis anzustecken. Vielleicht haben Sie das auch schon erlebt. Wenn Sie gerade jetzt in einer solchen Situation stecken, lassen Sie sich warnen: Christen sind sehr ansteckend.

Menschen, die einflussreich sind, geben das, was sie haben, weiter wie einen Grippevirus. Wenn Sie nicht bekommen wollen, was die anderen haben, dann halten Sie sich von ihnen fern, denn sie niesen ständig und verbreiten damit die Viren. Sie sehen vielleicht nicht einmal, wie es passiert. Vor diesen aggressiven, unsichtbaren Krankheitserregern, die von einem Menschen an den anderen weitergegeben werden, gibt es kein Entkommen.

Einfluss ist ansteckend. Wenn Sie wissen wollen, wie Einfluss funktioniert, brauchen Sie sich nur die Grippe anzuschauen. Sie wird durch die Luft übertragen und man steckt sich am schnellsten durch den Kontakt mit anderen Menschen an. Allein schon wenn man in ihre Nähe kommt, ist man gefährdet. Und wie gegen eine ganz gewöhnliche Erkältung gibt es gegen manche Dinge einfach keinen Impfstoff und kein Heilmittel. Man sieht nicht, wie sie von einem Menschen auf den anderen übertragen werden, aber man weiß, wenn es einen erwischt hat. Wir sind alle Überträger – nicht eines gefährlichen Virus, hoffe ich, sondern unseres Charakters. Durch unseren Charakter geben wir Einstellungen, Wertvorstellungen und Tugenden weiter. Wir alle geben ein wenig von uns selbst an andere weiter. Sie sollten lieber mögen, was Sie sind, und das, was Sie von sich selbst an andere weitergeben, zu einem Geschenk und nicht zu einem Fluch machen.

Wir alle geben ein wenig von uns selbst an andere weiter. Sie sollten lieber mögen, was Sie sind, und das, was Sie von sich selbst an andere weitergeben, zu einem Geschenk und nicht zu einem Fluch machen.

Kim und ich sehen in unseren Kindern viel von uns selbst; wir sind uns nur nicht immer einig, welche Teile sie von ihr und welche sie von mir haben. Aber es lässt sich nicht leugnen, dass wir sie »angeniest« haben und dass sie von dem, wer wir sind, angesteckt worden sind. Vor ein paar Jahren arbeitete Kim am Muttertag in der Gruppe für Achtjährige mit. Sie half den Kindern, Muttertagskarten zu basteln, die sie ihren Müttern überreichen könnten, wenn sie aus der Kirche kämen.

Unsere Tochter, Mariah, war an diesem Morgen in Kims Gruppe. Sie hatte anscheinend eine geistige Blockade im Hinblick auf ihre Aufgabe. Kim fand das lustig, wusste aber, dass sie ihr helfen musste, eine Muttertagskarte zu basteln. Sie erklärte Mariah noch einmal, dass sie auf die Karte schreiben sollte, welche Gefühle sie für ihre Mutter habe. Mariah erwiderte: »Du meinst, meinen Papa?« Sie antwortete: »Nein, du sollst schreiben, was du für deine Mama empfindest.« Mariah sagte wieder: »Du meinst, meinen Papa.« Kim erzählte, Mariah habe im Auto auf dem ganzen Heimweg geweint und gesagt: »Ich wollte heute etwas über meinen Papa erzählen, aber du hast mich nicht gelassen.« Ich liebe diese Geschichte.

Es ist etwas ganz Besonderes, ein Papamädchen zu haben. Aber das erinnert mich an die immense Verantwortung, die wir alle als Väter haben, weil wir einen so starken Einfluss auf unsere Kinder ausüben. Natürlich gilt das auch für Mütter, aber es gilt auch für Kinder, für Arbeitgeber, für Angestellte, für uns alle. Wir sind alle ansteckend. Wir sollten dafür sorgen, dass wir die Leute mit den richtigen Dingen anstecken.

> Sehr häufig erkennen wir Gottes Einladung an uns, einen entscheidenden Augenblick zu nutzen, an den Bedürfnissen anderer Menschen.

Charakter ist die Quelle, aus der Einfluss entspringt. Beziehungen sind der Weg, auf dem Einfluss weitergeleitet wird. Sehr häufig erkennen wir Gottes Einladung an uns, einen seiner entscheidenden Augenblicke zu nutzen, an den Bedürfnissen anderer Menschen. Um jeden Tag erfüllt zu leben, müssen wir erkennen, wie zentral Beziehungen sind. Jakobus schreibt, dass wir unseren Nächsten lieben sollen wie uns selbst. Jesus verknüpft diese Berufung zu einem Leben in Beziehungen mit seinem Gebot, dass wir Gott mit unserem ganzen Sein lieben sollen. Wenn wir das größte Gebot in einem Wort zusammenfassen sollten, dann ist es das Wort »Beziehungen«. Nichts zählt für Gott mehr als Beziehungen. Sie sind die Quelle und das Umfeld des ewigen Lebens. Eine richtige Beziehung zu Gott zu haben, führt dazu, dass man eine richtige Beziehung zu anderen hat. Diese Investition in und somit der Einfluss auf das Leben anderer ist eine der wichtigsten Aufgaben eines Menschen, der einen entscheidenden Augenblick Gottes in seinem Leben nutzt.

Man weiß nie, wen man berührt

Einfluss wird definiert als »die Macht, einen Menschen, eine Sache oder den Verlauf von Ereignissen zu ändern«. Einfluss ist vor allem eine Macht, die ohne direkte oder offensichtliche Anstrengungen funktioniert. Wir müssen begreifen, dass wir die Kapazität haben, andere auf positive Weise zu beeinflussen. Wir sehen oft nicht, wie weit unser Einfluss reichen kann. Wir unterschätzen, wie tiefgreifend unser Einfluss das Leben eines Menschen verändern kann. Es gibt keine Möglichkeit zu ermessen, wie viele Menschen durch unseren Einfluss berührt werden. Wir können ein tieferes Gespür dafür bekommen, wenn wir uns daran erinnern, dass Einfluss durch Beziehungen ausgeübt wird und dass Beziehungen mit dem ersten Kontakt beginnen.

Dave war dreizehn Jahre lang Fahrer für einen Paketdienst. Es lag in der Natur seiner Arbeit, dass er mit unzähligen Leuten in Kontakt kam, aber nicht viel Zeit mit ihnen verbringen konnte. Er musste jeden Tag mit vielen Menschen sprechen und gleichzeitig so schnell wie möglich wieder weiterfahren. Alles, was sein Tempo verlangsamte, gefährdete seine Effektivität und dadurch auch seinen Arbeitsplatz. Obwohl er jeden Tag mit Hunderten von Menschen Kontakt hatte, blieben die Beziehungen alle sehr oberflächlich. Das lag nicht daran, dass Dave oberflächliche Beziehungen geliebt hätte, sondern daran, dass seine Arbeit das erforderte.

Daves Begegnungen mit anderen Menschen auf seiner Route durch Los Angeles könnte man als »Beziehungen im Vorbeifahren« beschreiben. Aber trotz dieser Umstände fand Dave heraus, dass sein Einfluss auf das Leben mindestens eines Menschen tiefer war, als er gedacht hätte. Dave erzählte mir:

»Ron war einer von diesen Leuten, die endlos reden können. Er war Tankwart in Santa Monica. Seine Tankstelle lag auf meiner Route. Ich muss zugeben, dass mir jedes Mal davor graute, wenn ich ein Paket irgendwo in die Nähe der Zwanzigsten Straße und des Santa Monica Boulevard ausliefern musste. Denn dort befand sich Rons Tankstelle.

Wenn mein Wagen im Umkreis von hundert Metern von dieser Stelle parkte, fand Ron mich irgendwie. Er redete auf mich ein, während ich im Auto saß, Auslieferungsscheine ausfüllte, Pakete auf meine Sackkarre lud und zu den Büros ging. Er folgte mir, während andere Leute den Empfang ihrer Pakete mit ihrer Unterschrift bestätigten, und redete auf mich ein, während ich zu meinem Wagen zurückkehrte, meine Sackkarre verlud und den Motor anließ, und hörte erst auf, wenn ich tatsächlich davonrollte. Versteh mich bitte nicht falsch. Ron war ein netter Kerl, aber er bremste mich eindeutig aus.

Eines Nachmittags war Ron irgendwie weniger gesprächig, und ich dachte, dass irgendetwas nicht stimmte. Bevor ich in meinem Wagen wieder losfuhr, reichte er mir einen weißen Umschlag. Ich fragte, ob ich ihn gleich aufmachen solle. Er sagte: ›Ja.‹ Ich tat ihm also den Gefallen. Es war eine Hochzeitseinladung. Ron hatte vor, eine junge Frau namens Joanne zu heiraten, und er wollte mich, den Fahrer vom Paketdienst, zu seiner Hochzeit einladen. Ich dankte ihm höflich für die Einladung und vermied es bewusst, ihm sofort eine Antwort zu geben.

In den nächsten drei Wochen wollte Ron mit mir nur darüber reden, ob ich zu seiner Hochzeit kommen würde oder nicht. Das bremste mich nicht nur in meinem Tagesablauf, sondern es wurde auch immer schwieriger, kreative Möglichkeiten zu finden, einer klaren Antwort auszuweichen. Schließlich schaute ich in meinen Kalender, ob ich an diesem Tag schon etwas vorhätte, und stellte fest, dass genau zum Termin von Rons Hochzeit ein Leitungstreffen in der Gemeinde geplant war. Da ich ein treuer, diensteifriger Christ bin, konnte ich also leider nicht zu Rons und Joannes Hochzeit kommen.

Als ich in die Straße hinter der Tankstelle einbog, wusste ich, dass Ron dort auf mich warten würde. Ich hatte mir meine Antwort zurechtgelegt: ›Danke für die Einladung, aber an diesem Tag habe ich leider schon einen anderen Termin. Bitte grüße deine Braut herzlich von mir.‹ Wie üblich stand Ron da, als ich meinen Paketwagen öffnete.

Sofort fragte er: ›Kommst du nächste Woche zu meiner Hochzeit?‹ Ich weiß nicht, wie es geschah. In jeder Faser meines Körpers bildete sich ein ›Nein‹. Aber als ich den Mund aufmachte, sagte ich: ›Ja, natürlich komme ich zu deiner Hochzeit.‹

Ron strahlte über das ganze Gesicht. Er sagte: ›Großartig. Ich freue mich auf dich.‹ Damit lief er zu seiner Tankstelle zurück. Ich stand ein paar Sekunden wie erstarrt da und konnte nicht glauben, worauf ich mich gerade eingelassen hatte. Wie sollte ich meiner Frau erklären, dass ich nicht zu unserem Leitungstreffen gehen würde?

Der Samstagmorgen kam schneller, als ich erwartet hatte. Ich wachte auf und zog meinen besten Anzug an. Da fiel mir ein, dass ich vergessen hatte, eine Karte oder ein Geschenk für Rons und Joannes Hochzeit zu besorgen. Ich schnappte mir meine Videokamera und eine leere Kassette und überlegte, bei der Hochzeit oder beim anschließenden Empfang etwas zu filmen und ihnen danach die Kassette als Geschenk zu überreichen. Ich kam ungefähr eine halbe Stunde vor Beginn an. Als ich den Vorraum betrat, wurde ich begrüßt und höflich gefragt: ›Braut oder Bräutigam?‹

Ich sagte: ›Bräutigam‹. Daraufhin wurde ich in die kleine Kirche begleitet und bekam auf der linken Seite einen Platz angeboten. Ich rutschte durch die Bank zur Wand, packte meine Videokamera aus und stellte meinen Dreifuß auf, atmete ruhig durch und wartete, bis die übrigen Gäste eintrafen. Nach und nach betraten die Leute die Kirche. Reihe für Reihe füllte sich die rechte Seite der Kirche. Auf der linken Seite war kein einziger Platz besetzt. Nur ich saß hier. Ungefähr fünf Minuten vor Beginn der Hochzeit standen zwanzig bis fünfundzwanzig Leute von der rechten Seite der Kirche auf, kamen über den Gang und setzten sich auf die linke Seite.

Der Hochzeitsmarsch erklang, die Braut schritt durch den Mittelgang und der Bräutigam begrüßte sie. Sie gaben sich ihr Eheversprechen und verließen die Kirche als strahlendes Ehepaar. Ich packte die Kameraausrüstung ein und ging zu meinem Auto. Ich hatte vor, die Videokassette zu überreichen und mich dann zu verabschieden. Ron sah mich, als ich auf mein Auto zuging, und folgte mir. Er fragte: ›Du kommst doch noch mit zum Empfang, nicht wahr?‹ Worauf ich brav antwortete: ›Natürlich. Ich räume nur meine Ausrüstung auf.‹ Er sagte: ›Großartig. Dann bis gleich.‹

Jetzt hatte ich mich auch noch verpflichtet, zwei Stunden lang Leute kennen zu lernen, die ich wahrscheinlich nie im Leben wiedersehen würde. Ich fuhr zum Empfang, der im Garten hinter dem Haus der Eltern stattfand. Ein langer Tisch war auf dem Rasen aufgestellt, um den die Hochzeitsgesellschaft herumstand. Mehrere Gäste schlenderten über den Rasen und kosteten die angebotenen Leckerbissen. Ich packte wieder meine Videokamera aus und beschloss zu versuchen, ein paar Bemerkungen der Hochzeitsgäste einzufangen.

Während ich den Empfang filmte, standen verschiedene Leute auf, um dem Brautpaar zu gratulieren und sich für die Einladung zu bedanken. Schließlich erhob sich der Bräutigam. Ron schaute geradewegs in die Kamera, versprach seiner schönen Braut seine ewige Liebe und erzählte von seinen Träumen für ihr gemeinsames

Leben. Und dann sagte er im Beisein von allen, dass er seinem besten Freund danken wolle, dass er an diesem Tag zu seiner Hochzeit gekommen sei. Während ich zu einer Nahaufnahme weiter auf ihn zuging, sagte Ron: ›Ich möchte euch meinen besten Freund, Dave, vorstellen.‹

Während sich alle Köpfe im Garten umdrehten, um den Kerl hinter der Kamera anzuschauen, begriff ich plötzlich: Ron betrachtete mich als jemand sehr Wichtigen in seinem Leben. Und ich betrachtete Ron als jemanden, der mich bei der Arbeit bremste, jemanden, an dessen Hochzeit ich nur widerwillig teilgenommen hatte. Nachdem Ron seine Rede beendet hatte und der Empfang sich allmählich auflöste, kam er auf mich zu, umarmte mich kräftig und erzählte mir etwas, das mir noch deutlicher machte, wie wichtig mein Kommen für Ron war. Er dankte mir für mein Kommen und erzählte mir dann, dass er über 150 Einladungen verschickt hatte. Einladungen an seine Freunde von der Tankstelle, seine Familie, seine Nachbarn. Von all den Leuten, die er eingeladen hatte, war ich der Einzige, der zu seiner Hochzeit gekommen war.«

Was Dave für die Einladung eines Fremden zu dessen Hochzeit gehalten hatte, war in Wirklichkeit Gottes Einladung gewesen, einen seiner entscheidenden Augenblicke zu nutzen. Daves Anwesenheit bei der Hochzeitsfeier war, wenn er auch nur widerwillig gekommen war, Gottes Weg, um Rons Leben anzurühren. Dave wurde ein wichtiger Ratgeber in Rons und Joannes Ehe und führte Ron zum Glauben an Gott. Daves Einfluss in ihrem Leben war genauso entscheidend wie überraschend. Wenn wir einen entscheidenden Augenblick nutzen, den Gott uns schenkt, kann ein unscheinbar wirkender Einfluss eine große Macht haben. Was wie eine Unannehmlichkeit aussehen kann, kann der Anfang einer Leben verändernden Gelegenheit sein.

Oft sehen Gottes entscheidende Momente auf den ersten Blick wie Unannehmlichkeiten aus.

Oft sehen Gottes entscheidende Momente auf den ersten Blick wie Unannehmlichkeiten aus. Es ist praktisch unmöglich vorherzusagen, wie tief und umfangreich wir im Leben von anderen etwas bewirken können, wenn wir diese von Gott geschenkten Gelegenheiten nutzen. Unser Einflussbereich ist nicht zu unterschätzen. Wir dürfen nie unterschätzen, wohin Einfluss führen kann.

Eine Gefahr, Gottes entscheidende Augenblicke zu verpassen, ist es, den Einfluss, den wir haben, als irrelevant abzutun. Wir dürfen die Wichtigkeit eines Augenblicks, eines Wortes, einer Tat im Leben eines anderen Menschen nie unterschätzen.

Unser Einfluss kann sehr weit reichen

Im weiteren Verlauf von Jonatans Geschichte erfahren wir, dass sein Einfluss viel weiter reichte als bis zu seinem Waffenträger. Was anfangs als sehr begrenzter Einflussbereich aussah, hatte am Ende unbegrenzte Auswirkungen. Obwohl er nie Autorität über seinen Vater hatte, führte seine Entscheidung, diesen Augenblick, den Gott ihm schenkte, zu nutzen, dazu, dass er den König von Israel stark beeinflusste. Jonatans Initiative, die mit sehr wenig Einfluss begann, veranlasste seinen Vater, den König, mit ihm in den Kampf zu ziehen. Göttliche Gelegenheiten sind manchmal wie Fenster, andere Male sind sie wie lange Korridore. Man muss durch sie hindurchgehen und darf nicht stehen bleiben, bis man auf die andere Seite kommt.

Dolores Kube begann, in Süd-Dallas als Sommermissionarin zu arbeiten. Sie hatte eine tiefe, leidenschaftliche Hingabe für benachteiligte Kinder. Später wurde sie für viele in Süd-Dallas ein fester Bestandteil ihres Lebens. In den folgenden zwanzig Jahren arbeitete sie in der Stadt als Missionarin im *Ervay Baptist Center*. Dolores wurde eine persönliche Freundin von Kim und mir und war uns eine ständige Quelle der Motivation. Sie fuhr in ihrem kleinen Toyota durch die Straßen und lud ihn mit Kindern voll, damit sie an ihren Bibelgruppen teilnehmen konnten. Sie war vielen allein erziehenden Müttern und vaterlosen Kindern eine Freundin und

Vertraute. Sie war sozusagen die Mutter Teresa von Süd-Dallas. Es überraschte mich nie, dass die Kinder die Gemeinde als »Mrs. Kubes Kirche« bezeichneten.

Eines Tages brannte das Zentrum durch Brandstiftung völlig nieder. Für die meisten war es mehr als die Zerstörung eines Gebäudes; es war das Ende eines Traums. Die Missionsorganisation, die das Zentrum finanzierte, strich ihre Unterstützung und stellte diese Arbeit ein. Genauso wie alle anderen evangelikalen Gemeinden gaben auch sie die Arbeit in dieser verarmten Gegend auf. Da die eingestellte Finanzierung nicht wieder aufgenommen wurde, war dies das Todesurteil über ein weiteres Großstadtprojekt. Aber Dolores und ein paar weitere Leute legten einen anderen Maßstab an. Sie glaubten, dass Gott in Süd-Dallas etwas bewirken wollte. Auch wenn sie vielleicht nie einen Erfolg ihrer Anstrengungen sehen würden, lag ihnen diese Arbeit sehr am Herzen.

Mit der Schließung des Zentrums kam das Ende ihrer Gehaltszahlungen und das Ende ihrer Stelle als Missionarin; aber sie weigerte sich wegzugehen. Ihre unerschütterliche Hartnäckigkeit faszinierte andere, und sie baute eine Unterstützungsbasis für ihre Arbeit auf. Ich selbst kam 1983 nach Dallas. Weniger als ein Dutzend Erwachsene bildeten den Kern des übrig gebliebenen Projekts. Ungefähr ein halbes Dutzend Pastoren hatten vor mir versucht, die Arbeit wieder aufzunehmen. Ohne Dolores' Hingabe wäre ich nie Leiter eines kleinen, engagierten Teams geworden, aus dem später Cornerstone entstand.

In den nächsten sechs Jahren war es mir vergönnt, mit Dolores zusammenzuarbeiten und mit ihr zu erleben, wie aus dieser Hand voll Leute eine blühende Gemeinde entstand. Am Ende dieser sechs Jahre akzeptierte die Gemeinde meine Kündigung und berief einen jungen Afroamerikaner zu ihrem neuen Pastor. Chris Simmons hatte als Mitarbeiter begonnen, war dann Assistent gewesen, später Co-Pastor und am Ende wurde er leitender Pastor von Cornerstone. Seit vierzehn Jahren arbeitet er in dieser Position.

Während unseres Umzugs war George Bush senior Präsident

der Vereinigten Staaten. Er berief William Bennet zum Drogenbeauftragten. Er wollte eine nationale Lösung für das Drogenproblem in Amerika finden. Er besuchte mehrere Großstädte, ließ sich die beste Arbeit in der jeweiligen Gegend zeigen und machte den Mitarbeitern Mut. Als er nach Dallas kam, wurde die Stadtverwaltung gebeten, eine effektive Arbeit im Kampf gegen Drogen zu empfehlen. Die Stadt Dallas schickte ihn zu Cornerstone. Seinen Tag in Dallas verbrachte er hauptsächlich im Gebäude von Cornerstone, in dieser kleinen Gemeinde in einer armen Gegend. Das ist um so erstaunlicher, wenn man bedenkt, dass wir wahrscheinlich nie mehr als zweihundert Erwachsene im Gottesdienst hatten. Wer hätte je vorhersehen können, dass Dolores' Arbeit in einem kleinen Gebäude mit einer Hand voll Kinder, deren Familien von der Wohlfahrt leben, zwanzig Jahre später zu einer solchen Anerkennung und zu einem solchen Einfluss führen würde?

Ich wiederhole noch einmal: Einfluss ist eine Macht, die Auswirkungen auf einen Menschen, eine Sache oder den Lauf von Ereignissen hat. Oft lassen sich die Ereignisse, von denen wir sagen, dass sie eine entscheidende Bedeutung oder Auswirkung haben, auf den demütigen Einfluss eines Menschen zurückführen, der in der Öffentlichkeit nie Anerkennung gefunden hat. Eine der Tragödien, wenn wir von Gott gegebene Gelegenheiten nicht nutzen, ist es, dass wir vielleicht nie erkennen, welchen großen Einflussbereich und welches Wunder wir verpassen.

Eine der Tragödien, wenn wir von Gott gegebene Gelegenheiten nicht nutzen, ist es, dass wir vielleicht nie erkennen, welchen großen Einflussbereich und welches Wunder wir verpassen.

Jonatans persönliche, mutige Handlung führte zu nationalem Triumph. Wir dürfen nie unterschätzen, zu welch großen Auswirkungen Gott unseren scheinbar geringfügigen Einfluss führen kann.

Echter Einfluss reicht tief

Einfluss kann erreichen, was Befehle nie erreichen können; er kann das Herz von Menschen gewinnen. Man kann Menschen dafür bezahlen, dass sie eine Arbeit tun, aber man kann sie nicht dafür bezahlen, dass sie ihre Meinung ändern oder, noch genauer, ihr Herz ändern. Äußere Macht beschränkt sich darauf, äußere Veränderungen herbeizuführen. Einfluss ist das Material für innere Macht. Beim Einfluss geht es nicht um eine Position oder um delegierte Autorität oder Formen der Macht. Einfluss entsteht aus einer Person, daraus, wer diese Person ist, und er wirkt sich auf das Herz eines anderen Menschen aus. Echter Einfluss geht tief. Er verändert die Art, wie ein Mensch in Bezug auf etwas empfindet. Er wirkt sich nicht nur direkt darauf aus, wie ein Mensch handelt, sondern auch darauf, was er glaubt und wofür er sich engagiert.

Wir verstehen den Unterschied zwischen Autorität und Einfluss, wenn wir unsere Kinder beobachten. Wie unsere Kinder handeln, wenn sie unter unserer Autorität stehen, unterscheidet sich stark von dem, wer sie als Folge unseres Einflusses später sein werden. Vielen Eltern bricht es das Herz, wenn sie erkennen, dass im Vergleich zum Einfluss anderer ihr eigener Einfluss auf ihre Kinder bestenfalls minimal ist und schlimmstenfalls völlig ohne Konsequenzen bleibt. Ich bin überzeugt, dass es bei einer guten Erziehung vor allem um Einfluss geht. Es geht mehr darum, Werte weiterzugeben als darum, Grenzen zu setzen.

Jonatans Waffenträger zeigte eine Loyalität, die man heutzutage selten findet. Er sagte: »Ich bin mit deinem Herzen und deiner Seele.« Das hatte nichts mit Pflichtgefühl zu tun. Er handelte nicht aus Zwang. Es war nicht so, dass er nicht begriffen hätte, was Jonatan vorhatte, oder dass er mit Jonatans Strategie oder Idee unbedingt einverstanden gewesen wäre. Es war nicht Jonatans Idee, der er zustimmte. Er glaubte an Jonatan. Er vertraute darauf, wer Jonatan war. Er sagte: »Tue, was du im Sinn hast.« Dann erklärte er, dass er mit ihm sein würde.

Als Vater entdecke ich, dass die Liebe und der Respekt, den meine Kinder mir entgegenbringen, weitaus stärker ist als alle Regeln oder möglichen Bestrafungen. Ich habe außerdem festgestellt, dass es keinen besseren Lohn gibt, als wenn meine Kinder durch ihre eigenen Wertvorstellungen motiviert werden, das Richtige zu tun. Es steht außer Frage, dass Werte durch eine persönliche Beziehung übertragen werden. Auch wenn meine Kinder in der Gemeinde aufwachsen, ist ihre Wahrheitsliebe nicht das Ergebnis erschöpfender Nachforschungen. Ihr Wunsch, Gutes zu tun, ist nicht das Ergebnis einer logischen Schlussfolgerung. Ihre Werte haben sie durch echte Beziehungen und Vertrauen übernommen. Ich bin dankbar, dass wir nicht nur weitergeben, wer wir sind, sondern auch wer wir ehrlich werden wollen. Unsere Kinder sehen unsere Fehler, unsere Schwächen und, ja, auch unsere Sünden. Aber wenn wir unser Versagen ehrlich bereuen und bekennen, sehen sie, was wir in Wirklichkeit sein möchten. Unser Einfluss ist nicht nur auf unsere gegenwärtige Situation begrenzt. Er weitet sich auf das aus, was wir anstreben, wenn wir diesen Weg ernst nehmen. Einfluss hat seine Wurzeln im Charakter – wer wir sind und wer wir werden. Einfluss wirkt sich am besten und am schnellsten aus, wenn Respekt und Vertrauen vorhanden sind. Wenn die Umgebung stimmt, reicht Einfluss tief. Er reicht bis in den Kern dessen, wer wir sind.

Unser Einfluss ist nicht nur auf unsere gegenwärtige Situation begrenzt. Er weitet sich auf das aus, was wir anstreben, wenn wir diesen Weg ernst nehmen.

Den größten Einfluss im Leben eines Menschen haben diejenigen, die ihm helfen, das zu werden, was er ist. Man kann einen Menschen tatsächlich an seinen Freunden erkennen. Vertrauenswürdige Menschen sind von Menschen umgeben, die ihnen trauen. Frauen und Männer, die wirklich Jesus ähnlich sind, sind von Menschen umgeben, die sich danach sehnen, mehr wie Jesus zu sein. Charakter ist der Nährboden für Einfluss. Einfluss formt den Charakter. Die Beziehung zwischen Charakter und Einfluss ist wie das

Einatmen. Je tiefer man einatmet, desto kräftiger kann man ausatmen. Je tiefer unser Charakter ist, desto tiefer ist unser Einfluss.

Ein Geschenk mit guten Absichten

Leider funktioniert das in zwei Richtungen. Charakter ist der Nährboden für Einfluss. Unabhängig davon, ob es ein gottesfürchtiger Charakter ist oder ein gottloser Charakter, das Prinzip bleibt das gleiche. Hitler war ein Mensch mit enormem Einfluss. Sicher würden nur wenige seinen Charakter als tugendhaft beschreiben, aber er gewann das Herz und die Seele eines Volkes. Das Gleiche gilt für Stalin, für Mao und für viele andere. Die Geschichte lehrt uns, dass Menschen, die sich edlen oder bösen Zielen verschrieben haben, einen unglaublichen Einfluss ausüben können. Diese Erkenntnis sollte unseren Eifer und unser Verantwortungsgefühl steigern.

Wieder gilt: Als Menschen sind wir auf Beziehungen angelegt. Wir alle haben Einfluss. Wir können andere beeinflussen und werden durch andere beeinflusst. Wenn nur diejenigen, die sich dem Bösen verschrieben haben, die Massen beeinflussen, sollten wir uns nicht wundern, dass es auf der Welt nicht viel Gutes gibt. Um einen göttlichen Moment zu nutzen, ist es wichtig anzuerkennen, dass es Gottes Absicht ist, uns als Gefäße für Gutes zu gebrauchen. Nicht nur, um Gutes zu tun, sondern auch, um Gutes zu bewirken, um andere zum Guten zu führen. Das ist nichts anderes als ein Kampf um die Herzen von Menschen. Nur weniges ist lohnender, als im Leben eines anderen Menschen einen positiven Einfluss auszuüben.

Um einen göttlichen Moment zu nutzen, ist es wichtig anzuerkennen, dass es Gottes Absicht ist, uns als Gefäße für Gutes zu gebrauchen.

Myra war vier Jahre alt, als ich sie das erste Mal sah. Ihre Mutter, Rosa, war an den Rollstuhl gefesselt. Als Kind hatte sie durch eine Krankheit beide Beine verloren. Meine erste Erinnerung an

Myra ist das Bild, wie drei Frauen versuchten, sie zu fangen, als sie sich weigerte, zu ihrer Mutter zu kommen. Es war eine lustige Szene, die ich nur ungern beendete. Myra war klug, schnell und geschickt. Trotz der Verfolgungsjagd und der drohenden Befehle ihrer Mutter ließ Myra sich nicht einfangen. Ich bot mich an einzugreifen, aber ich war entschlossen, Myra nicht zu jagen. Ich kniete mich in einiger Entfernung von ihr hin und sprach auf Spanisch mit ihr, die einzige Sprache, die sie verstand. Ich erklärte ihr, dass ich schneller sei als sie und dass ich, wenn ich wollte, im Gegensatz zu den anderen, die sie verfolgten, sie sofort fangen würde. Aber ich schlug ihr eine andere Möglichkeit vor: Sie könnte freiwillig zu mir kommen, und ich würde dafür sorgen, dass alles vergeben sei. Ich konnte fast spüren, wie ihr Gehirn arbeitete und sie die Möglichkeiten gegeneinander abwog. Dann ging sie sehr still auf mich zu, und der Grundstein für eine Freundschaft war gelegt.

Myra und ihre Mutter zogen zu uns und wohnten fast ein Jahr bei Kim und mir. An ihrem ersten Abend testete Myra ihre Grenzen aus und zeigte starke Gefühlsausbrüche. Als sie anfing, mit ihrer Mutter respektlos zu sprechen, erklärte ich ihr, dass sie in unserem Haus nicht so mit ihrer Mutter sprechen würde. Myra schaute mich mit ihren kleinen, braunen Augen finster an und sagte, dass sie ihren Großvater in Mexiko anrufen und mich töten lassen würde. Vor uns lag ein weiter Weg. Viel Schmerz musste verarbeitet werden, viel Ärger und Hass musste durch Liebe ersetzt werden. Es dauerte nicht sehr lange. Das menschliche Herz ist für Liebe geschaffen. Die Veränderungen, die wir in Myras Herzen sahen und erlebten, waren nicht nur ein Geschenk an sie, sondern auch ein Geschenk für uns. Es gibt wahrscheinlich keinen größeren Lohn, als zu erleben, wie sich ein anderer Mensch durch unseren Einfluss verändert. Aber um diese Art von Einfluss zu haben, muss man einen Menschen an sich herankommen lassen.

Victor ist ein Riese von einem Puertoricaner. Seine körperliche Gestalt wäre ohne seine einladende Herzlichkeit und fröhliche Persönlichkeit, die immer lächelt und endlose Begeisterung versprüht, einschüchternd. Er war seit weniger als einem Jahr Christ, aber er war offensichtlich der Mann, der meinen Platz als Pastor von El Pueblo de Dios einnehmen sollte. Da er geistlich wachsen sollte, lud ich ihn ein, bei uns zu Hause zu wohnen. Als ich diese Einladung aussprach, war er gleichzeitig überrascht und vorsichtig. Später erklärte er mir, dass er deshalb gezögert habe, weil ich sein geistlicher Leiter sei, und wenn er bei uns wohnte, würde ich ihn in seiner Unterwäsche sehen. Auf seine einzigartige Weise sagte Victor mir damit: »Ich bin nicht sicher, ob ich bereit bin, so viel zu investieren.« War es sicher, in einer Beziehung zu leben, in der er so entblößt wäre? Können wir es uns wirklich erlauben, dass unser Chef unsere schmutzige Wäsche sieht? Trotz seiner Befürchtungen entschied sich Victor, zu uns zu kommen.

Bevor er einzog, erinnerte ich ihn jedoch an einen wichtigen Umstand: Ich lud ihn ein, uns aus der Nähe zu beobachten. Auch wir könnten nicht verbergen, wer wir sind. Das war keine distanzierte Lehrer-Schüler-Beziehung. Es war eine Einladung, in unser Leben zu kommen und uns als die kennen zu lernen, die wir wirklich sind. Es dauerte kein Jahr, bis Victor meinen Platz als Pastor unserer Gemeinde einnahm. Wenn Sie Ihren Einfluss erhöhen wollen, müssen Sie es riskieren, Leute nahe an sich herankommen zu lassen. Natürlich sollten Sie sich vorher die Frage stellen: »Wenn ich jemanden so nahe an mich heranlasse, dass er mich sieht, wie ich wirklich bin, was wird er dann sehen? Wer wird er werden?«

Göttlicher Einfluss

Das Endziel und wünschenswerteste Ergebnis von Einfluss ist es, dass ein Mensch den Einfluss unserer Werte und Leidenschaften widerspiegelt, ohne dass wir irgendwie durch Macht oder Autorität Druck auf ihn ausüben. Das beste Beispiel dafür gibt uns Jesus. Sein Leben vor zweitausend Jahren beeinflusst und formt immer noch die Herzen und Seelen von Millionen von Menschen auf der ganzen Welt. Dahinter steckt nicht Angst vor dem Gericht oder die Unsicherheit, ob wir wirklich erlöst sind, sondern das Versprechen, dass Gott eine untrennbare Beziehung zu uns will. Denn wenn Gott einem Menschen erst einmal die Vergebung versprochen hat, wenn er ihm eine Beziehung garantiert, die auf bedingungsloser Liebe basiert, womit könnte er dann noch einen Menschen zwingen, seinen Willen zu tun? Ist das nicht Gottes Dilemma? Kein Zwang, keine Drohung, sondern Freiheit vor Bestrafung, Gericht und Ablehnung. Was motiviert also einen Christen?

Das Endziel und wünschenswerteste Ergebnis von Einfluss ist es, dass ein Mensch den Einfluss unserer Werte und Leidenschaften widerspiegelt, ohne dass wir irgendwie durch Macht oder Autorität Druck auf ihn ausüben.

Jesus Christus ist das größte Beispiel dafür, dass wahrer Einfluss ins Herz und in die Seele eines Menschen hineinreicht und ihn von innen nach außen verändert. Gott kann Menschen auf wunderbare Weise verwandeln. Aber dahinter steht sein Einfluss. Gott gewinnt unsere Herzen. Wir gehen mit ihm, weil er unser Vertrauen verdient, und weil wir uns danach sehnen, an seiner Seite zu sein. Jonatan hat es uns vorgelebt. Wir werden vor folgende Herausforderung gestellt: Wir sollen nicht nur die Initiative ergreifen, wir sollen nicht nur voller Vertrauen in eine ungewisse Realität hineingehen, sondern wir sollen auch unseren Einflussbereich ausdehnen und unser Charakter soll immer größeren Tiefgang bekommen.

Wir werden vor folgende Herausforderung gestellt: Wir sollen nicht nur die Initiative ergreifen, wir sollen nicht nur voller Vertrauen in eine ungewisse Realität hineingehen, sondern wir sollen auch unseren Einflussbereich ausdehnen und unser Charakter soll immer größeren Tiefgang bekommen.

»Du musst aufbrechen, solange es noch Nacht ist«, erinnerte Maven Ayden.
»Müssen wir das, damit wir an den Schatten vorbei schleichen können, bevor sie aufwachen?«, fragte Kembr hoffnungsvoll.
»Nein!«, antwortete Ayden kurz angebunden. »Wir müssen das, damit sie wissen, dass wir diejenigen waren, die sie aufgeweckt haben und es wagten, ihren Schlaf zu stören!«
»Der Weg ist voller Gefahren. Müssen wir es wagen?«, fragte Kembr.
Maven wusste, dass Kembr nicht aus Angst fragte, sondern aus Vorsicht. Er schaute an Ayden vorbei und sagte ihr das, was sie bereits aus ihren Träumen wusste.
»Die Schatten beherrschen die Nacht. Sie verbergen sich, vom Tag geblendet, und sind deshalb nicht zu sehen. Der Tag ist frei. Aber in der Nacht nehmen sie die Menschheit gefangen und halten sie in ihrem Schlummer fest.«
Ayden führte Mavens Gedanken fort: »Wir müssen an den dunkelsten Ort des Schattens gehen. Nur dort werden wir wissen, ob wir genug Licht haben.«

Eintrag 988, The Perils of Ayden

5

Risiko — Lebe, bevor du stirbst, und umgekehrt

Es ging das Gerücht um, ich sei tot. In den dunklen Gassen des Großstadtdschungels gibt es viele Propheten – hauptsächlich Unheilspropheten. Mein Todesengel hieß William. Durch meine Arbeit in einem unserer Projekte hatte seine Lebensgefährtin zu einem persönlichen Glauben an Jesus Christus gefunden. Er saß im Gefängnis, als er von ihrer Bekehrung hörte. In seinen Augen war das keine gute Nachricht. Ich war in sein Revier eingedrungen. Ein Verbrechen, auf das – richtig! – die Todesstrafe stand. Und so hörte ich – mehrmals sogar –, dass er sich mich vorknöpfen wollte, wenn er aus dem Gefängnis käme. Er hatte den größten Teil seines Erwachsenenlebens hinter Gefängnismauern verbracht. Seinen eigenen Worten zufolge hatte er alle Gebote gebrochen. Dieses Mal war er ins Gefängnis gewandert, weil er dem Bruder seiner Lebensgefährtin die Kehle aufgeschlitzt hatte.

Als ich hörte, dass er aus dem Gefängnis freigelassen worden war, beschloss ich, ihn zu finden, bevor er mich fand. Er lebte in einem kleinen Apartmentkomplex, der hauptsächlich von baufälligen Häusern und heruntergekommenen Geschäften umgeben war. Der Komplex war nicht weit entfernt von den Wolkenkratzern der Stadt und befand sich in einer früher einmal angesehenen Wohngegend. Eine Begegnung mit jemandem wie William vergisst man nicht so schnell. Er war in gewisser Weise eine ethnische Anomalie. Er war ein Weißer inmitten einer lateinamerikanischen Gegend, der im Ruf stand, gut mit einem Messer umgehen zu können. Er war Mitte dreißig, und das Leben hatte ihn hart wie Stahl gemacht.

Wir saßen uns in einem muffigen Apartment gegenüber, umgeben von lauten Kindern und normalerweise betrunkenen Nachbarn. Aber ehe ich mich's versah, waren wir allein – nur William und ich. Ich kann mich nicht erinnern, wie es geschah. Ich hatte nicht bemerkt, dass die anderen gingen. Erst das plötzliche Schweigen und das Unbehagen machten mir bewusst, dass sich etwas verändert hatte. Metallgitter waren an den Fenstern, die Türen waren fest verschlossen. Wir waren allein.

Er griff in seine Jacke und zog ein Messer heraus. Mit einer blitzschnellen Bewegung seines Handgelenks klappte er es auf und hielt die Klinge so, dass das Metall in meine Richtung funkelte. Wie jemand, der sich an ein heimliches Vergnügen erinnert, lächelte er und sagte: »Das ist das Messer, mit dem ich ihm die Kehle aufgeschlitzt habe. Die Polizei hat es nie gefunden.«

Tausend Gedanken rasten mir durch den Kopf. Aber unter der Überschrift »witzige Bemerkungen, kurz bevor du unter einer Messerklinge stirbst« hatte ich nichts auf Lager. Mir fiel ein, dass der Bruder seiner Lebensgefährtin nicht gestorben war; William hatte ihm nur die Stimmbänder durchgeschnitten. Dieser Gedanke war auch nicht gerade tröstlich. Ich wusste, dass mein nächster, mein erster, vielleicht mein letzter Satz von äußerster Bedeutung sein konnte. Dann kamen die Worte über meine Lippen. Ich hörte sie genauso zum ersten Mal wie er.

»William, dieses Messer wird dich in die Hölle bringen!« Ich schaute ihm geradewegs in die Augen. Ich sah, dass er schockiert war, als ich das sagte. Um ehrlich zu sein, ich war selbst auch schockiert. Aber ich atmete noch. Das machte mir Mut. Und so sprach ich weiter: »Du meinst, du wärst hart ...« Mitten in meinem Satz hörte ich einen Aufschrei in meinem Kopf: »Was redest du denn da?« Deshalb fügte ich sofort hinzu: »William, du bist wirklich hart, aber du bist nicht frei. Du bist nicht im Gefängnis, aber du bist immer noch ein Gefangener. Hinter jedem Schatten wartet jemand, der dich umbringen will.«

Irgendwie reagierte William an diesem Tag anders als sonst.

Nicht mit Gewalt und Rache. Er hörte zu, und wir bauten eine seltsame Art Freundschaft auf. Ich wünschte, ich könnte sagen, dass William an diesem Tag sein Leben änderte oder dass er es irgendwann danach änderte, aber so viel ich weiß, hat William sein Leben nie geändert. Dennoch werde ich nie vergessen, was an diesem Tag passierte. William wurde mein Johannes der Täufer, der mir auf den Straßen von Süd-Dallas den Weg bereitete. Oft prahlte er damit, dass er und ich Freunde seien, weil, wie er es ausdrückte, er für das Böse radikal sei, und ich für Gott radikal sei.

Auf die andere Seite gehen

William und ich waren uns auf der anderen Seite eines göttlichen Augenblicks begegnet. Um es mit den Worten von Jonatans Erfahrung auszudrücken: Wir waren hinübergegangen; wir hatten den Pass durchschritten. Als Jonatan mit seinem Waffenträger sprach und ihn überredete, mit ihm zu gehen und die Philister anzugreifen, gab er nicht nur zu, dass er nicht wisse, ob Gott ihnen wirklich helfen würde. Er hatte sich obendrein auch noch eine gefährliche Strategie ausgedacht. Sie war so unlogisch, dass man meinen könnte, er hätte den Verstand verloren.

Jonatan sagte: »Wir gehen zu den Männern hinüber und zeigen uns ihnen.« Nun bin ich wirklich kein Militärexperte. Ich war nie an einer Militärakademie. Ich war nicht einmal bei den Pfadfindern. Aber selbst ich begreife, dass das eine furchtbare militärische Strategie war.

»Zeigen wir uns ihnen«? Meinte er nicht: »Schleichen wir uns an, verstecken wir uns im Schatten, sorgen für Funkstille und greifen durch einen Überraschungsangriff an«? Jonatans Vorgehensweise ergibt überhaupt keinen Sinn. Wenn die anderen mehr Leute, mehr Material, mehr Waffen haben, dann zeigt man sich ihnen nicht einfach. Die einzige Hoffnung ist es, mehr oder weniger unsichtbar zu bleiben.

Aber irgendwie wusste Jonatan, dass es in diesem speziellen Fall nicht um menschliche Genialität ging. Es ging darum, eine heilige Gelegenheit zu ergreifen. Es war kein Augenblick, in dem er allein siegen konnte, auch wenn es ohne seine Initiative überhaupt nicht zu diesem Augenblick gekommen wäre. Er ließ sich auf einen Augenblick ein, in dem Gott persönlich eingreifen musste, damit der gewünschte Ausgang erzielt wurde. Er trat gegenüber Gott nicht anmaßend auf. Er wusste genau, wer Gott war, und war sich auch der möglichen Konsequenzen seines Tuns bewusst. Er schuf in einem sehr realen Sinn eine Gelegenheit, in der Gott den Sieg bringen konnte, den er bereits versprochen hatte.

Den Deckmantel ablegen, der uns unsichtbar macht

Die Geschichte geht so weiter: »Als sie sich nun beide der Wache der Philister zeigten ...« Gottes entscheidende Augenblicke haben etwas an sich, das von uns verlangt, auf die andere Seite zu gehen, uns an den Punkt zu wagen, an dem es kein Zurück gibt. Gottes entscheidende Augenblicke verlangen von uns, uns vom Unsichtbaren zum Sichtbaren zu bewegen, damit das Unsichtbare sichtbar werden kann.

Viele von uns leben so, dass niemand sie sieht. Wir machen uns unsichtbar. Wir nennen es anders, aber das Ergebnis ist das gleiche. Wir entscheiden uns, anonym zu bleiben. Wir entscheiden uns, unbeteiligt zu bleiben. Hinter unserer Liebe zur persönlichen Privatsphäre stecken Gleichgültigkeit und Isolation. Wir können leben und nie bemerkt werden. Das Gegenteil kann uns riesige Probleme bringen. Wir wollen vielleicht unsichtbar bleiben, weil wir in nichts hineingezogen werden wollen.

Hinter dem Wunsch, sich sichtbar zu machen, kann die Sehnsucht stecken, zum Mittelpunkt der Aufmerksamkeit zu werden. Aber ich rede hier nicht davon, dass man das Rampenlicht sucht.

Hier geht es nicht darum, das Leben zu einer Bühne zu machen und die Hauptrolle spielen zu wollen. Es geht darum, vorzutreten und sicherzustellen, dass unser Leben eine Rolle spielt. Es geht darum, sich freiwillig zu melden, wenn Gott fragt: »Wer geht in meinem Namen?«

Ich rede hier von unserer stillschweigenden Weigerung, Verantwortung zu übernehmen, von unserer falschen Entscheidung, in den Hintergrund zu treten, wenn an vorderster Front jemand gebraucht wird.

Ich war schon immer neugierig, was Gott inspiriert hat, als er Vögel und Tiere schuf. Ist Ihnen schon einmal aufgefallen, dass bei ein und derselben Vogelart oft der eine braun ist und der andere leuchtend bunt? Das männliche Tier ist bunt, während das Weibchen eine Tarnfarbe hat und im Hintergrund untertaucht. Bevor ich weiterspreche, möchte ich schnell klarstellen, dass dies bei den Menschen nicht so ist. Wir Männer sind eindeutig der unauffälligere Teil. Es steht außer Frage, dass bei den Menschen die Frau der farbenfrohere und attraktivere Teil ist.

Wo das geklärt ist, können wir über den Grund für dieses Phänomen bei den Vögeln nachdenken. Die Farben, die oft bei den männlichen Tieren anzutreffen sind, dienen mindestens zwei Zielen: Sie locken die Weibchen an, und sie schüchtern alle Raubvögel oder Rivalen ein. Das Weibchen hat die unauffällige braune Farbe, um in ihrer Umgebung nicht aufzufallen. Das ist nötig, um keine Feinde anzulocken und dadurch ihr Nest und ihre Jungen in Gefahr zu bringen.

Es ist so viel leichter, sich zu entscheiden, unsichtbar zu sein. Es gibt viele andere Worte für unsichtbar: durchschnittlich, mittelmäßig, normal, anpassungsfähig, vorhersehbar, sicher. Diese Liste ließe sich endlos fortsetzen.

Als Menschen haben wir die Wahl, welche Federn wir tragen wollen. Wir können uns unauffällig kleiden, um allen möglichen Gefahren aus dem Weg zu gehen, und uns im Hintergrund des Lebens verstecken, oder wir können uns entscheiden, Farbe zu zeigen, für diejenigen um uns herum attraktiver zu werden und die Menschen, die uns im Weg stehen, einzuschüchtern. Es ist so viel leichter, sich zu entscheiden, unsichtbar zu sein. Es gibt viele andere Worte für unsichtbar: *durchschnittlich, mittelmäßig, normal, anpassungsfähig, vorhersehbar, sicher.* Diese Liste ließe sich endlos fortsetzen.

Manchmal entscheiden wir uns bewusst, unsichtbar zu sein. Andere Male scheinen wir in der Unsichtbarkeit gefangen zu sein. Wir wollen sichtbar sein, aber wir wissen nicht, wie wir das anstellen sollen. Es geht nicht darum, dass wir unbedingt ins Rampenlicht oder auf die Bühne wollen; wir wollen einfach, dass unser Leben einen Sinn hat. Unsichtbarkeit kann ein sicherer Zustand sein, solange wir nicht gesehen werden wollen. Letztendlich sehnen wir uns aber alle danach, gebraucht, geliebt und geschätzt zu werden. Dazu muss man sichtbar sein.

Die wichtigsten Entscheidungen in unserem Leben machen es nötig, dass wir die Unsichtbarkeit aufgeben und es riskieren, sichtbar zu werden. Immer wenn Sie beschließen, einen entscheidenden Augenblick Gottes zu nutzen, treten Sie aus der Unsichtbarkeit heraus und werden sichtbar

Die wichtigsten Entscheidungen in unserem Leben machen es nötig, dass wir die Unsichtbarkeit aufgeben und es riskieren, sichtbar zu werden. Immer wenn Sie beschließen, einen entscheidenden Augenblick Gottes zu nutzen, treten Sie aus der Unsichtbarkeit heraus und werden sichtbar. Genauso wie Jonatan entscheiden Sie sich, den Pass zu durchqueren, auf die andere Seite zu gehen und sich von den anderen sehen zu lassen. Die Geschichte geht noch weiter: »Als sie sich nun beide der Wache der Philister zeigten ...« Sie erreichten den Punkt, an dem es kein Zurück gab.

Hier beginnt der Spießrutenlauf, der uns in unseren entscheidendsten Augenblicken erwartet. Nicht jeder Augenblick ist gleich. Es steckt auch nicht in jedem Augenblick das gleiche Potenzial. Einige Augenblicke aber tragen in sich die Kapazität, ein Leben zu formen, und sind eine große Herausforderung. Je größer die Gelegenheit dieses Moments ist, desto größer ist das Risiko, das wir eingehen müssen. Diese Realität ist für ein Leben als Christ fundamental. Es gibt keinen größeren Augenblick mit ewiger Reichweite als den Augenblick, in dem wir uns von unserer Sünde ab- und zu Jesus hinwenden. In diesem Augenblick, in dem wir eingeladen werden, die grenzenlose Barmherzigkeit Gottes zu empfangen, sind wir aufgefordert, alles, was wir haben, aufzugeben. Um das Leben zu bekommen, das Jesus Christus uns anbietet, müssen wir in diesem Augenblick bereit sein zu sterben. Wenn wir nicht bereit sind, uns selbst zu sterben, können wir das Leben, das nur Gott geben kann, nicht empfangen. Der Augenblick, in dem wir das meiste gewinnen können, ist auch der Augenblick, in dem wir das meiste aufgeben müssen.

Diese Wahrheit gilt für das ganze Leben: Die größten Gelegenheiten erfordern das höchste Risiko. Wenn wir das Leben voll ausschöpfen wollen, müssen wir bereit sein, Gott zu vertrauen und alles zu riskieren. Wenn es für den Himmel Stellenausschreibungen gäbe, würde die ganzseitige Anzeige lauten: »Gesucht: Risikofreudige für Gott.«

Kein Weg zurück

Ich war das erste Mal im Nahen Osten. Wir waren zu fünft in Ägypten, Syrien, im Libanon und in der Türkei unterwegs. Wir wurden in zwei Vans aufgeteilt und fuhren in Richtung Sidon, einem der wichtigsten Stützpunkte der moslemischen Revolutionsgruppe Hamas. Als wir kurz anhielten, um etwas zu essen zu besorgen, lief einer der Männer aus dem anderen Wagen zu mir und erzählte mir, dass ich in ein paar Stunden vor einer Gruppe Moslems sprechen sollte. Ich war sicher, dass er nur einen Witz machte. Libanesischer Humor. Doch ich erfuhr schnell, dass es sein voller Ernst war. Er beruhigte mich, dass es nur eine kleine Veranstaltung mit vielleicht einem Dutzend Christen und einer Hand voll Moslems wäre und dass mein Thema die Geschichte der westlichen Christenheit sei.

Als die Veranstaltung an diesem Abend begann, war der kleine Raum gerammelt voll. Fast achtzig Moslems bildeten eine deutliche Mehrheit gegenüber der Hand voll Christen, die diese Veranstaltung organisiert hatten. Bevor ich sprach, wurde ich darauf hingewiesen, dass diese Leute zum ersten Mal das Evangelium hörten und dass jede Äußerung, dass Jesus Gott sei, als Gotteslästerung verstanden würde. Los Angeles hatte mir viele Gelegenheiten geschenkt, Kontakt zu Menschen mit islamischem Hintergrund und Glauben aufzubauen, aber das hier war etwas ganz anderes. In Los Angeles gehörte ich zur Mehrheit und befand mich in einem Land, in dem ich die unbegrenzte Freiheit hatte, über meinen Glauben zu sprechen. Aber hier gehörte ich eindeutig zur Minderheit. Hier das Evangelium zu verkünden, hatte viel weitreichendere, dramatischere Konsequenzen.

Ich muss gestehen, dass ich am Anfang nur Dinge erzählte, denen sie zustimmen konnten. Ich begann, ihnen die westliche Christenheit zu beschreiben, die ich schon immer abgelehnt hatte. Mir war klar, dass für viele Moslems ein Volk das Spiegelbild seiner Religion ist. Mir war bewusst, dass sie keinen Unterschied zwischen Amerika und dem Christentum sahen. In ihren Augen produzierte das Christentum MTV, *Playboy*, den Kapitalismus, Hollywood. Es war in ihren Augen vollkommen logisch, als ich die westliche Christenheit als materialistisch und unmoralisch beschrieb. So weit, so gut. Alles, was ich bis zu diesem Punkt beschrieben hatte, bestätigte ihre Vorstellung vom Christentum.

Dann begann ich zu erklären, dass in unserem Land eine Revolution in Gang sei. Es sei eine Bewegung von Menschen, die Jesus Christus ernsthaft nachfolgen. Sie seien Mitglieder der Kirche, wie wir sie nannten. Diese Bewegung habe nichts mit dem Christentum als Weltreligion zu tun. Es sei eine Bewegung des Glaubens, der Liebe und der Hoffnung. Ich erklärte, was der zentrale Punkt dieser

Bewegung sei, den wir das Evangelium nennen. Als die Gelegenheit gegeben wurde, Fragen zu stellen, forderte unser Gastgeber mich absichtlich heraus. Er fragte: »Was ist dieses wahre Evangelium, von dem Sie dauernd sprechen?« Daraufhin gab ich die Botschaft weiter, dass Jesus Christus in die Welt gekommen ist, um jedem Menschen das ewige Leben zu schenken.

Schon tausendmal in meinem Leben habe ich, ohne lange nachzudenken, verkündet, dass Jesus Christus der Herr ist. Ich habe verkündet, dass Gott Mensch wurde, Fleisch und Blut annahm, unseretwegen gekreuzigt wurde und von den Toten auferstand. Ich muss gestehen, dass es dieses Mal anders war. Dieselben Worte hatten vor diesem Publikum ein viel größeres Gewicht als je zuvor. Ich dachte genau nach, bevor ich mein Bekenntnis ablegte. Jeder im Raum, der aufstand, um mir eine Frage zu stellen, machte mich ein wenig nervöser.

Mit einer gewissen Belustigung denke ich daran zurück, dass ein Mann, der seinen Platz verließ und nach vorne kam, um persönlich mit mir zu sprechen, ein Gewehr hinten an seinem Bein hängen hatte. Meine Freunde sahen dieses Szenario aus einer anderen Perspektive als ich. Während ich ihm in die Augen schaute, schauten sie auf seine Waffe. Ich kann gar nicht sagen, wie erleichtert ich war, dass dieses Publikum, von dem ich erwartet hatte, dass es wütend reagieren würde, einen Segenschor über meine Familie und mich anstimmte. Ein Mann sagte: »So wie Sie waren, bin ich auch.« Damit gab er zu, dass er zwar Moslem war, aber Gott nicht kannte und ihn suchte. Ein anderer Mann stand auf und sagte: »Wenn es im Libanon Christen wie Sie gäbe, wäre es eine viel bessere Nation.« Er sprach weiter: »Mögen Sie und Ihre Frau in den Libanon kommen und viele Kinder bekommen.« Meine Frau verstand diesen Wunsch nicht als Segen von Gott.

Während der nächsten Stunde kam ein Moslem nach dem anderen auf mich und unsere Gruppe zu und sagte: »Ich würde gern Christ werden.« Mein Freund aus dem Libanon, der diese Veranstaltung organisiert hatte, staunte über das Unbegreifliche und

Wunderbare, das hier geschah. Vertreter der palästinensischen Gemeinde gaben mir Geschenke und schrieben mir einen Brief, in dem sie mir dankten, dass ich ihnen von Jesus Christus erzählt hatte. Ich war von der Herzlichkeit, der Großzügigkeit und der Offenheit dieser islamischen Gemeinde überwältigt.

Allerdings habe ich ein kleines Detail in dieser Geschichte weggelassen. Nach meinem Vortrag setzte ich mich, ohne sie einzuladen, Jesus Christus als ihren Herrn anzunehmen. Ich dachte, damit würde ich es doch ein wenig übertreiben. Um ehrlich zu sein, ich fürchtete, ich könnte mein Glück überstrapazieren. »Immerhin«, dachte ich, »habe ich ihnen das Evangelium verkündet, und das ist keine Kleinigkeit.« Also setzte ich mich, und der Gastgeber wollte die Veranstaltung beenden. In diesem Augenblick ließ mir das Wissen keine Ruhe, dass ich kurz vor dem Punkt, sie einzuladen, ihr Leben Jesus Christus zu übergeben und ihm nachzufolgen, abgebrochen hatte. Mir schlug das Herz bis zum Hals. Während ich dort saß, wusste ich, dass ich einen entscheidenden Augenblick Gottes verpasst hatte. Gottes Fenster zu einer Gelegenheit hatte sich direkt vor meinen Augen geöffnet, und ich hatte mich geweigert, diese Gelegenheit zu ergreifen.

Dazu ist es nötig, dass wir aus der Isolation unserer Unsichtbarkeit heraustreten und uns auf die Gefahren der Sichtbarkeit einlassen. Wenn wir Gottes entscheidende Augenblicke nutzen, entscheiden wir uns dafür, nicht länger unsichtbar zu sein, das Risiko einzugehen, uns von anderen sehen zu lassen, und so wird, wenn wir sichtbar werden, die unsichtbare Gegenwart Gottes sichtbar.

Unser Gastgeber beendete den Abend und dankte allen für ihr Kommen. Ich fand einfach keine Ruhe. Ich sprang von meinem Platz hoch, ging noch einmal nach vorne, entschuldigte mich und bat den Gastgeber, ob ich noch ein letztes Wort sagen dürfe. Ich wusste, dass ich auf die andere Seite hinübergehen musste, dass ich durch den Pass gehen und mich ihnen zeigen musste, wenn ich diesen Augenblick, den

Gott mir geschenkt hatte, vollständig nutzen wollte. Und so schlug ich alle Vorsicht in den Wind und lud alle Anwesenden ein, ihren göttlichen Moment der Entscheidung zu nutzen und ihr Leben in die Hand Jesu zu übergeben. Diese Einladung bildete den krönenden Höhepunkt dieses Abends. Ich ließ sie wissen, dass Gott sie außerdem einlud, die Fülle seines Lebens zu erfahren.

Frauen und Männer, die Gottes entscheidende Augenblicke in ihrem Leben nutzen, lassen sich auf Gefahren ein. Gottes entscheidende Augenblicke verlangen oft von uns, unser eigenes Wohl zum Wohl anderer hintan zu stellen, unseren sicheren Platz um anderer Menschen willen zu verlassen. Wir können nur die Menschen in unserer Reichweite berühren und können nur die Welt verändern, in der wir leben. Doch das können wir. Dazu ist es nötig, dass wir aus der Isolation unserer Unsichtbarkeit heraustreten und uns auf die Gefahren der Sichtbarkeit einlassen. Wenn wir Gottes entscheidende Augenblicke nutzen, entscheiden wir uns dafür, nicht länger unsichtbar zu sein, das Risiko einzugehen, uns von anderen sehen zu lassen, und so wird, wenn wir sichtbar werden, die unsichtbare Gegenwart Gottes sichtbar.

Unser Tun löst Gottes Wirken aus. Es ist, als warte Gott auf jemanden, der ihm genug vertraut, um auf sein Wort hin zu handeln. Gott will so vieles tun, das nur sichtbar werden kann, wenn wir anfangen, es zu tun. Manchmal ist uns einfach nicht bewusst, wie viel Freiraum Gott uns gibt. Paulus schrieb den Philippern: »Was wahrhaftig ist, was ehrbar, was gerecht, was rein, was liebenswert, was einen guten Ruf hat, sei es eine Tugend, sei es ein Lob – darauf seid bedacht!« (Philipper 4,8) Alles innerhalb dieser Vorgaben ist erlaubt. Wirklich alles! Alles, was Sie wollen und das in diesen Rahmen passt, ist etwas, über das Sie nachdenken, das Sie genießen, das Sie tun dürfen und sollen. Das alles bewegt sich innerhalb der Parameter des Willens Gottes für Ihr Leben. Paulus schreibt im nächsten Vers weiter: »Was ihr gelernt und empfangen und gehört und gesehen habt an mir, das tut; so wird der Gott des Friedens mit euch sein.« Noch einmal: Uns wird geraten, zu tun, was wir wollen, so lange unser Tun das Herz und den Charakter Gottes widerspiegelt. Einige Verse später schreibt Paulus: »Mir ist alles und jedes vertraut: beides, satt sein und hungern, beides, Überfluss haben und Mangel leiden; ich vermag alles durch den, der mich mächtig macht.« (Philipper 4,12-13)

Hören Sie, was Paulus uns hier sagt? Denken Sie alle Gedanken Gottes, die Sie wollen; tun Sie alle Taten Gottes, die Sie wünschen. Seien Sie kühn, egal, was es kostet.

Hören Sie, was Paulus uns hier sagt? Denken Sie alle Gedanken Gottes, die Sie wollen; tun Sie alle Taten Gottes, die Sie wünschen. Seien Sie kühn, egal, was es kostet. Äußere Umstände können Ihnen die Lebensfreude nicht rauben. Wenn Sie Ihr Leben für Gottes riskantes Unternehmen einsetzen, werden Sie feststellen, dass Sie alle diese Dinge durch die Macht dessen tun können, der Ihnen Kraft gibt.

Todsicher

Komödianten lieben Oxymorons. Sie haben bestimmt auch schon viele gehört. Wortkombinationen wie »Arbeitsurlaub«, »virtuelle Realität«, »Instantklassiker«, »passive Aggressivität« und »schön hässlich«. Ein paar, die mir besonders gut gefallen, sind »bewusst gedankenlos«, »freundliche Übernahme« und natürlich »kluger Narr«. Ein Oxymoron, das selten als solches erkannt wird, ist »todsicher«. Wenn etwas als todsicher beschrieben wird, bedeutet das manchmal, dass es garantiert funktioniert. Andere Male bedeutet es: Wenn etwas nicht richtig angewandt wird, dann wird es garantiert nicht funktionieren. Wenn etwas also todsicher ist, verspricht es entweder, uns nicht zu enttäuschen, oder es verspricht, uns zu schützen. Viele heute denken, Gottes Wirken sei todsicher. Wir haben gelernt: Wenn Gott hinter einer Sache steht, dann kann sie nicht scheitern. Gleichzeitig wird uns versichert, wenn Gott bei uns sei, dann sei unsere Sicherheit garantiert. Mit diesem Denken schaffen wir das widersprüchlichste Wortpaar, das es geben kann: »sicherer Glaube«. Ein solches Denken macht uns blind für Gottes entscheidende Augenblicke. Wir erkennen solche entscheidenden Augenblicke nicht, wenn wir nur die Gefahr und das Risiko sehen. Wir verlieren inmitten dieser entscheidenden Augenblicke unser Vertrauen, wenn der Weg turbulent wird und Gott zulässt, dass wir scheitern. Wir sind nicht fähig, Gottes entscheidende Augenblicke zu feiern, selbst wenn wir sie genutzt haben, weil wir zurückschauen und den Erfolg nach menschlichen Maßstäben bewerten.

Einer der Vorteile der Bibel ist, dass sie zu einem großen Teil ein Geschichtsbuch ist. Wir können zurückschauen und sehen, was Gott getan hat. Gottes Geschichte in der Menschheitsgeschichte gibt uns eine Grundlage für unseren gegenwärtigen und künftigen Glauben. Gleichzeitig ist es ein Nachteil, dass die Bibel hauptsächlich ein Geschichtsbuch ist. Es ist, als würde man ein Buch von hinten nach vorne lesen. Wir kennen den Ausgang jeder Geschichte, schon während wir den Anfang lesen. Wir kennen das Ende der Menschheitsgeschichte, obwohl wir mittendrin stecken.

Immer wenn Gott dabei ist, ist das letzte Kapitel vorhersehbar. Gott gewinnt.

Immer wenn Gott dabei ist, ist das letzte Kapitel vorhersehbar. Gott gewinnt. Jeder, der auf seiner Seite steht, kann an dieser Siegesfeier teilnehmen. Das ist eine gute Nachricht, aber sie kann furchtbar irreführend sein. Wir denken, da die Geschichte mit einem garantierten Sieg endet, wäre jedes Kapitel nur von Siegen begleitet. Wir erwarten, dass unser Weg wie ein Flug in einer Rakete aussieht: Er beginnt an der Abschussrampe und rast von dort in den höchsten Himmel hinauf. Eine bessere Beschreibung wäre eine Achterbahnfahrt, bei der es auf und ab geht und bei der einem übel werden kann. Wir tun gut daran, uns zu erinnern, dass auch in Schlachten, die am Ende gewonnen werden, auch auf der Siegerseite viele Soldaten im Kampf sterben. Während die Nation Eroberung, Sieg und Freiheit feiert, kann es gut sein, dass der Einzelne Konflikte, Leiden und Niederlagen ertragen muss. Nur dadurch, dass sein Leben in einem größeren Rahmen steht, bekommt sein Tod Sinn und wird zum Sieg.

Gottes entscheidende Augenblicke haben eine ewige Bedeutung und können uns in diesen Momenten großen Schmerz zufügen. Der Weg, der durch solche entscheidenden Augenblicke führt, ist kein Fluchtweg, der uns vor persönlichem Leid bewahrt. Er verstärkt vielmehr unsere Entschlossenheit, im Jetzt für das Gute zu leiden. Es ist die Erkenntnis, dass künftige Momente aus unseren jetzigen Entscheidungen geboren werden. Was wir in diesem Augenblick, tun hat einen direkten Bezug zu den Augenblicken, die unsere Zukunft bestimmen. Über Jesus sagt die Bibel: »... der, obwohl er hätte Freude haben können, das Kreuz erduldete« (Hebräer 12,2). Wer diese Beschreibung Jesu falsch liest, denkt vielleicht, er sei ein Masochist gewesen. Selbst Christen haben diese Beschreibung Jesu immer wieder falsch verstanden. Die Bibel lobt Leiden nicht als eine Tugend. Es war nicht das Kreuz, das Jesus Freude brachte. Jesus hat nicht gesagt, das Leid sei gut oder das Leben sei Leid. Die Freude, die er vor Augen sah, die Freude, von der er wusste, dass sie kommen würde, die Freude, die er durch das Kreuz sehen konnte, gab ihm die Kraft, diesen göttlichen, alles entscheidenden Augenblick zu nutzen. Jesus nahm das Leiden des Kreuzes durch die Kraft an, die die Freude ihm brachte.

Der Weg, der durch solche entscheidenden Augenblicke führt, ist kein Fluchtweg, der uns vor persönlichem Leid bewahrt. Er verstärkt vielmehr unsere Entschlossenheit, im Jetzt für das Gute zu leiden.

Wir lesen bei Nehemia, dass die Freude am Herrn unsere Kraft ist (Nehemia 8,10). Das ist das Wunder eines göttlichen Abenteuers. Die Kraft Gottes kommt in Form von Freude, und die Kraft dieser Freude gibt uns den Mut, das Kreuz, das wir vielleicht tragen müssen, auf uns zu nehmen. Die entscheidenden Momente, in die Gott uns stellt sind nicht todsicher. Sie sind nicht risikofrei. Ich finde es immer seltsam, wenn jemand sagt, er habe nie versagt. So unmöglich es klingt, gibt es tatsächlich Leute, die das sagen können. Ich bin bestimmt keiner von ihnen. Für mich gilt eher das Gegenteil. Wenn Sie zufällig in diese Kategorie von Menschen mit einer perfekten Geschichte gehören, sollten Sie vielleicht ein paar Dinge bedenken: Sie können nicht versagen, wenn Sie nichts riskieren. Wenn Sie nie versagt haben, kann es leicht möglich sein, dass Sie nie etwas riskiert haben.

Sie können nicht versagen, wenn Sie nichts riskieren. Wenn Sie nie versagt haben, kann es leicht möglich sein, dass Sie nie etwas riskiert haben.

Zweitens, wenn Sie nie versagt haben, haben Sie nie wirklich gelebt. Wenn Sie Gott nachfolgen, führt er Sie über Ihre eigenen Kapazitäten hinaus, fordert er Sie auf, über Ihre Fähigkeiten hinauszugehen. Ein Teil des göttlichen Abenteuers ist es, die wunderbare Hand Gottes zu erfahren, wenn er in unser Leben eingreift. Unsere Verlegenheiten sind Gottes Gelegenheiten für Wunder. Wir alle wollen Wunder erleben, aber wir vermeiden es nach Möglichkeit, auf sie angewiesen zu sein. Doch nur Kranke brauchen Heilung, nur Menschen, die blind sind, wollen sehen können, nur Menschen, die taub sind, wollen hören können, nur Menschen mit Aussatz müssen geheilt werden. Niemand sonst kann diese Wunder aus erster Hand erfahren. Wäre es nicht großartig, Lazarus zu sein, der erlebte, wie ihn die Macht Gottes von den Toten auferweckte? Natürlich ist da auch die Kehrseite der Medaille. Wir müssen erst sterben, damit das passieren kann.

Ein anderer Aspekt des Versagens ist es, dass Gott in Situationen, in denen wir scheitern, unseren Charakter formen kann. Früher dachte ich, Gott wisse nicht, wie niedergeschlagen wir sind, wenn wir versagen und scheitern. Aber je länger wir mit Gott leben, um so klarer erkennen wir, dass Gott unser Leben gebraucht, um unseren Charakter zu formen und um uns in die Schule zu nehmen. Wenn Gott zulässt, dass wir versagen, ist das keine Strafe, sondern ein Teil des Prozesses, in dem Gott uns formt. Es ist kein Klischee, wenn ich sage: Der Weg zur Größe ist mit Misserfolgen gepflastert. Die Männer und Frauen, die jeden entscheidenden Augenblick Gottes in ihrem Leben nutzen, müssen bereit sein, Misserfolge als Teil des Lebens anzunehmen. Nicht als Teil ihrer Existenz. Man kann existieren, ohne zu versagen, aber man kann nicht wirklich leben, ohne mit Misserfolgen fertig werden zu müssen.

Die Männer und Frauen, die sich durch den Jonatan-Faktor auszeichnen, haben oft sogar eine viel höhere Misserfolgsrate als die meisten anderen, da sie eine viel höhere Risikorate haben. Ohne Risiko kann man nicht versagen, aber ohne Versagen kann man keinen Erfolg haben.

Zwischen »Es war einmal« und »Sie lebten glücklich bis an ihr Lebensende«

Entscheidende Augenblicke bewegen sich zwischen dem unschuldigen Anfang und dem wunderbaren Ende. Sie bewegen sich zwischen Unschuld und Unbesiegbarkeit. Inmitten entscheidender Augenblicke sind wir am mächtigsten und gleichzeitig am verwundbarsten. Dieses chaotische »Dazwischen« ist der Kontext unseres Lebens. Sie tun sich selbst keinen guten Dienst, wenn jede Geschichte in Ihrem Leben ein glückliches Ende hat. Es ist viel wichtiger, dass es einen sinnvollen Mittelteil gibt. Oft sind wir gelähmt von unserer Angst, das Falsche zu tun. Es ist wichtig, immer mit viel Weisheit weiterzugehen.

Sie tun sich selbst keinen guten Dienst, wenn jede Geschichte in Ihrem Leben ein glückliches Ende hat. Es ist viel wichtiger, dass es einen sinnvollen Mittelteil gibt.

Selbst Paulus beschreibt sein Leben als ein Leben, bei dem er wie durch einen Spiegel nur unklar sehen kann. Er gesteht, dass sein Wissen in diesem Leben nur Stückwerk ist. Zu oft sprechen wir von Gottes Willen in unklaren Worten. Unsere Sprache verrät uns.

Es ist, als sehnten wir uns danach, Gottes Willen zu kennen, aber Gott weigere sich, ihn zu offenbaren. Als hülle er seinen Willen für unser Leben in Geheimnisse und mache uns dann trotzdem dafür verantwortlich. Das Vertrauen, das Jonatan zeigte, baut auf der Gewissheit auf, dass Gott durch Motivation viel mehr bewegt als durch Information. Die Informationen, die uns in der Bibel gegeben werden, dienen dazu, uns zu formen. Gott hatte nie die Absicht, uns ein Buch in die Hand zu geben, in dem alle Details enthalten sind. Er gab uns ein Buch, das alles enthält, was wir brauchen, um unser Leben zu formen. Er versuchte nicht, die himmlische Datenbank herunterzuladen, sondern er machte sie für uns benutzerkompatibel. Wenn unsere Herzen Gott gehören, bewegen wir uns ganz natürlich in seinem Willen. Der Antrieb für ein Leben im Glauben ist eher Inspiration als Information. Es ist nicht Eifer ohne Wissen, aber es ist auch ganz gewiss nicht Wissen ohne Eifer.

Eine Risikobereitschaft, die von Gott respektiert wird, ist angetrieben von einer Leidenschaft für seine Ziele und der Bereitschaft, unser Leben seiner Mission unterzuordnen. Das Gebet lautet nicht mehr: »Gott, was ist dein Wille für mein Leben?«, sondern: »Gott, was ist dein Wille, und wie kann ich mein Leben einsetzen, um ihn zu erfüllen?« Inmitten dieses Prozesses gibt es viel Unvollkommenheit. Es ist vielleicht schwer zu verstehen, aber wir können das Falsche aus den richtigen Gründen tun. Wir können auch das Richtige aus den richtigen Gründen tun, und es läuft falsch (wenigstens von unserem Standpunkt aus gesehen). Damit will ich einfach sagen, dass Jonatan ein echtes Risiko einging, das ihn wirklich das Leben hätte kosten können. Genauso wird unser Leben, wenn wir es Gott ganz hingeben, mit ähnlichen Möglichkeiten konfrontiert.

1992 zogen wir nach Los Angeles. Ein Grund war unter anderem, dass ich ein Projekt namens LAZER leiten sollte. Es war ein Projekt, bei dem im Laufe eines Sommers hundert Gemeinden entstehen sollten. Kim und ich verkauften unser Haus in Dallas und zogen nach Los Angeles. Für das Projekt gab es kein Geld, kein Gehalt, keine Leute. Im Laufe des nächsten Jahres verbrauchten wir jeden Cent unserer Ersparnisse und unsere Rücklagen für die Rente, um diesem Projekt zum Erfolg zu verhelfen.

Schon zehn Jahre vorher hatte ich das Gefühl gehabt, Gott führe mich nach Los Angeles. Kim und ich hatten mit der Erwartung geheiratet, dass wir eines Tages nach Los Angeles umziehen würden. Es war klar, dass Los Angeles eine Schlüsselrolle spielen konnte, und das Potenzial, das darin lag, von dieser Megastadt aus das Evangelium in der ganzen Welt auszubreiten, war groß.

Alles schien zusammenzupassen und Gottes Willen zu entsprechen. Es war ein wichtiges Projekt. Es stand im Einklang mit Gottes Charakter. Es war strategisch sinnvoll. Und es scheiterte. Mit Scheitern meine ich nicht, dass wir unsere gesteckten Ziele knapp verfehlten. Es war nicht so, dass nur 96 statt 100 Gemeinden entstanden wären, oder nur 70 oder 80. Unsere Enttäuschung rührte nicht daher, dass wir nur 20 oder 30 neue Gemeinden gesehen hätten. Es wäre viel leichter, wenn ich sagen könnte, dass wir nur eine Hand voll Gemeinden gründen konnten. Die Wahrheit ist jedoch: Am Ende dieser Zeit war eine einzige kleine Gemeinde in Huntington Park entstanden, und das auch nur, weil ich dort war und mich persönlich darum bemühte. Das Projekt war aus menschlicher Sicht ein völliger Fehlschlag. Dieser Fehlschlag war noch schmerzlicher, da das Projekt von landesweiter Aufmerksamkeit begleitet war. Es war, als wüsste man überall von LAZER. Am Ende blieb ich als Einziger übrig und musste mir selbst kündigen und das Projekt einstellen.

Wenn ich Aschenputtel wäre, könnte ich am Ende der Geschichte erzählen, dass der Märchenprinz kam und all meine Träume wahr werden ließ. Wenn ich Schneewittchen wäre, könnte ich diese Geschichte damit schließen, dass ich am Ende aus meinem furchtbaren Alptraum aufwachte. Aber das, was zwischen dem »Es war einmal« und dem »Sie lebten glücklich bis an ihr Lebensende« liegt, nennt man Jetzt. Im Jetzt gibt es alle möglichen Fehlschläge, mit denen wir leben müssen. Fehlschläge können uns verändern, uns formen, uns lehren und uns motivieren. Fehlschläge können unser Freund sein. Fehlschläge sind eng mit Risiken verbunden, und diese sind wiederum eng mit Erfolg verbunden.

Countdown

Als ich zu *Mosaic* kam, waren wir eine Stadtteilgemeinde in Ost Los Angeles. Mit jedem Jahr vergrößerte sich unser Einzugsgebiet immer mehr und breitete sich über die ganze Stadt aus. Nach ungefähr sieben Jahren wurde uns klar, dass unsere Gemeinde einen Vorstoß in den Norden der Stadt wagen sollte. Wir hatten zwei Gottesdienste in Ost Los Angeles und einen Gottesdienst in der Innenstadt, aber es gab eine Offenheit und Bereitschaft, die auch Gottesdienstbesucher aus dem Norden der Stadt zu *Mosaic* zog. Doch trotz vielen Suchens konnten wir keine Räumlichkeiten für unsere Gottesdienste finden. Schließlich beschlossen wir, es einfach zu tun. Wir begannen mit dem Countdown.

Eines Sonntagmorgens verkündeten wir, dass wir in sieben Wochen einen neuen Gottesdienst im Norden anfangen würden. Als die Gemeinde fragte, wo, antworteten wir, dass wir nicht die geringste Ahnung hätten. Wir wussten nur wann, und wir wussten warum. Wir wussten nicht wo oder wie. Als Nächstes kam das Wer. Wir suchten Leute, die sich für diesen Dienst zur Verfügung stellen würden. Wir waren auf der Suche nach fünfzig Leuten, die das Mitarbeiterteam für diesen neuen Sonntagsgottesdienst bilden sollten. Dann waren es noch sechs Wochen und wir hatten keinen Raum, aber wir fanden unsere fünfzig Leute. Dann waren es fünf Wochen und wir hatten immer noch keinen Raum. Aber wir bildeten unsere neuen Teams für diesen Gottesdienst aus. Dann waren es vier Wochen und wir hatten noch keinen Raum, aber die Musikgruppe begann die Proben, und die Begrüßungsteams begannen sich zu bilden. Dann waren es drei Wochen und wir hatten immer noch keinen Raum, aber die Gemeinde war hoch motiviert und betete mit uns. Dann waren es noch zwei Wochen.

Ich muss gestehen, dass ich zu diesem Zeitpunkt ein wenig nervös wurde. Selbst das Leitungsteam war unübersehbar unruhig. Wenn wir nun in zwei Wochen keinen Raum finden? Was wollen wir dann tun? Ich erinnerte mich an eine der Gemeinden, die wir vor Jahren gegründet hatten. Wir hatten uns in der Innenstadt im Freien getroffen. Wir stellten uns die Frage: »Was würden wir tun, wenn wir keinen Raum haben? Würden wir aufhören, als Gemeinde zu existieren? Sind Räume nötig für unsere Existenz? Vertrauen wir immer noch darauf, dass Gott in dieser Sache ist? War das die Antwort auf das Drängen von Gottes Geist? Stand es im Einklang mit Gottes Mission? Würde auch unser Scheitern Gott Ehre bringen?« In jedem Punkt lautete die Antwort: Ja. Also standen wir auf und verkündeten: »In zwei Wochen beginnen wir unseren Gottesdienst, auch wenn wir kein Dach über dem Kopf haben.«

Am Ende des Vormittagsgottesdienstes bot uns ein Gast, der zum ersten Mal hier war, seine Hilfe an. Er erklärte, dass er im Norden von Los Angeles wohne und uns gern behilflich wäre. Ich hatte keine Ahnung, wer dieser Mann war, aber ich sagte ihm, wenn er uns helfen wolle, könne er einen Raum suchen, in dem wir unseren Gottesdienst feiern könnten. Ohne mit der Wimper zu zucken, antwortete er: »Ihr braucht einen Raum für eure Gottesdienste? Ich kenne eine Firma, die eine Gemeinde für ihr Gebäude sucht.« Er hatte früher in einem Verlag gearbeitet, der in demselben Ziegelgebäude im zweiten Stock ansässig war. Das Gebäude war nur zwei Häuser von einem Stripteaseclub entfernt.

Vierzehn Tage vor unserem Eröffnungstermin trafen wir uns mit dem Besitzer dieses Gebäudes, das wir bald »the loft«, »den Dachboden«, nannten. Der Besitzer hatte dafür gebetet, dass sich eine Gemeinde in den leer stehenden Räumen des Gebäudes treffen würde. Wir hatten für einen preisgünstigen Raum gebetet, in dem wir in weniger als zehn Tagen Gottesdienst feiern konnten. Mit einer Woche Spielraum konnten wir unseren neuen Versammlungsort bekanntgeben. Es scheint zu Gottes Sinn für Humor zu gehören, dass man eine Hauptstraße entlangfährt und statt nach rechts abzubiegen, wo die Reichen wohnen, nach links abbiegen und auf die »falsche Seite« hinüberfahren muss. Wenn man das Schild »Nude, Nude, Nude« (Nackt, Nackt, Nackt) sieht, biegt man rechts ab, fährt zwei Gebäude weiter und findet *Mosaic, Mosaic, Mosaic*. Mit Bohnensäcken und Futons als Sitzgelegenheiten im Dachboden im dritten Stock konnten wir zu unserem ersten öffentlichen Gottesdienst eine Woche später über zweihundert Erwachsene begrüßen. Der Countdown garantierte den Start. Manchmal fragen wir uns vielleicht, warum wir nicht endlich starten. Könnte es ganz einfach daran liegen, dass wir nie mit dem Countdown beginnen?

So weit ich es verstehe, heißt Glauben Gott genug zu vertrauen, um dem zu gehorchen, was er gesagt hat, und Hoffnung heißt, darauf zu vertrauen, dass Gott alles tun wird, was er versprochen hat. Das eine schiebt uns voran; das andere zieht uns.

Es gibt eine Zeit, in der wir einfach aufstehen, aus dem Schatten hervortreten, unsere Leute zusammenrufen und dorthin gehen müssen, wo es kein Zurück gibt. So weit ich es verstehe, heißt Glauben Gott genug zu vertrauen, um dem zu gehorchen, was er gesagt hat, und Hoffnung heißt, darauf zu vertrauen, dass Gott alles tun wird, was er versprochen hat. Das eine schiebt uns voran; das andere zieht uns. Das führt uns zu dem Wunder, Gottes entscheidende Augenblicke zu erleben. Aber es steht außer Frage: Zwischen Glaube und Hoffnung liegt das Risiko.

Lange vor dem 11. September habe ich es zu meiner persönlichen Mission gemacht, gegen ein schon lange geltendes christliches Klischee vorzugehen. In meinem Buch *An Unstoppable Force* beklage ich, dass es eine akzeptierte Aussage der populären Theologie geworden ist, der sicherste Platz sei dort, wo man im Zentrum von Gottes Willen steht. Ich will damit nicht sagen, dass dieser Aussage schlechte Absichten zugrunde liegen, aber die sie vertreten, sind irregeführt und falsch informiert.

Ich habe oft über die Motivation hinter dieser Aussage nachgedacht. Vielleicht hat ein besorgter Vater oder eine Mutter versucht, ein kleines Kind zu trösten. Wenn unsere Kinder sich im Dunkeln fürchten, versuchen wir schließlich alles, um sie zu trösten und ihnen ein Gefühl von Sicherheit zu vermitteln. Vielleicht waren es auch besorgte Eltern, die ihre Teenager allein in die Welt ziehen lassen mussten. Eine Art unterschwellige Warnung: »Wenn du Gottes Willen verlässt, handelst du dir große Schwierigkeiten ein.« Was auch die Motivation hinter dieser Aussage war, sie hat mehr Schaden gebracht als Nutzen. Wenn der sicherste Ort dort wäre, wo man im Zentrum von Gottes Willen ist, dann wäre ein geeigneter Maßstab, um Gottes Willen zu erfahren, der Test: Ist es sicher?

Der Umkehrschluss aus diesem Denken hat unseren westlichen Glauben unübersehbar geprägt. Wir haben daraus die Schlussfolgerung gezogen, dass Gott Sicherheit verspreche. Auf den, der sich außerhalb von Gottes Willen bewege, lauerten Gefahren. Man kann aber nicht Risiken eingehen und gleichzeitig Sicherheit garantieren. Unsere populäre Theologie lässt fast keinen Raum für Risiken und stellt uns mit einer »Komfort-und-Sicherheits-Theologie« aufs Abstellgleis. Diese Sichtweise läuft dem zuwider, was wir in der Bibel finden. Ich will noch einmal betonen, dass das Zentrum von Gottes Willen nicht ein sicherer Ort ist, sondern der gefährlichste Ort der Welt. Gott fürchtet nichts und niemanden. Gott geht mit festen Absichten und mit Macht voran. Außerhalb von Gottes Willen zu stehen, bringt uns in Gefahr. In seinem Willen zu leben, macht uns gefährlich. (Siehe *An Unstoppable Force,* S. 32-33) Wenn wir anfangen, Gottes entscheidende Augenblicke in unserem Leben zu nutzen, fangen wir nicht an, risikofrei zu leben, sondern wir werden frei, etwas zu riskieren.

Ayden ging voran, Kembr folgte ihm. Mit jedem Schritt wurde die Dunkelheit auf dem Weg dichter. Ihre Augen waren ihnen kaum eine Hilfe, aber irgendwie konnten sie trotzdem den Weg finden. Alles hatte seine eigene Hitze und seine eigenen Schwingungen. Die Dunkelheit verhinderte nicht die Farben, die in den warmen Tönen und kalten Kontrasten glühten.
Inmitten des Schweigens konnten sie die Geräusche rund um sich herum fühlen. Geräusche, die so melodiös waren, dass sie einen Reisenden von seinem Weg abbringen konnten und er sich einfach hinsetzte und zuhörte. Aber hinter sich hörten sie Schreie voll Verzweiflung und sogar Qual. Es wurde mit jedem Schritt schwerer, weiterzugehen. Die Dunkelheit war fast erstickend.
Ayden erinnerte Kembr: »Mit einem einzigen Schlag haben sie die Kraft, dich niederzustrecken. Angst wird nach dir greifen und versuchen, dich zurückzuziehen. Sie können uns keinen Schaden zufügen, solange wir weitergehen. Sie können nur zuschlagen, wenn wir zögern oder zurückgehen.«
Kembr hatte verstanden: »Dann ist ein Rückzug unser sicherer Tod. Lass uns also weitergehen und leben!«

Eintrag 1223, The Perils of Ayden

6

Losgehen — geh los, solange du kein Nein bekommst

Ich bin in Miami aufgewachsen. Das bedeutete, dass ein Teil unseres Sportunterrichts aus Schwimmstunden bestand. Wenn man fast rundum von Wasser umgeben ist, muss man schwimmen können, um zu überleben. Jede Woche verbrachten wir eine Stunde im Schwimmbad, wo uns zwei größere Herausforderungen erwarteten. Sie bestanden aus dem Ein-Meter-Brett und dem Fünf-Meter-Brett. Fast jeder bezwang das Ein-Meter-Brett. Von dort war es nur ein kurzer Sprung ins Wasser. Das Fünf-Meter-Brett zog die Grenze zwischen den Jungen und den Männern.

Wochenlang schaute ich zu, wie Kinder von diesem Brett sprangen. Sie alle kamen sicher unten an, und ich konnte sehen, dass es ihnen viel Spaß machte, aber es sah einfach so hoch aus. Wenn ich jetzt über diese Erfahrung nachdenke, fällt mir auf, dass auch viele Mädchen von diesem Fünf-Meter-Brett sprangen. Die Grenze verlief also in Wirklichkeit nicht zwischen den Jungen und den Männern, sondern zwischen den Feiglingen und den Mutigen. Ich schwamm sicher im Pulk der Feiglinge mit.

Eines Tages konnte ich es nicht länger ertragen. Ich musste mich dem stellen, was mir Angst einjagte. Ich stellte mich in der Schlange an. Es dauerte ewig, bis ich zur Leiter kam, die mich nach oben führte. Als meine Hände den kalten, nassen Stahl berührten und ich anfing, nach oben zu klettern, konnte ich mein Herz schlagen hören. Ich sprach mir selbst Mut zu. Oben angekommen, verließ ich die Leiter und trat hinaus auf dieses weiße, gefährliche Brett. Ich bewegte mich vorsichtig bis zum Rand vor. Ich schaute nach unten und erkannte zum ersten Mal, dass es von oben viel höher war, als es von unten aussah. Alle riefen: »Spring!« Ich dachte: »Spring!« Aber meine Füße wollten sich nicht bewegen. Ich war wie gelähmt.

Ich sah nur eine Möglichkeit. Ich drehte mich sehr vorsichtig um und tastete mich zur Leiter zurück. Ich wollte wieder nach unten klettern, aber es gab zwei Probleme: Das erste waren die vielen Kinder, die auf der Leiter standen und nur darauf warteten, dass ich endlich sprang. Es waren zu viele Leute, als dass ich einfach wieder hätte hinabklettern können. Das zweite Problem war die Person hinter mir in der Schlange: mein großer Bruder. Er schaute mich an und erklärte: »Auf diesem Weg kommst du nicht nach unten.« Er machte mir klar, dass es nur einen Weg nach unten gebe, und der bestand nicht darin, zurückzugehen, sondern vorwärts zu gehen.

Meine Wut darüber, dass er mir den Rückweg versperrte, wurde zur Antriebskraft, die mir den Mut gab zu springen. Ich atmete tief ein, schluckte schwer und stürzte mich in den scheinbar sicheren Tod. Man glaubt es kaum, aber ich überlebte und genoss dieses Erlebnis sogar.

Ich erinnere mich, wie ich verzweifelt hatte zurückgehen wollen statt nach vorne, und wie ich bereit gewesen war, mit der Demütigung zu leben, ein Feigling zu sein. Wenn ich den Rückzug angetreten hätte, wäre mir die Freude an diesem Sprung versagt geblieben und ich hätte immer mit dieser Einschränkung gelebt, die ich mir durch meine Angst selbst auferlegt hatte.

Im Leben gibt es viele Punkte, an denen wir stehen bleiben und uns bewusst wird, dass die Blockaden größer sind, als wir erwartet hatten. Situationen, in denen wir nicht neutral bleiben können: Entweder gehen wir vorwärts oder wir gehen zurück. Oft wird das zur Trennlinie zwischen den Menschen, die ihre von Gott geschenkte Gelegenheit *sehen*, und denen, die sie *nutzen*. In diesem Stadium ist man nahe genug am Spiel, um es zu schmecken. Man hat wichtige Entscheidungen getroffen, um in das göttliche Abenteuer einzutreten aber jetzt muss man die Wahl treffen: Geht man weiter oder tritt man den Rückzug an?

Ein gefährlicher Schritt

An diesem Punkt stand Jonatan. Es gab kein Zurück. Die Philister sahen, wie ihr Feind den Pass durchquerte. Jonatan hatte bereits eine Entscheidung getroffen, über den Punkt hinaus zu gehen, an dem es kein Zurück gibt. Er war bereit, für die Sache zu sterben, von deren Richtigkeit er überzeugt war. Wie verstand Jonatan das Wirken Gottes?

Jonatan erklärte seinem Waffenträger: »Werden sie dann zu uns sagen: Steht still, bis wir zu euch herankommen!, so wollen wir an unserm Ort stehen bleiben und nicht zu ihnen hinaufgehen. Werden sie aber sagen: Kommt zu uns herauf!, so wollen wir zu ihnen hinaufsteigen; dann hat sie der Herr in unsere Hände gegeben. Das soll uns zum Zeichen sein.« Dann zeigten sie sich den Wachen der Philister.

Als sie sich nun beide der Wache der Philister zeigten, sprachen die Philister: »Siehe, die Hebräer sind aus den Löchern hervorgekommen, in die sie sich verkrochen hatten.« Und die Männer der Wache riefen Jonatan und seinem Waffenträger zu und sprachen: »Kommt herauf zu uns, so wollen wir's euch schon lehren!« Da sprach Jonatan zu seinem Waffenträger: »Steig mir nach! Der Herr hat sie in die Hände Israels gegeben« (1. Samuel 14,11-12).

Ein Militärstratege hätte Jonatans Idee nicht gerade als genial bezeichnet. Es versteht sich von selbst, dass man sich vom Feind nicht sehen lässt, aber Jonatan ließ es bei dieser unvernünftigen Entscheidung noch nicht bewenden. Er ging einen Schritt weiter: Er erklärte seinem Waffenträger die Strategie, die er im Sinn hatte: »Wenn die Philister beschließen, zu uns herunterzukommen, dann warten wir auf sie, aber du musst wissen, dass wir dann tote Männer sind. Wenn sie uns zu sich nach oben rufen, wenn sie uns herausfordern, die Felsen hinaufzuklettern und uns ihnen im Kampf zu stellen, ist das unser Zeichen von Gott, dass sein Sieg gewiss ist.«

In jedem Kampf hat die Seite, die weiter oben postiert ist, große Vorteile. Wenn man die obere Seite kontrolliert, hat man auch den

Ausgang des Kampfes in der Hand. Die Logistik, die Samuel hier beschreibt, machte normalerweise einen Sieg unmöglich. Wie konnte Jonatan erwarten, die Philister mit nur einem Schwert zu schlagen, wenn er beide Hände und beide Füße brauchte, um hinaufzuklettern? Sein Waffenträger muss sich gefragt haben, ob Jonatan entweder von einer Todessehnsucht erfüllt sei oder aber Informationen habe, die er ihm vorenthielt. Was wir bei Jonatan finden, ist kein schlau ausgetüftelter Kriegsplan. Er war ein Knecht, der überzeugt war, dass Gott nur darauf wartete, sichtbar einzugreifen.

Was wir bei Jonatan finden, ist kein schlau ausgetüftelter Kriegsplan. Er war ein Knecht, der überzeugt war, dass Gott nur darauf wartete, sichtbar einzugreifen.

Woher Jonatan diese Idee hatte, wissen wir nicht genau. Aber wir wissen, dass sie im Einklang damit stand, wie Gott in der Geschichte durch sein Volk gewirkt hatte. Seit der Zeit Abrahams waren sie ein Volk gewesen, das sich verpflichtet hatte, eine Mission zu erfüllen. Israels Berufung war zwar sehr konkret, aber die Erfüllung dieser Berufung war immer dynamisch. Israel war berufen, den Herrn allein anzubeten. Durch die Israeliten wollte Gott die Völker segnen. Mose wurde von Gott gebraucht, um Israel aus Ägypten in das verheißene Land zu führen. Ihre Wanderung dauerte wegen der falschen Entscheidungen, die sie in der Wüste getroffen hatten, vierzig Jahre. Gottes Berufung und Verheißung an sie war eindeutig, aber ihre Antwort entschied darüber, wie die Wanderung ausging.

In der Zeit Josuas forderte der Herr sein Volk wieder heraus, nach den Verheißungen zu handeln, die er ihnen gegeben hatte. Er befahl Josua, loszuziehen und das Land in Besitz zu nehmen, das der Herr ihnen geben würde. Josua war einer der zwölf Männer, die ausgewählt worden waren, um das Land auszukundschaften und dem Volk anschließend Bericht zu erstatten. Während zehn dieser Männer berichteten, dass in dem Land Riesen lebten, und von einer Landnahme abrieten, sahen Josua und Kaleb, dass das Land genau das war, was Gott verheißen hatte. Die zehn waren bereit, die Erfüllung von Gottes Verheißung aufzugeben, als sie sahen, wie groß die Herausforderung war. Josua und Kaleb hingegen vertraten den Standpunkt, dass auch noch so viele Riesen Gott nicht davon abhalten konnten, seine Verheißung an sie wahr zu machen. Wenn es im Land Riesen gab, dann war ein Teil des Auftrags ein Krieg. Wenn die Gegner größer, stärker, mächtiger und zahlreicher waren als sie, war das Gottes Problem. Sie hatten die Berufung zu gehen und die Verheißung, dass sie das Land bekommen würden. Das Land gehörte ihnen. Sie mussten es nur in Besitz nehmen. Gott würde ihnen im Kampf den Sieg schenken, aber er würde nicht an ihrer Stelle in den Kampf ziehen.

Gott würde ihnen im Kampf den Sieg schenken, aber er würde nicht an ihrer Stelle in den Kampf ziehen.

Was ist Ihr Zeichen?

Jonatan war davon überzeugt, dass er bereits berufen war, weiterzugehen. Das Heer Gottes hatte bereits den Auftrag bekommen. Der Sieg über die Philister war eine Verheißung, die nur darauf wartete, in Besitz genommen zu werden. Jonatan war so zuversichtlich, dass sein Tun im Einklang mit Gottes Zwecken stehe, dass er nichts weiter brauchte als ein Zeichen, das sagte: »Geh weiter.« Er erwartete dieses Zeichen aus der Richtung, aus der wir am wenigsten damit rechnen würden: aus dem Mund von Gottes Feinden. Wenn die Philister arrogant genug waren, um sie herauszufordern, wäre dies das Zeichen, dass der Herr sie in ihre Hände gegeben hatte. Die einzigen Worte, die Jonatan nicht hören wollte, waren: »Bleibt, wo ihr seid.« Der Ruf weiterzugehen war das Siegeszeichen. Es war ein Ruf in die Gefahr. Es war eine Einladung, sich in einen hitzigen Kampf zu stürzen. Er würde in den

Augen vieler als Narr dastehen, aber von Jonatans Standpunkt aus wurde alles nur interessanter. Er muss gedacht haben: »Besser kann es gar nicht kommen!«

Die Philister sahen sie und begannen, Jonatan zu verspotten. Sie riefen: »Siehe, die Hebräer sind aus den Löchern hervorgekommen, in die sie sich verkrochen hatten.« Sie machten sich über Jonatan lustig und sagten zu ihm und seinem Begleiter: »Kommt herauf zu uns, so wollen wir's euch schon lehren!«

Jeder vernünftig denkende Mensch hätte vor Angst gezittert und wäre um sein Leben gerannt, aber Jonatan wandte sich an seinen Waffenträger und sagte: »Steig mir nach! Der Herr hat sie in die Hände Israels gegeben.« Man kann fast den Jubel in seiner Stimme hören: »Das ist das Zeichen, auf das wir gewartet haben.« Sie hatten auf ein Wort gewartet, dass sie weitergehen sollten.

Das widerspricht zwar jeder Logik, aber nicht dem Glauben. Irgendwie hatte Jonatan begriffen, dass man, wenn man mit Gott gehen will, die Mentalität braucht, vorangehen zu wollen. Man geht weiter, solange Gott einem nicht ausdrücklich sagt, dass man warten soll. Es gibt bestimmte Dinge, für die wir keine Erlaubnis mehr brauchen. Wir haben bereits die Erlaubnis, sie zu tun. Es gibt bestimmte Dinge, für die wir keine Berufung brauchen. Wir haben bereits den Auftrag erhalten, sie zu tun.

Viel von unserer religiösen Sprache konzentriert sich auf das »Du sollst nicht«, statt auf das »Du sollst«. Genauso verhalten wir uns oft, als wäre das erste Wort von Gott »Halt« und nicht »Geh«. Zu viele göttliche Gelegenheiten gehen verloren, weil wir immer noch auf ein Wort warten, obwohl das Wort schon längst gesprochen wurde. Für Jonatan war »Warte!« der Todeskuss und »Komm« das Zeichen von Gott. *Warten* schien viel sinnvoller und kostete viel weniger Anstrengung. *Kommen* bedeutete größere Anstrengungen und Gefahren. Das führt uns zu der wichtigen Frage: Auf welches Zeichen warten Sie?

Jonatan ging in Übereinstimmung mit Gottes Zielen voran. Die Herausforderung weiterzugehen war die Bestätigung, dass Gott mit seiner Macht und seinem Segen bei ihm war. Er saß nicht herum und wartete auf ein Zeichen. Er ging voran, so gut er es wusste. Die Bestätigung kam mitten im Tun. Er wartete nicht deshalb auf ein Zeichen, um damit eine ängstliche Passivität oder unterschwellige Rebellion zu rechtfertigen.

Wir machen aus Gideon einen Helden und erklären sein Vlies vor Gott zu einem nachahmenswerten Vorbild. Gideon tat viele bewundernswerte Dinge, aber wir ahmen genau das Falsche nach. Gideon wurde vom Engel des Herrn mit dem Gruß angesprochen: »Der Herr mit dir du streitbarer Held.« Seine Antwort war eine Frage, die viele von uns Gott zu verschiedenen Zeiten ihres Lebens stellen: »Ist der Herr mit uns, warum ist uns dann das alles widerfahren?« (Richter 6,12-13)

Der Herr antwortete mit dem Wort, das in der Bibel immer wieder zu finden ist: »Geh hin in dieser deiner Kraft; du sollst Israel erretten aus den Händen der Midianiter. Siehe, ich habe dich gesandt!« (Richter 6,14)

Das ist die Hemmschwelle, die wir überwinden müssen: Gott beginnt mit »Geh!«, und wir beginnen oft mit Warten.

Das ist die Hemmschwelle, die wir überwinden müssen: Gott beginnt mit »Geh!«, und wir beginnen oft mit Warten. Wegen seines mangelnden Vertrauens auf Gott, wegen seines mangelnden Glaubens legte Gideon vor Gott ein Vlies aus. Er breitete ein Wollvlies auf einem Dreschboden aus und sagte zu Gott: »Wird der Tau allein auf der Wolle sein und der ganze Boden umher trocken, so will ich daran erkennen, dass du Israel erretten wirst durch meine Hand, wie du zugesagt hast« (Richter 6,37). Gott ließ es so geschehen. Gideon drückte die Wolle aus und füllte mit dem Wasser eine ganze Schüssel.

Dann ging Gideon aber endlich los, oder? Falsch. Er machte es noch einmal. Er prüfte Gott ein zweites Mal. Dieses Mal wollte er, dass das Vlies trocken bliebe und die Erde mit Tau bedeckt wäre. In der nächsten Nacht tat Gott wieder, worum Gideon ihn gebeten hatte.

Es ist erstaunlich, dass Gott so viel Geduld mit uns hat, dass er uns angesichts all unseres Unglaubens nicht aufgibt. Ja, Gott antwortete auf Gideons Bitte mit dem Vlies, aber trotzdem soll Gideon nicht das Modell für unser Verhalten sein. Wenn Gott sagt: »Geh«, dann sollten wir ohne Vorbehalte losgehen. Eine weitere wichtige Beobachtung ist, dass Gott zu Gideon sagte: »Geh in dieser deiner Kraft.« Das war der Grund, warum Gideon Angst hatte zu gehen. Er wusste ganz genau, wie viel Kraft er hatte und wie viel Kraft er nicht hatte. Wenn wir göttlichen Herausforderungen mit menschlichen Kapazitäten begegnen sollen, würden wir am liebsten eine ganze Schafherde als Vlies auslegen und diesen Auftrag vertagen. Aber das ist Teil des Abenteuers. Gott lädt uns ein, in unserer eigenen Kraft loszugehen und auf ihn zu vertrauen und in unserem Gehorsam seine Kraft zu empfangen.

Am Ende nahm Gideon diese Herausforderung an. Das sollte uns jedoch nicht verleiten zu glauben, verpasste Gelegenheiten blieben ohne Konsequenzen. Als die Israeliten aufgefordert wurden, sich der Herausforderung zu stellen, verpassten sie ihren Augenblick, und das kostete sie vierzig Jahre ihres Lebens. Vierzig Jahre, in denen sie das verheißene Land hätten genießen können, statt durch die Wüste zu wandern.

Ist es möglich, dass Sie in den entscheidenden Augenblicken, die Gott Ihnen gab, Vliese ausgelegt haben, statt die Gelegenheiten zu nutzen? Dass Sie zu Gott gesagt haben: »Ich tue nichts, riskiere nichts und gehe nirgendwohin, bis du mir ein Zeichen gibst?« Haben Sie sich entschieden, in Sicherheit, Komfort und Bequemlichkeit zu leben, und diesen Lebensstil damit gerechtfertigt, dass Gott Sie nicht zu einem anderen Lebensstil berufen hat? Rechtfertigen Sie Ihr risikoarmes Leben damit, dass Sie kein Zeichen bekommen haben, anders zu leben?

Sagen Sie einfach »Ja«

Jonatans Zeichen war der Hohn eines feindlichen Soldaten. Er brauchte nur ein einziges Zeichen: Gottes Wille musste getan werden, und Jonatan wollte versuchen, Gottes Ziel zu erreichen. Was würde passieren, wenn wir unsere Denkweise ändern würden? Wenn wir das erste Wort Jesu in seinem Missionsbefehl, »Geht!«, als die einzige Erlaubnis verstehen würden, die wir brauchen, um Gottes Willen zu tun? Wie anders wäre Ihr Leben, wenn Sie von einem riesigen JA und nicht von einem riesigen NEIN ausgingen? Es gibt zwar Augenblicke, in denen Gott eingreift und uns zu einer besonderen Aufgabe auffordert, aber auch ohne eine solche spezielle Direktive sind wir nicht ohne Auftrag oder Berufung. Jeder Nachfolger Jesu hat die oberste Direktive, seinen Herrn auf dieser Erde zu repräsentieren. Wir alle sind berufen, seine Zeugen zu sein. Wir alle sind berufen, andere zu Jüngern zu machen. Wir alle haben die Aufgabe, seine Botschafter der Versöhnung zu sein. Wir alle haben das Gebot bekommen, Gott zu lieben und unsere Nächsten wie uns selbst zu lieben. Wir alle haben den Auftrag, seinem Beispiel zu folgen, indem wir anderen dienen, genauso wie Jesus uns gedient hat.

Jeder Nachfolger Jesu hat die oberste Direktive, seinen Herrn auf dieser Erde zu repräsentieren.

Vor einigen Jahren nahm eine unserer Mitarbeiterinnen an einer Sitzung teil, bei der es um Missionsmobilisation ging. Die anwesenden Frauen erarbeiteten, was Gottes konkreter Auftrag für ihr Leben war. Eine von ihnen zählte eine Reihe von Gelegenheiten auf, die sie und ihr Mann überlegt hatten. Sie beschrieb fünf oder sechs verschiedene Möglichkeiten, in anderen Ländern zu arbeiten, und erklärte dann, dass Gott bei jeder »Nein« gesagt habe. Mehr von ihrem Denken erschüttert als davon, dass all diese Gelegenheiten ungenutzt geblieben waren, stellte ihr unsere Mitarbeiterin eine einzige Frage: »Gibt es irgendetwas, zu dem Sie Gottes

›Ja‹ gehört haben?« Die überraschte Antwort lautete: »Ich glaube nicht.« Es kann unglaublich frustrierend sein, wenn man anscheinend von Gott nichts als Absagen bekommt. Wenn ich heute zurückblicke, stelle ich fest, dass es nicht Gott war, der immer »Nein« sagte.

Oft, wenn wir behaupten, dass wir auf Gott warten, wartet er in Wirklichkeit auf uns.

Was hat es mit unseren Gesprächen mit Gott auf sich, dass wir anscheinend schneller ein Nein als ein Ja hören? Oft, wenn wir behaupten, dass wir auf Gott warten, wartet er in Wirklichkeit auf uns. Es stimmt, dass Jesus seine Jünger anwies, im Obergemach zu warten, bis sie den Heiligen Geist empfangen würden. Aber dann wies er sie an, dass sie, sobald sie Gottes Geist empfangen hätten, hinausgehen und die Welt verändern sollten. Auch wir haben den Geist Gottes empfangen und auch von uns wird erwartet, dass wir im festen Vertrauen darauf, dass Gott bei uns ist, hinausgehen.

Haben Sie schon einmal im Straßenverkehr hinter jemandem festgehangen? Vielleicht hatten Sie es an jenem Tag besonders eilig und kamen zu spät zu einem wichtigen Termin. Nur ein einziges Auto steht vor Ihnen an der Ampel. Sie schauen wie gebannt auf die Ampel und warten ungeduldig, dass es endlich Grün wird. Es scheint ewig zu dauern, aber endlich ist es soweit. Sie nehmen den Fuß von der Bremse und wollen schon auf das Gaspedal drücken, aber im letzten Moment sehen Sie, dass die Fahrerin vor Ihnen überhaupt nicht registriert hat, dass sie schon fahren darf. Statt nach vorne zu schauen, konzentriert sie sich auf ihr eigenes Bild im Rückspiegel. Was denken Sie? »Mach schon, gute Frau. Grüner wird es nicht mehr.« Ob Gott das Gleiche denkt?

Die Apostelgeschichte beschreibt gewiss kein apathisches und auch kein ängstliches Volk. Sie beschreibt Menschen, die mit Gott in Bewegung waren. Sie hatten eindeutig eine Vorwärts-Mentalität. Ihr Leben war angetrieben von Gottes Ja. Diese von Gott inspirierte Erlaubnis machte sie zu einer nicht zu bremsenden Kraft. Das geht über Proaktivität und Initiative hinaus. Es ist das Vertrauen, dass nichts uns daran hindern kann, Gottes Absichten in unserem Leben zu verwirklichen. Keine Herausforderung und kein Feind ist stark genug, um sich uns in den Weg zu stellen.

Sie sind nicht berufen, Überlebender zu sein, sondern Sie sollen Eroberer sein. Mit Leidenschaft, Vorfreude und Entschlossenheit gehen Sie weiter direkt auf das Auge des Orkans zu. Der Jonatan-Faktor treibt Sie an, die größten Herausforderungen frontal anzugreifen, statt vor ihnen davonzulaufen. Ich weiß nicht, was es für andere bedeutet, aber für einen Nachfolger Jesu Christi bedeutet es, im Leben aufs Ganze zu gehen, im Epizentrum zu stehen, dort, wo das Reich Gottes das Reich der Finsternis angreift. Wenn das Böse seinen hässlichen Kopf erhebt, Gott verspottet und die Schwachen quält, steht der Abenteurer auf und geht auf die Herausforderung zu. Wie eine gesteuerte Rakete bewegt sich der Abenteuergeist auf seine größte Herausforderung zu.

Ich weiß nicht, was es für andere bedeutet, aber für einen Nachfolger Jesu Christi bedeutet es, im Leben aufs Ganze zu gehen, im Epizentrum zu stehen, dort, wo das Reich Gottes das Reich der Finsternis angreift.

Alles vermasseln

In der Apostelgeschichte und in den Briefen des Apostels Paulus lesen wir, wie turbulent es im echten Leben zugeht. Die ersten christlichen Gemeinden verstanden nicht alles richtig. Sie waren alles andere als vollkommen. Niemand, nicht einmal die Apostel, verstand alles ganz richtig. Viele von uns wollen eine Landkarte, aber wir bekommen nur einen Kompass. Wir bekommen keine detaillierten Vorgaben, wie wir jeden Tag leben sollen. Unser Kompass zeigt nach Norden, er gibt uns eine Richtung vor, in die wir uns bewegen sollen. Auf diesem Weg wird eines deutlich: Wenn wir auf dem Weg, den wir kennen, vorwärtsgehen, werden die Dinge nach und nach klarer. Wenn wir uns weigern, nach dem, was wir bereits wissen, zu handeln, wird uns alles, was wir nicht wissen, lähmen.

Wenn Sie ein Perfektionist sind, verlangt die Abenteuerreise eine weitere Neueinstellung. Auch wenn wir einen perfekten Gott anbeten, ist der Weg voll mit Unvollkommenheiten, die in unseren Augen vielleicht inakzeptabel sind. Das Leben des Abenteurers hat wenig Ähnlichkeit mit der Organisation eines Büros, sondern eher mit Windsurfen. Es steckt voller unbekannter und unerwarteter Variablen. Es gibt nie einen Punkt, an dem man sagen kann, die Arbeit sei erledigt, solange man nicht das letzte Ziel erreicht hat.

Wenn wir ein Volk des Geistes werden, schließen wir uns dem Wind Gottes an, der durch die Menschheitsgeschichte weht.

Sowohl im Alten als auch im Neuen Testament wird der Geist Gottes mit demselben Wort beschrieben, das sich auch mit »Wind« übersetzen lässt. Wenn wir ein Volk des Geistes werden, schließen wir uns dem Wind Gottes an, der durch die Menschheitsgeschichte weht. Sie werden in diesem Leben Fehler machen. Sorgen Sie also dafür, dass Sie gute Fehler machen. In unserer Schwäche erweist sich Gott als stark. Selbst wenn wir uns verpflichten, es gut zu machen, sollten wir uns nichts vormachen und nicht glauben, wir würden es perfekt machen. Aber in seiner wunderbaren Barmherzigkeit unterstützt Gott das Tun der Menschen, deren Herzen ganz ihm gehören. Im Paradies gab Gott dem Menschen inmitten eines grenzenlosen Jas ein einziges Nein. Nur eine einzige schlechte Wahlmöglichkeit und die absolute Freiheit, aus all dem Guten nach Belieben auszuwählen.

Heute geht es nicht mehr nur darum, eine von vielen guten Möglichkeiten auszuwählen; es geht auch darum, die Kräfte des Bösen anzugreifen, die die ganze Menschheit verschlingen wollen. Der eine schlechte Baum hat sich in einen Dschungel verwandelt. Gott ist auf der Suche nach Abenteurern, die sich durch das Gestrüpp kämpfen, um diejenigen zu retten, die sich in dieser Dunkelheit verirrt haben.

Wer seine göttlichen Gelegenheiten nutzt, geht mit dem von Gott gegebenen Ja weiter, solange Gott nicht Nein sagt. Der beginnt mit dem »Geh!« und wartet auf das »Halt!«. Der begreift, dass der Auftrag ihm die Erlaubnis gibt. Er weiß, dass die Krise zu seiner Berufung gehört. Er weiß, dass die Gefahr die Einladung an ihn ist, sich der Herausforderung zu stellen.

Worauf stützen Sie sich?

1887 schrieb Elisha A. Hoffman ein Lied, das später fester Teil des klassischen amerikanischen Gemeindelebens wurde. Es heißt: »Leaning on the Everlasting Arms« (Sich auf die ewigen Arme stützen). Der Refrain lautet:

> Leaning, leaning, safe and secure from all alarms.
> Leaning, leaning, leaning on the everlasting arms.
>
> (Sich stützen, sich stützen, sicher und bewahrt vor jeder Gefahr.
> Sich stützen, sich stützen, sich stützen auf die ewigen Arme.)

Ich bin zwar sicher, dass diese Worte unzähligen Menschen im Laufe der Jahrzehnte Trost gegeben haben, aber gleichzeitig ist es ein Beispiel für die Richtung, in die wir uns viel zu lang gelehnt haben. Dieses große Kirchenlied spricht davon, dass man sich zurücklehnt. Es sagt, wenn wir uns in die ewigen Arme Gottes zurücklehnen, werden wir vor allen Gefahren sicher und bewahrt sein. Der Gedanke, der dahinter steht, ist offensichtlich: Wenn wir uns in Gottes schützende Arme zurücklehnen, wird er nicht zulassen, dass uns irgendetwas verletzt.

Selbstverständlich sollen wir uns in die Arme Gottes zurücklehnen. Aber ich hinterfrage sowohl die Richtung, in die wir uns lehnen, als auch die Folgen dieses Zurücklehnens. Wenn Sie sich in die Arme Gottes zurücklehnen, befinden Sie sich vielleicht in gefährlichen Situationen und sind alles andere als sicher und bewahrt vor Gefahren. Was noch wichtiger ist: Wenn Sie anfangen, sich an Gott zu lehnen, lehnen Sie sich vor und nicht zurück.

Vor einigen Jahren lernte ich ein soziologisches Phänomen kennen: die Anpassungskategorien. Diese geben an, wie schnell wir auf Veränderungen reagieren. Eine glockenförmige Kurve besagt, dass 50 Prozent der Bevölkerung sich vorlehnen, während die anderen 50 Prozent sich zurücklehnen. In einer detaillierteren Auswertung erfahren wir: Ungefähr 2 Prozent setzen Innovationen durch, ungefähr 13 Prozent können sich schnell anpassen, 34 Prozent werden als die anfängliche Mehrheit bezeichnet und 34 Prozent als die spätere Mehrheit. Ungefähr 13 Prozent passen sich erst spät an, und 2 Prozent werden als Nachzügler bezeichnet.

Mit anderen Worten: Ungefähr 15 Prozent stehen auf den Zehenspitzen und sind bereit loszulaufen, und ungefähr 15 Prozent graben ihre Fersen in den Boden. In meiner Zeit sowohl als Student als auch als Dozent habe ich darüber gestaunt, wie viel von unseren Kirchenliedern und von unserer Theologie vom hinteren Ende dieser Kurve bestimmt wird.

Unsere Sprache, mit der wir Gott beschreiben, ist stark geprägt von den biblischen Bildern, die Gott als unseren Fels, unsere Festung und unsere Stärke beschreiben. Ich bin sicher, dass wir alle Trost und Kraft aus den Eigenschaften gewinnen, die in diesen Beschreibungen Gottes zum Ausdruck kommen. Aber die anderen Eigenschaften Gottes, die Bilder, in denen er als Wind und Feuer beschrieben wird, vernachlässigen wir oft.

Nach vorne fallen

Vor ein paar Jahren besuchte mich ein Freund. Er lud mich ein, mit ihm Skilaufen zu gehen. Skilaufen hatte ich schon immer einmal wollen. Ich war jahrelang Wasserski gefahren, aber ich hatte es nie auf Schnee versucht. Das wäre das erste Mal.

Wir fuhren ins Big-Bear-Skigebiet, und ich meldete mich für einen Anfänger-Schnupperkurs an. Diese Kurse dauern ungefähr eine halbe Stunde. Darin wird einem erzählt, wie man sich die Skier anschnallt und steht, ohne hinzufallen, wie man in den Lift steigt und wie man wieder aus dem Lift aussteigt, ohne hinzufallen, und natürlich, wie man aufsteht, wenn man bei der einen oder anderen Gelegenheit doch hingefallen ist.

Nach dieser kurzen Einführung kam Bob zu mir und begleitete mich zu einem der Lifte, damit ich das erste Mal bergab fahren könnte. Einige Worte des Skilehrers waren mir schleierhaft geblieben, aber eine Warnung hatte ich mir gemerkt: »Sie sind ein Anfänger. Bleiben Sie unbedingt auf der blauen Piste. Warten Sie bis später, bevor Sie es auf einer roten Piste probieren. Und fahren Sie auf keinen Fall, ich wiederhole, auf keinen Fall auf einer schwarzen Piste.«

Als wir in den Lift stiegen und er anfing, uns den Berg hinauf zu befördern, ging ich davon aus, dass man an verschiedenen Stellen aussteigen könne. Ich meinte, ich könnte bei einer blauen Piste aussteigen oder warten, bis wir zur roten Piste kämen, oder bis ganz nach oben zur schwarzen fahren. Ich musste schnell lernen, dass die Lifte nicht so funktionieren. Jeder Lift hat eine einzige Ausstiegsstelle. Bald erfuhr ich von Bob, dass dies ein Lift war, der zu einer schwarzen Piste führte. Meine erste Abfahrt auf Skiern von einem Berg, und ich stand oben auf der schwarzen Piste. Bob versicherte mir mehrmals, dass er mich nicht absichtlich in diesen Lift gesetzt hatte. Ich muss ihm glauben, denn er ist Pastor.

Ich hatte eine einzige einfache Strategie, um nach unten zu kommen: Visiere die weichste Schneewehe an, die du sehen kannst, und steuere auf sie zu. Als ich es mühsam nach unten geschafft hatte, hatte ich das Gefühl, eine unglaubliche Tat vollbracht zu haben, und begab mich sofort zu einem Lift, der zu einer roten Abfahrt führte. Immerhin hatte ich die schwarze Piste überlebt. Ich war nur zehn oder zwölf Mal gestürzt. Die rote Piste wäre im Vergleich dazu ein Kinderspiel.

Als ich auf der roten Piste aus dem Lift stieg, stellte ich mich so hin, dass die Skier bergab deuteten. Ich hatte keine Ahnung, wie ich von einer Seite zur anderen fahren sollte. Also wählte ich die gerade Linie bergab und nahm die kürzeste Entfernung zur Talstation. Ich fuhr breitbeinig diesen Berg hinab und hatte keine Chance stehen zu bleiben, außer durch einen Sturz. Ich hatte so viel Schwung, dass ich bis hinauf auf die Terrasse der Skihütte fuhr, wo ich endlich langsam zum Stehen kam. Ein Skilehrer kam auf mich zu und sagte, er habe noch nie jemanden diesen Berg im Schuss hinabfahren sehen. Er fand es erstaunlich. Ich erklärte ihm, dass ich nicht hatte stehen bleiben können und Angst gehabt hätte zu stürzen.

Bei meiner Schussfahrt hatte ich nur eines gedacht: »Knie beugen und nach vorne lehnen.« Alle anderen Anweisungen waren völlig unwichtig gewesen. »Nicht nach hinten lehnen; nach vorne lehnen.« Das ist ein guter Rat für alle, die in diesem göttlichen Abenteuer Anfänger sind: Lehne dich in die Richtung, in die du fahren willst. Wenn wir unsere Skier im Reich Gottes anschnallen, schickt uns Gott in eine konkrete Richtung. Und, ja, wir müssen aus dem Lift aussteigen. Gottes Anweisungen lauten: »Geh los, lebe, geh Risiken ein, bewege dich nach vorne, geh vorwärts.«

Gottes Anweisungen lauten: »Geh los, lebe, geh Risiken ein, bewege dich nach vorne, geh vorwärts.«

Eine göttliche Einladung

1991 mussten Kim und ich eine weitere wichtige Entscheidung in unserem gemeinsamen Leben treffen: War es Zeit, dass wir von Dallas nach Los Angeles umzogen und ein neues Abenteuer mit Gott begannen? Diese Entscheidung war zu diesem Zeitpunkt viel schwerer als in früheren Jahren.

Am Anfang unserer Ehe war es hauptsächlich um uns beide gegangen. Wir hatten nicht viel besessen und wir hatten keine Kinder, auf die wir hätten Rücksicht nehmen müssen. Damals war es viel einfacher gewesen, vorwärts zu gehen. Jetzt hatten wir einen dreijährigen Sohn, und Kim war mit unserem zweiten Kind schwanger. Meine Aufgabe als Gemeindeberater war beendet, und unsere Arbeit hatte uns eine beträchtliche finanzielle Sicherheit beschert. Wenige Jahre zuvor hatten wir in einer Mietwohnung auf dem Boden geschlafen, und jetzt besaßen wir ein nagelneues Haus und konnten uns ein neues Auto kaufen und bar bezahlen. Aber es sah so aus, als wollte Gott, dass wir das alles aufgaben und neu anfingen.

Während wir um diese Entscheidung rangen, sprach Gott durch die Bibel zu Kim. Sie kam später mit Tränen in den Augen zu mir und las es mir vor:

»Als aber einer das hörte, der mit zu Tisch saß, sprach er zu Jesus: Selig ist, der das Brot isst im Reich Gottes!

Er aber sprach zu ihm: Es war ein Mensch, der machte ein großes Abendmahl und lud viele dazu ein. Und er sandte seinen Knecht aus zur Stunde des Abendmahls, den Geladenen zu sagen: Kommt, denn es ist alles bereit!

Und sie fingen an alle nacheinander, sich zu entschuldigen. Der erste sprach zu ihm: Ich habe einen Acker gekauft und muss hinausgehen und ihn besehen; ich bitte dich, entschuldige mich.

Und der zweite sprach: Ich habe fünf Gespanne Ochsen gekauft, und ich gehe jetzt hin, sie zu besehen; ich bitte dich, entschuldige mich.

Und der dritte sprach: Ich habe eine Frau genommen, darum kann ich nicht kommen.

Und der Knecht kam zurück und sagte das seinem Herrn. Da wurde der Hausherr zornig und sprach zu seinem Knecht: Geh schnell hinaus auf die Straßen und Gassen der Stadt und führe die Armen, Verkrüppelten, Blinden und Lahmen herein.

Und der Knecht sprach: Herr, es ist geschehen, was du befohlen hast; es ist aber noch Raum da.

Und der Herr sprach zu dem Knecht: Geh hinaus auf die Landstraßen und an die Zäune und nötige sie hereinzukommen, dass mein Haus voll werde. Denn ich sage euch, dass keinem der Männer, die eingeladen waren, mein Abendmahl schmecken wird (Lukas 14,15-24).

Das Gleichnis vom großen Abendmahl wurde in diesem Moment für uns sehr persönlich. Gott lud uns nicht nur alle ein, mit ihm im Reich Gottes zu feiern, sondern Gott lud uns beide konkret ein, mit ihm an seinem Festmahl teilzunehmen. Mit Tränen in den Augen erklärte Kim: »Gott lädt uns ein, mit ihm zu feiern. Er hält in Los Angeles eine Party. Er hat alles vorbereitet, auch wenn wir es nicht sehen können. Wenn wir nicht gehen, gibt es dort zwei leere Plätze.«

Dieses Gleichnis ist eine eindrückliche Erinnerung daran, dass es so viele ungenutzte Gelegenheiten gibt: die ungenutzte Gelegenheit, dass man Gottes Einladung, ihn durch seinen Sohn, Jesus Christus, kennen zu lernen, ablehnt, und, ja, die zahllosen Gelegenheiten, die ungenutzt bleiben, wenn wir nicht auf Gottes Einladung hören, uns ihm anzuschließen bei dem, was er tut und dort, wo er es tut. Gott feiert ein Fest, und wir sind eingeladen. Die Teilnehmer an diesem Fest sind diejenigen, die Gottes Einladung hören und ihren entscheidenden, von Gott geschenkten Augenblick nutzen.

Gott feiert ein Fest, und wir sind eingeladen. Die Teilnehmer an diesem Fest sind diejenigen, die Gottes Einladung hören und ihren entscheidenden, von Gott geschenkten Augenblick nutzen.

Genauso wie die Leute, die in dem Gleichnis das Fest versäumen, haben wir viele Ausreden parat. Einer sagte: »Ich habe einen Acker gekauft und muss hinausgehen und ihn besehen; ich bitte dich, entschuldige mich.« Ein anderer sagte: »Ich habe fünf Gespanne Ochsen gekauft, und ich gehe jetzt hin, sie zu besehen; ich bitte dich, entschuldige mich.« Wieder ein anderer sagte: »Ich habe gerade geheiratet, darum kann ich nicht kommen.« Die gleichen alten Ausreden. Ich muss wohin gehen, ich muss etwas erledigen, und ich muss mich um jemanden kümmern. Ich habe einfach zu viel zu tun, um Gottes Einladung zum Leben zu anzunehmen. Ich finde es fast komisch, dass die ersten beiden indirekt sagten: »Ich will nicht kommen«, während der dritte, der frisch verheiratet war, mehr oder weniger sagte: »Ich darf nicht kommen.«

Es ist erstaunlich, wie oft gerade die Menschen, die uns eigentlich ermutigen sollten voranzugehen, ausgerechnet diejenigen sind, die uns zurückhalten. Ich persönlich kenne so viele Frauen, in deren Herzen eine Leidenschaft für Gott brennt, und die trotzdem Gottes entscheidende Augenblicke nicht nutzen können, weil ihre Ehemänner so passiv sind.

Unsere Freunde und Familienangehörigen sollten sich mit uns danach sehnen, voranzukommen und das ganze Leben, das sie erleben können, nutzen. Das ist etwas, das unsere Gemeinde, *Mosaic*, so wertvoll macht: Wir sind eine Gemeinschaft von Menschen auf den Zehenspitzen, nicht auf den Fersen. Es ist aufregend, wenn eine ganze Gemeinde sich vorbeugt, um das Gute, das Gott will, voranzubringen, statt sich zurückzulehnen und sich dagegen zu wehren.

Pack deine Sachen und mach dich bereit

Unsere Gemeinde wird oft gefragt, wie wir es schaffen, so viele Menschen für Missionsaufträge in Übersee zu mobilisieren. Es ist eigentlich ziemlich einfach zu erklären. Wenn eine Gemeinde nur aus Mitgliedern besteht, bekommt man hin und wieder einen Missionar. Aber wenn eine Gemeinde aus Missionaren besteht, ist der Rest nur eine Frage der Geographie. Die meisten Gemeinden senden keine Missionare aus, weil sie keine haben. Wir senden seit mehreren Jahren im Durchschnitt fast einen Erwachsenen pro Monat als Missionar in das so genannte Zehn-Vierzig-Fenster aus, in dem die meisten Menschen auf der Welt leben, die noch nicht mit dem Evangelium erreicht wurden. Diese Missionare sind keine Menschen, die plötzlich in die Mission berufen wurden; es sind

Menschen, die bereits missionarisch lebten. Gott hat nur ihre Adresse geändert.

Eine der aufregendsten Zeiten in der Geschichte unserer Gemeinde waren die dreizehn Monate, in denen über 50 Prozent unserer Gemeindebesucher die Vereinigten Staaten aufgrund eines Missions- oder Dienstprojekts verließen. In jenem Jahr bekamen wir einen Hilferuf von einem Missionsteam aus China und aus der Mongolei. Ihr jährliches Treffen, bei dem über fünfhundert Mitarbeiter zusammenkommen würden, sollte in nur wenigen Monaten stattfinden.

Der regionale Leiter erklärte mir, was sie für diese zehntägige Veranstaltung alles brauchten. Bei diesem Treffen wurde ein ganzes Jahr Gemeindeleben auf nur ein paar Tage konzentriert. Ich stand bereits als Redner auf dem Programm. Er fragte mich, ob ich ein Team mitbringen könnte.

»Ein Anbetungsteam?«, fragte ich.

Er antwortete: »Ja.«

»Was ist mit Theater und kreativer Kunst?«

Er sagte: »Das wäre großartig.«

»Sonst noch etwas?«

Er sagte: »Mitarbeiter für Vorschulkinder wären sehr hilfreich.«

»Noch etwas?«

»Nun ja, ein Kindergottesdienstteam bräuchten wir auch dringend.« Er erklärte mir weiter, dass Mitarbeiter für Teenager und junge Erwachsene auch auf seiner Liste standen. Als er fertig aufgelistet hatte, wen er alles für das jährliche Treffen bräuchte, kamen wir auf ungefähr vierzig Leute.

Er war so sehr überzeugt davon, dass unsere Gemeinde aus vielleicht sechshundert Erwachsenen vierzig ausgebildete Mitarbeiter dazu motivieren könnte, zwei Wochen ihres Urlaubs zu opfern, über 40 000 Dollar zusammenzubringen und nach Asien zu fahren, um dort Windeln zu wechseln, dass wir sagten: »Na klar, wir machen das.« Ich wünschte, ich könnte Ihnen sagen, dass es wirklich schwer war, dass ich mich monatelang bemühen musste, das Team zusammenzustellen, aber es dauerte keine Stunde, bis ich alles in die Wege geleitet hatte, was ich brauchte. Keine zwei Wochen später hatten wir unsere komplette Mannschaft aus zweiundvierzig Leuten zusammen. Es machte fast keine Probleme, die fast 40.000 Dollar zusammenzubringen, obwohl das für viele ein wirkliches Opfer war. Das wäre nie möglich gewesen, wenn ich mit Mitgliedern anfangen und aus ihnen Missionare hätte machen müssen. Es wäre unmöglich gewesen, Leute, die es gewohnt sind, sich zurückzulehnen, innerhalb so kurzer Zeit in Bewegung zu setzen. Man kann das Reich Gottes nicht mit Leuten voranbringen, die auf dem Rückzug sind.

Man kann das Reich Gottes nicht mit Leuten voranbringen, die auf dem Rückzug sind.

Jeder Einzelne von uns kann, wie Jonatan, mit einer Vorwärtsmentalität leben. Wir können uns auf Gottes ewigen Arm stützen und nach vorne lehnen.

Trotzen Sie Ihren Ängsten

Mein Bruder, Alex, hat schon solange ich zurückdenken kann eine Phobie gegen das Fliegen. Als Kinder sind wir schon mit fünf Jahren geflogen. Wir flogen häufig zwischen El Salvador und den Vereinigten Staaten hin und her. Als der Ältere durfte Alex immer am Fenster sitzen. Ich lernte bald, dass es nicht nötig war, um den Fensterplatz zu streiten, da Alex kurz nach dem Start ins Hintere des Flugzeugs rannte und den größten Teil des Fluges auf der Toilette verbrachte. Ich weiß nicht, ob seine Flugangst in direktem Zusammenhang mit seinen Kindheitserfahrungen stand, aber Flugzeuge waren auch später nie sein bevorzugtes Verkehrsmittel.

Als wir beide anfingen, hauptberuflich im christlichen Dienst zu arbeiten, erklärte er, dass ihm meine Einladungen zu Reisen nicht gefielen. Er machte mir sogar klar, dass sie ihn ausgesprochen wütend machten. Es war nicht nur so, dass er das Fliegen nicht genoss oder dass er Angst vor dem Fliegen hatte. Er hasste das Fliegen. Wie er es ausdrückte: »Ich habe keine Angst vor dem Fliegen. Ich habe Angst vor dem Abstürzen.« Das war vor dem 11. September.

Dann geschah etwas Seltsames. Nachdem zwei Flugzeuge ins World Trade Center geflogen und noch zwei weitere an der Ostküste abgestürzt waren, hatte unsere ganze Nation plötzlich Angst vor dem Fliegen. Unzählige Veranstaltungen im ganzen Land wiesen als Folge dieser Krise geringere Teilnehmerzahlen auf oder mussten sogar ganz abgesagt werden. Aber bei Alex geschah genau das Gegenteil. Er sagte, er habe in der Nähe der Universität gestanden und habe ein Flugzeug über den Campus fliegen sehen. Es war das erste Passagierflugzeug, das er seit den Terroranschlägen vom 11. September gesehen hatte. Er sagte, in diesem Augenblick habe er gewusst, dass er soeben Zeuge einer Trotzreaktion geworden sei. Früher habe man sich nicht viele Gedanken gemacht, bevor man in ein Flugzeug stieg, aber jetzt war eine bewusste Entscheidung nötig, vorwärts zu gehen, statt wie gelähmt stehen zu bleiben.

Keine Phobie, keine Angst, nur reiner Trotz – sich vorbeugen, Gottes entscheidende Augenblicke nutzen, das Reich Gottes voranbringen.

Seit diesem Tag ist mein Bruder nicht mehr derselbe. Er steigt unzählige Male in Flugzeuge. Keine Phobie, keine Angst, nur reiner Trotz – sich vorbeugen, Gottes entscheidende Augenblicke nutzen, das Reich Gottes voranbringen. Es war, als hätte er die Philister sagen hören: »Kommt herauf zu uns, so wollen wir's euch schon lehren!« Er verstand es als Zeichen von Gott, dass der Herr ihn berufen hatte, weiterzugehen.

Jonatan trotzte nicht nur den ungünstigen Umständen; er trotzte der Angst. Nichts konnte ihn aufhalten, vorwärtszugehen und das zu tun, was richtig war. Wie würde unsere Welt aussehen, wenn wir eine Gesellschaft voller Jonatans wären?

Nehmen Sie die Herausforderung an

Ich werde die Panik um die Jahrtausendwende nie vergessen. Um uns herum schien alles auf eine Katastrophe zu warten. Es war gewiss keiner der ruhmreichsten Augenblicke der amerikanischen Christenheit. Die christliche Literatur schien aus dieser Hysterie nur Profit schlagen zu wollen. Es wurde sehr wenig geschrieben oder gesagt, um alles in die richtige Perspektive zu rücken und in eine positive Richtung zu lenken. Unser Hunger nach apokalyptischer Literatur schien der ganzen Panik nur Zündstoff zu geben. Wie viele Christen haben wohl für Tausende von Dollar Thunfischdosen und andere Konserven gehortet? Rational denkende Christen trafen unvernünftige Entscheidungen und verließen zum Beispiel ihre Häuser und zogen in abgelegene Schutzbunker. Gemeinden im ganzen Land hielten nach geistlicher Leitung Ausschau, die durch ihr Vorbild voranging und eine biblische Perspektive vermittelte.

Wir trafen als Familie eine Entscheidung. Wir würden uns der allgemein herrschenden Hysterie nicht anschließen. Wir würden unsere Gemeinde auffordern, sich nach vorne zu lehnen. Die Welt ging nicht ihrem Ende entgegen. Wir mussten eine Strategie entwickeln, die Gottes Ziele in das einundzwanzigste Jahrhundert hineintragen würde.

Inmitten dieser Krise gab uns Gott eine perfekte Gelegenheit, nach dieser Überzeugung zu handeln. Ich wurde eingeladen, in verschiedenen Teilen des Landes zur Jahrtausendwende zu sprechen. So flogen wir nach Philadelphia. Ich sprach am Geburtsort des amerikanischen Volkes und flog dann nach Houston und sprach vor mehreren tausend Studenten, die gemeinsam das neue Jahr einläuteten. Am 1. Januar flog ich mit meiner Frau und unseren zwei Kindern nach Los Angeles zurück. Als Zeichen für unser Vertrauen in Gottes Zukunft flogen wir von Küste zu Küste und wieder zur Küste und sprachen dann am nächsten Morgen über unsere Arbeit im dritten Jahrtausend.

Wenn Sie Gottes entscheidende Augenblicke in Ihrem Leben

nutzen wollen, müssen Sie bereit sein, sich Ihren Riesen zu stellen. Vergessen Sie nicht: Die Philister waren ein Volk von Riesen. Sie waren das Volk von Goliat und seinen Brüdern. Jonatan nutzte seinen Augenblick, noch bevor David Goliat den Kopf abhieb. Man muss den Riesen erst besiegen, wenn man ihm den Kopf abhacke will.

Nach dem Eingehen des Risikos kommt das Vorangehen. Nach dem »Es gibt kein Zurück« kommt das »Du musst vorwärts gehen«. Je näher man einer göttlichen Herausforderung kommt, um so größer erscheint sie einem, und um so kleiner fühlt man sich.

Nach dem Eingehen des Risikos kommt das Vorangehen. Nach dem »Es gibt kein Zurück« kommt das »Du musst vorwärts gehen«. Je näher man einer göttlichen Herausforderung kommt, um so größer erscheint sie einem, und um so kleiner fühlt man sich. Wenn Sie auf Erfolgsgarantien warten, treten Sie vielleicht den Rückzug an, obwohl Sie in Wirklichkeit vorangehen sollten. Es wäre großartig, wenn die Zeichen von Gott, dass wir vorangehen sollen, immer Dinge wären wie eine perfekte Situation oder die Versorgung mit allem Nötigen oder eine Garantie für den Sieg. Aber wenn das der Fall wäre, gäbe es kein Abenteuer.

Außerdem ist es nicht die Realität. Häufiger sind die Zeichen, die uns auffordern, vorwärts zu gehen, ominös. Sie veranlassen uns zu überlegen, wer wir sind und was wir Gott zutrauen. Sie machen klar, was unsere Prioritäten sind. Sind wir dabei, weil für uns etwas dabei herausspringt, oder sind wir dabei, weil wir etwas geben können? Die Zeichen werden unser Herz verraten, unsere Ängste aufdecken und unseren Glauben freisetzen. Es gibt ein Wort für das Denken der Menschen, die Gottes entscheidenden Augenblick in Ihrem Leben nutzen: Vorwärts. Abenteurer leben für die Herausforderung.

Nachbeben

Die Schöpfung stöhnt danach, dass alles richtig gemacht wird.
Die Erde brüllt in Gewalt –
unterbricht das, was ist, um dem Raum zu machen, was kommen soll.
Erst wenn alles gebebt hat,
kann es seinen rechtmäßigen Platz finden.
Ihre Bewegung zerstört, teilt und definiert.
Selbst die Berge zittern.
Aber es gibt ein Reich, das bleibt.

Maven, The Perils of Ayden

»Welche Waffen hast du mitgebracht?«, fragte Kembr Ayden, als sie spürte, dass der Konflikt näherrückte.
»Es gab keine Waffen, die ich hätte mitbringen können«, erklärte Ayden.
»Maven ließ uns ohne Verteidigungsmöglichkeiten hierher kommen?«, fragte Kembr ungläubig.
»Wir sind nicht gekommen, um uns zu verteidigen, sondern um zu erobern«, erklärte Ayden, als hätte er sie falsch verstanden. »Wir sind sowohl Krieger als auch Waffe.« Ayden sprach weiter: »Es gibt nur eine einzige Hoffnung gegen die Schatten, und das ist das Licht in uns. Wenn es nicht genügt, ist keine Klinge scharf genug, um die dichte Dunkelheit zu durchschneiden.«
Kembrs Schritte waren schwer beim Gehen. Ist es so, wenn die Angst einen lähmt?, fragte sie sich. Aber bei jedem Schritt schien es, als würde der Boden beben. Oder bebte sie?
»Was geschieht unter mir?«, rief sie Ayden zu, als die Erde unter ihnen mit wachsender Kraft erbebte.
»Es ist die Dichte des Lichts!«, schrie Ayden aufgeregt zurück. »Es ist das Gewicht der Gegenwart Gottes!«

Eintrag 1771, The Perils of Ayden

7

Zusammenstoß – Hinterlasse Spuren

Kennen Sie das alte Sprichwort: »Wenn Gott eine Tür schließt, öffnet er ein Fenster«? Vergeuden Sie zu viel Zeit damit, vor der verschlossenen Tür zu sitzen und zu warten, wann Gott das Fenster bauen wird? Darf ich eine einfache Beobachtung machen, die alles für Sie ändern könnte: Es gibt viel mehr Wände als Türen und Fenster.

Das soll nicht heißen, dass wir nur Wände um uns herum hätten. Immer wieder einmal bekommen wir eine Gelegenheit, erleben wir einen Augenblick, der so angenehm ist, dass es praktisch unmöglich ist, ihn zu verpassen. Er ist nicht zu übersehen. Er kommt einfach wie ein schneller Ball in einem Footballspiel auf uns zugeflogen, ein Moment, der so voll Möglichkeiten steckt, dass nicht einmal wir es vermasseln können.

So wie damals, als ich Kim bat, mich zu heiraten. Ich machte alles falsch, aber sie sagte trotzdem »Ja«. Ich erinnere mich an den Abend, an dem wir in ihrem Auto saßen und ich ihr einen Verlobungsring geben wollte. Ich verbrachte ungefähr eine Stunde damit, sie auf diesen Moment vorzubereiten. Nein, ich malte ihr kein Bild von unserer ewigen Liebe vor Augen; ich entfachte eine theologische Diskussion gegen den Materialismus. Das passiert, wenn eine theologische Ausbildung und natürliche männliche Dummheit in einem einzigen Augenblick zusammenkommen. Ich machte ihr ein so schlechtes Gewissen, dass sie, als ich ihr den Ring schenken wollte, sich weigerte, ihn anzunehmen. Ich war schockiert, dass sie auf meine Großzügigkeit und dieses eindeutige Symbol für meine

Liebe so reagierte. Aber obwohl ich in unzählige Fettnäpfchen dieser Art tappte, wollte sie mich trotzdem heiraten. Die Liebe ist schon manchmal komisch. Sie übersieht wirklich eine Menge Sünden ... und viel Dummheit. Mein Heiratsantrag war nicht nur ein entscheidender Augenblick von Gott, sondern auch einer der Augenblicke, die unser Leben in andere Bahnen lenkten. Es war ein Moment, der lebenslange Auswirkungen hatte.

Diese offenen Türen und Fenster sind oft Gelegenheiten mit einem perfekten Timing. Man ist zur richtigen Zeit am richtigen Ort. Fünf Minuten, nachdem der Chef jemandem mit Ihren Qualifikationen gekündigt hat, kommen Sie mit Ihrer Bewerbung. Sie erzählen endlich einem Freund von Jesus Christus, der gerade zu Gott gebetet hat: »Wenn es dich wirklich gibt, dann gib mir ein Zeichen.« Sie arbeiten hinter der Bühne, und plötzlich kommen die anderen zu dem Schluss, dass Sie genau der sind, den sie gesucht haben.

Aber leider ist es nicht immer so. Die meisten entscheidenden Augenblicke muss man ergreifen und nutzen und kann nicht einfach durch sie hindurchspazieren. Es gibt viele Situationen in unserem Leben, in denen wir denken, eine Gelegenheit sei Gottes Tür; und dann erleben wir, dass sie im letzten Augenblick zugeschlagen wird. Inmitten unserer Entmutigung stellen wir fest, dass Gott eine neue Gelegenheit schenkt, die wir uns nie vorgestellt hätten. Das sprichwörtliche Fenster. Aber oft stoßen wir auf geschlossene Türen, verschlossene Fenster, lange Korridore, endlose Gänge – mit anderen Worten: viele Wände. Es ist ziemlich einfach, die Türen der Gelegenheit zu sehen, und es ist immer aufregend, wenn sich Fenster mit Gelegenheiten vor uns auftun. Was man dabei jedoch verpassen kann, sind die unzähligen entscheidenden Augenblicke Gottes, die hinter den Mauern verborgen sind und die wir erst entdecken, wenn wir die Mauern überwinden.

Einige der größten Gelegenheiten im Leben finden wir nicht hinter Türen oder Fenstern, sondern hinter Mauern. Sie verlangen echte Kraftanstrengungen. Neben Risikobereitschaft kosten sie viel Schweiß. Bei uns wird der christliche Glaube oft so stark mit Kapitalismus und Konsumdenken verknüpft, dass viele meinen, wenn Gott hinter einer Sache stehe, verlaufe alles problemlos. Wenn dann die unausweichlichen Schwierigkeiten kommen, wenn wir gegen eine Mauer laufen, schließen wir daraus entweder, dass Gott nicht hinter der Sache stünde, oder wir meinen, wir hätten irgendwo eine falsche Entscheidung getroffen.

Im Laufe der Jahre bin ich zu der Überzeugung gelangt, dass die wichtigsten Momente, die wir nutzen sollten, die entscheidendsten Gelegenheiten, die Gott schenkt, kein leichter Spaziergang sind. Selbst wenn sie ganz leicht beginnen, werden sie in späteren Phasen oft weitaus komplexer und schwieriger. Es sollte uns nicht überraschen, dass es mit Kosten verbunden ist, wenn wir uns für eine große Sache einsetzen. Schließlich würde jeder das Leben im Überfluss führen, von dem Jesus gesprochen hat, wenn es so leicht wäre, entscheidende Augenblicke zu nutzen.

Hinter die feindlichen Linien

Samuel berichtet: Nachdem Jonatan von Gott sein Zeichen bekommen hatte, kletterte er auf Händen und Füßen hinauf, und sein Waffenträger folgte dicht hinter ihm. Weiter erzählt er uns, dass die Philister vor Jonatan zu Boden fielen, und von seinem Waffenträger heißt es, dass er zwanzig Mann tötete. Das war richtiger Krieg. Das war keine Metapher, sondern eine Schlacht mit echtem Blut, echten Wunden, echten Schmerzen, echtem Leiden und echtem Tod.

In dieser konkreten Situation herrschte Krieg zwischen den Israeliten und den Philistern. Gott schuf sich ein Volk, durch das er die Nationen zu sich einladen wollte. Die Philister waren bekannt für ihren Götzendienst und ihre Unmoral. Gott erlaubte den Israeliten nicht, sich diesem Verhalten anzupassen oder es selbst zu übernehmen. In dieser ersten Begegnung war Jonatans »Armee« seinem Feind mit zwanzig Schwertern gegen eines zahlenmäßig unterlegen. Welchen Glauben Jonatan in diesem Moment auch gehabt haben mochte, er wurde in der Praxis erprobt. Er stand mitten im Kampf, und eine einzige richtig geführte Waffe konnte seinem Leben ein Ende setzen. Jonatan begriff eine grundlegende Realität: Man kann kein Eroberungsvolk sein, wenn man nicht bereit ist, in den Kampf zu ziehen.

> Wir können den ganzen Tag darüber reden, was Gott versprochen hat, durch sein Volk zu tun, aber wir werden nie in diesen Verheißungen leben, solange wir nicht danach handeln.

Wir können den ganzen Tag darüber reden, was Gott versprochen hat, durch sein Volk zu tun, aber wir werden nie in diesen Verheißungen leben, solange wir nicht danach handeln. Wenn wir nach den Verheißungen Gottes handeln, wenn wir uns entscheiden, seine entscheidenden Augenblicke in unserem Lebenzu ergreifen, wird es schließlich geschehen. Das ist unvermeidlich. Es wird der Moment kommen, in dem unsere Hartnäckigkeit auf den Widerstand der Welt stoßen wird.

Das kann leicht der Moment sein, in dem wir uns fragen: »Was mache ich hier eigentlich? Was habe ich mir nur dabei gedacht? Gibt es irgendeinen Weg, wie ich aus dem Chaos, das ich geschaffen habe, wieder herauskomme?« Samuel verrät uns nicht, was Jonatan in diesem Moment dachte. Er zählt nicht die vielen Vorbehalte oder die unzähligen Überlegungen und Fragen auf, die ihm durch den Kopf gingen. Jonatan erklärte seinem Waffenträger kurz, dass es schiefgehen könne. Er erklärte: »Werden sie dann zu uns sagen: Steht still, bis wir zu euch herankommen!, so wollen wir an unserm Ort stehen bleiben und nicht zu ihnen hinaufgehen.« Damit sagte Jonatan zu seinem jungen Begleiter: »Wenn sich zeigt, dass die Sache nicht gut läuft, dass wir bei einem gescheiterten Versuch sterben, werden wir nicht davonlaufen. Wir werden unserem Schicksal mit Mut entgegensehen.« Jonatan hatte nicht den Vorteil, den wir haben. Er wusste nicht, wie die Geschichte ausgehen würde. Seine Begeisterung über das Zeichen von Gott, dass er weitergehen sollte, verrät, dass er vorher gespannt und unsicher den Atem angehalten hatte.

An dieser Stelle können wir an den Jonatans dieser Welt etwas Konkretes beobachten: Während alle anderen schlafen, kämpft Jonatan. Als er dem Tod am nächsten war, war er auf sehr reale Weise der Einzige, der wirklich lebte. Er weigerte sich, diese göttliche Gelegenheit zu verschlafen. Aus diesem Grund wurde er sowohl der Blitzableiter als auch das Flaggschiff für Gottes Handeln.

Mein Sohn, Aaron, war ungefähr vier Jahre alt, als die Alpträume begannen. Sie machten ihm so große Angst, dass er aus seinem Zimmer rannte und bettelte, in unserem Bett Schutz suchen zu dürfen. Er behauptete felsenfest, auf seinem Bett würden riesige Elfen herumspringen. Ich weiß, dass Kinder eine lebhafte Fantasie haben, aber das kam mir doch reichlich ungewöhnlich vor. Ich tat das, was die meisten Väter wahrscheinlich tun würden. Ich versuchte, ihm zu erklären, dass es in seinem Zimmer keine riesigen Elfen gebe, und warum sollten sie auf seinem Bett herumspringen und ihm Angst machen? Aber nichts half. Die Alpträume kamen Nacht für Nacht wieder.

Kim und ich versuchten zu begreifen, was mit ihm los war. Plötzlich ging uns ein Licht auf. Es war so deutlich, dass wir überrascht waren, warum wir es nicht sofort gesehen hatten. Nur wenige Tage vorher hatte das Reseda-Erdbeben in Los Angeles zugeschlagen. Obwohl unser Haus in Alhambra völlig unbeschadet geblieben war, hatte das Erdbeben es wie eine Puppe geschüttelt. Wir dachten nie daran, dass wir viel darüber reden müssten, aber offensichtlich hatte es unserem kleinen Sohn Angst eingejagt. Er verarbeitete diese Erfahrung durch seine Träume.

Sobald ich erkannt hatte, was los war, versuchte ich schnell, ihm die Sache zu erklären. Ich sagte, dass es keine Elfen gibt. Es war ein Erdbeben. Es hatte die Erde erschüttert und jedem Angst gemacht. Ohne Erfolg. Die Alpträume kamen weiter. Bis zum Samstag. Ich wusste, was ich zu tun hatte. Ich setzte Aaron ins Auto, und wir begleiteten ein Team aus unserer Gemeinde nach Northridge, wo unsere Mitarbeiter damit beschäftigt waren, den vielen Menschen zu helfen, die im Epizentrum des Erdbebens ihr

Zuhause verloren hatten und unter den psychischen Folgen dieses Erlebnisses litten. Wir verteilten Essen und Wasser, halfen den Betroffenen mit Versorgungspaketen und redeten und beteten mit Menschen. Wir taten unser Möglichstes, um ihr Leiden zu lindern. Aaron war die ganze Zeit neben mir und half mit. In dieser Nacht schlief er tief und fest wie ein Baby. Die Alpträume waren vorbei. Im wahrsten Sinne des Wortes nahmen wir ihn mit in die Höhle des Löwen, damit er seine Ängste überwinden konnte.

Ich bin überzeugt, wenn wir uns unseren Ängsten stellen, dann schauen wir der Gelegenheit direkt ins Auge, und den Mut, den wir oft brauchen, um unsere größte Herausforderung anzugehen, können wir nur finden, wenn wir uns dieser Herausforderung stellen. Wenn wir Gottes entscheidende Augenblicke in unserem Leben nutzen, gibt es einen Punkt, an dem der Kampf beginnt. An diesem Punkt des Zusammenstoßes begegnen wir Konflikten, Opposition und Widerstand. Aber an diesem Punkt des Zusammenstoßes bietet sich uns auch die größte Gelegenheit. Auf dem Schlachtfeld fragen wir, was Gott am Herzen liegt, und wir stehen an dem Platz, an dem Gott sich uns zeigen will.

Was machst du hier?

Erinnern Sie sich, wie Elia vor Isebel davonlief? Man kann sich kaum vorstellen, dass ein Mann, der gerade darum gebetet hatte, dass Feuer vom Himmel fallen möge, sich aus Angst vor einer Morddrohung versteckte. In dem einen Augenblick stand Elia auf dem Berg Karmel. Er stand 450 Propheten eines Gottes namens Baal und 400 Propheten einer Göttin namens Aschera gegenüber. Alle 850 waren die dämonischen Kämpfer der bösen Königin Isebel. Obwohl er allein stand, forderte Elia sie alle furchtlos heraus und rief das Volk Israel auf, Isebels Herrschaft abzulehnen und allein dem Herrn nachzufolgen. Er forderte ihre Propheten zu einem Feuerduell heraus. Sie sollten zwei Altäre bauen. Die Propheten

Baals und Ascheras sollten zu ihren Göttern beten. Sie sollten ihre Götter auffordern, Feuer vom Himmel zu schicken und das Opfer auf dem Altar zu verzehren.

Danach wollte Elia das Gleiche tun. Er würde den Namen des lebendigen Gottes anrufen und ihn bitten, das Opfer zu verbrennen. Er forderte das Volk auf, diesem Konflikt zwischen Himmel und Hölle beizuwohnen, und forderte sie heraus anzuerkennen, dass der Gott, der mit Feuer antwortete, der wahre Gott ist. Das Volk willigte ein.

Und so begann die Herausforderung. Isebels Propheten hatten den Vortritt. Sie riefen ihren Gott an. Sie riefen und schrien, aber es kam keine Antwort. Sie tanzten um den Altar, den sie gebaut hatten, in der Hoffnung, dass sie ihren Gott zum Handeln motivieren könnten. Nichts geschah. Elia verhöhnte sie. Er forderte sie auf, lauter zu schreien. Er sagte zu ihnen: »Ruft laut! Denn er ist ja ein Gott; er ist in Gedanken oder hat zu schaffen oder ist über Land oder schläft vielleicht, dass er aufwache« (1. Könige 18,27). Mit diesen Worten verspottete Elia indirekt einen Gott mit geistlichem Durchfall, der auf der Toilette festsitzt und leider indisponiert ist. Als die Propheten das hörten, spornte es sie zu einem noch verzweifelteren Flehen an.

Sie riefen lauter und ritzten sich sogar mit Schwertern und Speeren, wie es bei ihnen Brauch war, bis ihr Blut in Mengen floss. Der Tag verging, aber alle ihre verzweifelten Versuche, ihren Gott zum Handeln zu bewegen, blieben unerhört.

Dann rief Elia das Volk zusammen. Er baute den Altar des Herrn wieder auf. Er nahm zwölf Steine nach der Zahl der Stämme Israels. Er hob einen Graben um den Altar herum aus. Er schichtete das Holz auf, zerlegte den Stier und legte die Stücke auf den Altar. Dann wies er das Volk an, vier große Krüge mit Wasser zu füllen. Er forderte sie auf, das Wasser über das Brandopfer und das Holz zu gießen. Dann forderte er sie auf, es noch einmal zu tun. Und dann ein drittes Mal.

Als das Wasser vom Altar lief, alles durchnässte und der Graben bis an den Rand voll Wasser stand, betete Elia zum Herrn. Er erkannte einfach an, wer Gott ist, nannte sich selbst einen Knecht des Herrn, gestand, dass er nur aus Gehorsam gegenüber dem, was Gott befohlen hatte, handelte, und bat dann Gott zu handeln. Er betete: »Erhöre mich, Herr, erhöre mich, damit dies Volk erkennt, dass du, Herr, Gott bist und ihr Herz wieder zu dir kehrst!« (1. Könige 18,37) Mit bedingungslosem Vertrauen bat er Gott, Feuer zu schicken. Gott erhörte diese Bitte sofort. Wir lesen: »Da fiel das Feuer des Herrn herab und fraß Brandopfer, Holz, Steine und Erde und leckte das Wasser auf im Graben« (1. Könige 18,38).

Doch dann geschieht das Unerwartete: Auf dem Höhepunkt seines Dienstes fällt dieser Mann, der einen unvorstellbaren Glauben hatte, in ein geistliches Tief. Isebel hörte, was aus ihren Propheten geworden war, und drohte durch einen Boten, Elia zu töten. Es ist unerklärlich, aber Elia hatte Angst und lief um sein Leben. Nachdem er kurze Zeit durch die Wüste gezogen war und mit Selbstmordgedanken gerungen hatte, fand sich Elia in einer Höhle am Berg Horeb wieder. Während er sich in der Höhle versteckte, kam Gott und stellte ihm eine sehr wichtige Frage: »Was machst du hier, Elia?« (1. Könige 19,9) Elia hatte viele entscheidende, göttliche Augenblicke genutzt, aber er war gegen eine Wand gerannt. Überwältigt und erschöpft, hatte er das Gefühl, einfach nicht weitermachen zu können. Gottes Lösung war einfach. Er befahl Elia: »Geh heraus und tritt hin auf den Berg vor den Herrn! Und siehe, der Herr wird vorübergehen.« (1. Könige 19,11)

Als Gott vorüberging, gab es einen großen, starken Wind, gefolgt von einem Erdbeben, dem ein Feuer folgte. Elia erkannte, dass Gott in keinem davon war. Gott war in einem stillen, sanften Sausen und fragte Elia: »Was hast du hier zu tun, Elia?«

Wenn wir vor den Herausforderungen davonlaufen, vor die Gott uns stellt, stellt er uns dieselbe Frage: »Was hast du hier zu tun?« Wenn wir es uns für ein Leben in der Mittelmäßigkeit gemütlich machen, stellt Gott uns dieselbe Frage: »Was machst du hier?« Jedes Mal, wenn wir meinen, der Durchschnitt sei gut genug, fragt uns Gott: »Was machst du hier?« Wenn wir uns darauf einstellen, einfach zu existieren, fragt Gott uns: »Was machst du hier?«

Die Lösung besteht darin, dass wir aufhören, davonzulaufen und uns vor Gott zu verstecken und wieder auf seine Stimme hören. Egal wo wir sind, Gott wird uns finden. Das ist keine Drohung; das ist eine Verheißung. Wenn er zu uns kommt und an uns vorübergeht, dürfen wir nicht einfach dort stehen bleiben. Wir müssen mit ihm gehen. Erinnern Sie sich: Gott tut etwas in der Menschheitsgeschichte. Wenn wir vor seinen Absichten davonlaufen, laufen wir vor seiner Gegenwart davon. Sie brauchen nicht überrascht zu sein, wenn er Sie in Ihrer Angst und in Ihrer Schwäche herausfordert, aufzustehen und stark zu sein. Denn derselbe Gott, der kommt, um Sie zu heilen, wird Sie auch in den Kampf zurückführen. Er wird Sie berufen, den Feind seiner Pläne anzugreifen und Ihre Aufgaben zu erfüllen. Er wird Sie zurückschicken, damit Sie sich Ihren Ängsten stellen.

Die Lösung besteht darin, dass wir aufhören, davonzulaufen und uns vor Gott zu verstecken und wieder auf seine Stimme hören. Egal wo wir sind, Gott wird uns finden. Das ist keine Drohung; das ist eine Verheißung.

Es gibt Zeiten, in denen wir vorangehen sollen. Das Schlimmste, was wir dann tun können, ist, vor der Herausforderung, die vor uns liegt, zurückzuweichen in die Sicherheit, die hinter uns liegt. Es gibt andere Zeiten, in denen wir nichts Mutigeres tun können als zurückzugehen. Wenn wir vor einer von Gott gegebenen Herausforderung davonlaufen, müssen wir zurückgehen, um vorwärts zu gehen. Als Nächstes sagte der Herr zu Elia: »Geh wieder deines Weges« (1. Könige 19,15). Elia konnte nur vorangehen, indem er zurückging, indem er das beendete, was er unvollendet gelassen hatte, indem er an die dunklen Orte ging und das Licht der Gegenwart Gottes hineinbrachte. Manchmal entgeht uns, dass Gott sich durch die Entscheidungen, die wir treffen, offenbaren will. Wenn wir vor dem Kampf davonlaufen, ist es für Gott schwer, durch uns den Kampf zu gewinnen. Es ist nötig, dass wir uns entscheiden, dorthin zu gehen, wo Gott wirken will. Das richtige Instrument am falschen Ort ist eine furchtbare Tragödie.

In 2. Chronik 16,9 lesen wir: »Denn des Herrn Augen schauen alle Lande, dass er stärke, die mit ganzem Herzen bei ihm sind.« Diese Beschreibung passt genau auf Jonatan: Sein ganzes Herz gehörte Gott, und er stand genau dort, wo Gott ihn haben wollte. In diesem Moment, mitten im Kampf, als alles gegen ihn sprach, sah Gott ihn, und Gottes starke Unterstützung folgte schnell. Samuel schreibt: »Und es entstand ein Schrecken im Lager und auf dem freien Felde; und das ganze Kriegsvolk, die Wache und die streifenden Rotten erschraken; und die Erde erbebte. Und so geschah ein Gottesschrecken.«

Jonatan ging mit Gott, und Gott ging mit Jonatan. Es mag seltsam klingen, aber Gott stellte sich hinter Jonatans Anstrengungen. Es war nicht so, dass Jonatan Gott bewog, seine Meinung zu ändern. Vielmehr brachte Jonatan Gottes Willen zum Ausdruck. Er tat, was Gott im Sinn hatte, und sein Handeln schuf eine Gelegenheit, in der Gott handeln konnte. Die Situation änderte sich schnell: Jetzt hieß es nicht mehr Jonatan und sein Waffenträger gegen die Heere der Philister, sondern Jonatan, sein Begleiter und der lebendige Gott gegen die Feinde der Absichten Gottes.

Samuel beschreibt, dass bei den Philistern eine große Verwirrung entstand, so dass sie sich gegenseitig mit ihren eigenen Schwertern töteten. Weil Jonatan ein Kämpfer für Gott wurde, wurde Gott ein Kämpfer für Jonatan. Samuel stellt unzweideutig heraus, wer dieses Erdbeben geschickt hat. Es war keine zufällige Naturkatastrophe, die in einem günstigen Moment kam. Die Erde bebte und eine Panik brach aus. Beides hatte Gott geschickt. Jonatan war bereit, sein Leben aufs Spiel zu setzen. Gott hatte ihn zum Epizentrum des Erdbebens gemacht. Sein Leben zeigte, wo Gott wirkte. Jeder sollte begreifen, dass das Leben dieses Mannes das Handeln Gottes in der Geschichte widerspiegelte.

Bereit, allein dazustehen

Die technische Definition von »Zusammenstoß« lautet: »Ein gewaltsamer Kontakt zwischen zwei oder mehr Dingen«. Diese Definition beschreibt genau, wie Männer und Frauen von Gott gebraucht werden, um den Verlauf der Menschheitsgeschichte zu ändern. Wenn Gott etwas Neues schafft, dann tut er es durch Menschen. Die Menschen, die er dafür aussucht, werden oft erst im Nachhinein als glücklich beschrieben. Mitten im entscheidenden Augenblick sieht die Realität oft ganz anders aus. Es ist eine Ehre, wenn man aufgefordert wird, als Erster zu gehen, selbst wenn das bedeutet, dass man der Erste ist, der leidet, und der Einzige, der ein Risiko eingeht. Das bedeutet, dass man das Gewicht der Verantwortung tragen und die Konsequenzen annehmen muss, die mit dieser Ehre verbunden sind.

Es ist eine Ehre, wenn man aufgefordert wird, als Erster zu gehen, selbst wenn das bedeutet, dass man der Erste ist, der leidet, und der Einzige, der ein Risiko eingeht.

Wenn Gott vorangeht, entsteht ein Konflikt mit vielen anderen Kräften. Das Reich Gottes kann sich nur in der Auseinandersetzung mit dem Reich der Finsternis ausbreiten. Hass unterwirft sich nicht kampflos der Liebe, ebenso wenig wie das Böse sich still und leise dem Guten unterwirft. Wenn wir einen entscheidenden Augenblick Gottes nutzen, kommt es zu einer geistlichen Kollision. Wenn man diesen Augenblick voll nutzen will, ist dazu die Bereitschaft nötig, den ersten Aufprall allein aufzufangen.

Fast wöchentlich kommen Menschen aus der ganzen Welt zu *Mosaic*, oft nicht nur, um die Gemeinschaft und die Gottesdienste mitzuerleben, sondern auch um zu sehen, wie wir »Gemeinde machen«. Wir werden dann unweigerlich gefragt, was wir getan haben, damit die Gemeinde so aufblühen konnte. Die meisten Fragen drehen sich um das Thema Gemeindewachstum. Die Kernfrage lautet immer wieder: »Was habt ihr getan, damit die Gemeinde wächst?« Ich stelle dann gern eine Gegenfrage: »Sind Sie bereit, das Richtige zu tun, auch wenn das zu einem Rückgang der Mitgliederzahlen führt?« Dann erkläre ich, warum diese Frage so wichtig ist. Wir tun jetzt, wo wir wachsen, das Gleiche wie damals, als wir schrumpften.

Es gab eine Zeit, in der man unseren Zustand mit Fug und Recht mit »ausbluten« hätte beschreiben können. Es hatte viel Ähnlichkeit mit einer Szene aus *Er*, bei der sie den Brustkorb auf- und dann die Rippen durchsägen, um zum Herzen zu gelangen. Auf den ersten Blick ist das sehr schmerzhaft, aber wenn man es erst einmal verstanden hat, begreift man, dass es ein Akt der Barmherzigkeit und ein helfendes Eingreifen ist.

Es war Samstagmorgen und ich bekam einen unerwarteten Anruf von einem unserer Gemeindeältesten. Gleich am Anfang des Gesprächs sagte Robert etwas, wovor wahrscheinlich jedem Pastor graut: »Erwin, die Ältesten haben beschlossen, sich ohne dich zu treffen, und ich wurde dazu bestimmt, dich anzurufen und dir mitzuteilen, zu welchem Ergebnis wir gekommen sind.« Ich fühlte, wie mein ganzer Körper auf diese Aussage reagierte. Die Situation war ziemlich hart gewesen, und es sah so aus, als sollte es noch schlimmer kommen.

So sehr ich auch die Männer bewunderte, die als Älteste dienten, waren sie doch alle von meinem Vorgänger eingesetzt worden. Seine Amtszeit hatte fast fünfundzwanzig Jahre gedauert, und er war als einer der Ältesten noch weitere fünf Jahre während meiner Amtszeit in der Gemeinde aktiv gewesen. Was als eine private Meinungsverschiedenheit begonnen hatte, hatte sich zu einer offenen Spaltung entwickelt. Sein Weggang hatte die Gemeinde tief verletzt und uns alle viel Kraft gekostet. Ich wusste, dass ich nicht ohne Schrammen daraus hervorgehen würde; ich wusste nicht, ob ich überhaupt daraus hervorgehen würde. Ich würde den Ältesten keinen Vorwurf daraus machen, wenn sie sich getroffen hatten, um mich aufzufordern, meine Kündigung einzureichen. Dann hörte ich seine Worte: »Enrique, Rick und ich haben uns getroffen, und wir wollen dir sagen: Selbst wenn nur unsere drei Familien übrig bleiben, wir stehen hinter dir. Mach keinen Rückzieher. Mach so weiter, denn das, was du tust, ist richtig.«

Dieser Anruf war wie frischer Wind in meinen Segeln. Gott verstärkte die magnetische Anziehungskraft des Nordpols, die uns klar die Richtung wies. Ich hatte eine Gruppe von Männern bei mir, denen mehr daran lag, das zu tun, was richtig war, als das zu tun, was leicht war. Sie glaubten, dass unser Leiden durch Gottes Zustimmung belohnt werden würde. Nach diesem Gespräch wurde nicht sofort alles besser. Im Gegenteil, die Konflikte, vor denen wir standen, verschärften sich. Ein halbes Jahr lang wirkte sich das Gewicht meiner Verantwortung nicht nur auf meine körperliche Gesundheit aus, sondern belastete auch meine Familie sehr stark. Ein Zeichen dafür, dass ich angeschlagen war, war das Zucken in meinem rechten Auge.

Ich fragte mich oft, ob ich, wenn alles überstanden wäre, wieder so gesund sein würde wie vor dieser Zeit in meinem Leben, aber die Erinnerungen an das, was wir durchgemacht haben, verstärken nur die unglaubliche Freude und Erfüllung, die wir heute erleben. Ich kann mir nicht vorstellen, von *Mosaic* fortzugehen. Die Tatsache, dass wir auch in der schlimmsten Zeit geblieben sind, bestärkt uns nur darin, dass ich in guten Zeiten auch nicht weggehen werde. Das heißt nicht, dass alles leicht wäre, aber wenn man den ersten Zusammenstoß überstanden hat, kann einen das, was danach kommt, kaum noch erschüttern.

Jeder, der einmal als Leiter gearbeitet hat, weiß, wie einsam man in dieser Rolle ist. Es gibt Augenblicke, die man mit niemandem teilen kann.

Jeder, der einmal als Leiter gearbeitet hat, weiß, wie einsam man in dieser Rolle ist. Es gibt Augenblicke, die man mit niemandem teilen kann. Ein Teil dieser Aufgabe ist es, zum Wohl der anderen den ersten Aufprall abzufangen. Das gilt für jedes sinnvolle Unternehmen. Unser Herr Jesus Christus hat uns das vorgelebt. Er war am Kreuz ganz allein. Niemand sonst konnte es für uns tragen. Auf dem Weg vom Garten Gethsemane nach Golgatha entschied sich Jesus dafür, allein zu sein. Selbst sein Schrei zu seinem Vater: »Mein Gott, mein Gott, warum hast du mich verlassen?«, erinnert uns daran, dass Gott uns an Orte gehen lässt, an denen das Gewicht der Verzweiflung unser Herz niederdrückt. Die Männer und Frauen, mit denen Gott die Seiten der Geschichte schreibt, kennen die Tiefe dieses Prinzips: Gott bahnt durch das bereitwillige Opfer von Einzelnen den Weg. Durch diese Menschen lässt Gott alle, die zuhören, wissen, was er auf dem Herzen hat.

Ich ging mit einem Mann aus unserem Team auf eine Informationsreise nach Übersee. Die Reise führte uns nach Indien, Pakistan, Kambodscha, China, Hongkong und schließlich nach Japan. Im letzten Teil unserer Reise kamen wir in den Shabuya-Bezirk von Tokio. Dieser Bezirk ist eine der belebtesten Gegenden, die ich je gesehen habe. Die Masse der Geschäftsleute, die sich dort durch die überfüllten Straßen drängte, war unglaublich. Es herrschte ein seltsamer Widerspruch zwischen der sauberen und professionellen Umgebung, in der wir standen, und den Sexhotels, die nicht weit von uns entfernt waren. Ich hatte immer gedacht, Japan sei mehr oder weniger ohne Religion, deshalb überraschte es mich, was ich hier beobachtete:

Ein kleines Heer von Evangelisten mischte sich unter die Menge. Sie waren überall zu sehen, gingen auf Geschäftsleute zu und fragten, ob sie für sie beten könnten. Schnell kam einer auf uns zu und fragte in fließendem Englisch, ob er auch für uns beten dürfe. Ich fragte ihn, zu wem sie beteten. Er wich meiner Frage aus und fragte noch einmal, ob er für uns beten könne. Dieses Mal bot ich ihm an, für ihn zu beten, und erklärte ihm, dass ich zu dem lebendigen Gott beten würde, dessen Name Jesus ist. Bald erfuhr ich, dass sie zu einer Sekte gehörten, deren Hauptsitz sich in Pasadena, Kalifornien, befand. Sie hatten die geistliche Leere bei den Japanern klar erkannt. Der Anführer ihrer Bewegung schien zu wissen, dass der amerikanische Einfluss zwar den Kapitalismus weitergab, aber nicht den christlichen Glauben weitergeben konnte.

Inmitten all dieser Geschäftigkeit leuchtete ein strahlendes Licht. Unsere Stadtführerin war an diesem Abend eine junge Japanerin. Sie folgte Jesus Christus nach. Ihre Sehnsucht, ihr eigenes Volk mit der Liebe Gottes zu erreichen, war gleichzeitig bewegend und überzeugend. Es ermutigte sie, dass wir nach Tokio gekommen waren, um ein wenig Unterstützung und Hilfe zu bringen. Unter Tränen gestand sie Gott: »Ich dachte, ich wäre allein.« Offenbar war es für sie ein großes Geschenk, einfach zu wissen, dass noch jemand da war. Sie wirkte in diesem Moment gleichzeitig zerbrechlich und stark. Ein ehrliches Bekenntnis, wie schmerzhaft es ist, an einem einsamen Ort zu leben, verbunden mit einer unerschütterlichen Entschlossenheit, ihr Volk zu Jesus zu führen, selbst wenn sie ganz allein war.

Entscheidende, gottgegebende, Augenblicke gibt es für Menschen, die bereit sind, den ersten Zusammenstoß aufzufangen, im Überfluss. Auch wenn sie von Menschen oft allein gelassen werden, lässt Gott sie nie allein.

Sie verkörpern das Herz Gottes

Das könnte Jonatans größter Beitrag gewesen sein. Durch sein Tun personifizierte er das, was Gott im Sinn hatte, und was Gott auf dem Herzen lag. Er wurde ein persönliches Testament für die Werte, die Gottes Volk zum Ausdruck bringen sollte. Es war, als hätte Gott seinen Absichten Fleisch und Blut gegeben; und dieses Fleisch und Blut hieß Jonatan. Wenn man wissen will, was Gott getan hat, braucht man nur einen Blick auf Jonatan zu werfen.

Wenn wir einen von Gott geschenkten entscheidenden Augenblick nutzen, wird Gottes Gegenwart spürbar. Um Gottes willen zu handeln heißt, das zum Ausdruck zu bringen, was nach Gottes Sinn ist und was ihm auf dem Herzen liegt. Wenn wir das tun, werden wir ein Flaggschiff des Handelns Gottes. Die Heiden nannten die

Nachfolger Jesu Christen, weil sie Ähnlichkeit mit Jesus Christus hatten. Sie bewegten sich nach einem göttlichen Rhythmus. Einem Christen zuzuschauen, wie er lebte, war genauso, als sehe man Gott handeln. Sie waren keine Kopien von Jesus, sondern dynamische Ausdrucksformen seines Charakters. Wenn die Lage schwer wurde, wurde das Bild Jesu in ihnen deutlich sichtbar. Egal, wie dunkel die Dunkelheit ist, sie kann nie so dunkel sein, dass sie das Licht auslöscht.

Sie waren keine Kopien von Jesus, sondern dynamische Ausdrucksformen seines Charakters.

Als Kim und ich heirateten, hatten wir zu zweit nur ein einziges Auto, ihren alten Ford Pinto. Als ich mit ihrem Auto meinen Bruder abholen wollte, gab der Pinto am Flughafen seinen Geist auf. Meine Frau liebte ihr erstes Auto, aber wir mussten ihren Pinto verschrotten. Bald danach rief uns ein Freund an und bot uns mehrere tausend Dollar an, damit wir uns ein Auto kaufen könnten. Er sagte, er habe das Gefühl, dass Gott ihn angewiesen habe, uns dieses Geschenk zu machen. Wir fuhren in ein Autogeschäft und unterhielten uns mit einem Verkäufer namens Dan.

In vielerlei Hinsicht war das Gespräch eine Komödie. Dan versuchte die ganze Zeit, von uns Fakten zu erfahren, wie monatliches Einkommen, Höhe der Anzahlung, welche monatlichen Raten wir bezahlen könnten, und so weiter. Wir erklärten ihm ständig, dass wir noch in der Ausbildung waren, kein Geld und keine Ahnung hatten, wie unser künftiges Einkommen aussehen würde, aber dass Gott uns immer versorgt hatte und das auch in Zukunft tun würde. Es war eine Gelegenheit, diesem Mann, dessen einziges Ziel darin bestand, uns ein Auto zu verkaufen, von unserem Leben mit Jesus zu erzählen.

Als ich an diesem Abend in mein Wohnheim zurückkam, steckte eine Nachricht an meiner Tür. Als ich den Brief öffnete, sah ich, dass er von dem Verkäufer aus dem Autogeschäft stammte. Es war ein Verzweiflungsbrief, ein Hilfeschrei. Ich werde den Anfang dieses Briefes nie vergessen: »Ich weiß nicht, warum ich hier bin oder warum ich diese Zeilen schreibe. Ich habe nur das Gefühl, dass Sie mir vielleicht helfen könnten.«

Ich rief ihn an. Das war der Anfang von vielen Gesprächen mit ihm und seiner Frau. Ich erfuhr, dass er ein gelernter Zeichner war, der seinen Arbeitsplatz verloren hatte. In seiner Frustration, seiner Wut und Verzweiflung hatte er in der Firma, die ihn entlassen hatte, ein Feuer gelegt. Man fand heraus, dass er der Schuldige gewesen war, und er musste ins Gefängnis. Jetzt versuchte er, seine Familie zu versorgen, indem er Autos verkaufte. Die Stelle als Autoverkäufer war die einzige Arbeit, die er bekommen hatte.

Es war Heiligabend, als ich in ihrem Haus saß und mit Dan und seiner Frau niederkniete. Beide nahmen Jesus Christus als ihren Herrn und Gott an. Wir begleiteten sie danach noch mehrere Monate; wir wissen, dass er später wieder in seinen ursprünglichen Beruf zurückkehren konnte.

Dan ist eine gute Erinnerung daran, dass das, was auf einer Seite wie eine alltägliche Begegnung aussieht, auf der anderen Seite alle Kennzeichen einer göttlichen Gelegenheit haben kann. Es war nicht so gewesen, dass ich diese Gelegenheit ergriffen hätte. Die Gelegenheit hatte mich ergriffen. Ich betrat diesen Augenblick, aber ich konnte seinen Ausgang nicht vorhersehen. Der Eifer, mit dem Dan mich gesucht hatte, machte mir erneut bewusst, dass Menschen auf der Suche nach Gott sind. Wenn wir uns als Werkzeuge für Gottes Ziele zur Verfügung stellen, geben wir anderen Menschen Gelegenheit, durch uns Gott zu erfahren. Wir werden lebendige Blitzableiter für Gottes Handeln. Unser Leben wird zu dem X, das die Stelle markiert, an der Gott eingreift. Unser Gehorsam schafft ein geistliches Epizentrum, durch das Gott die Welt um uns herum aufrüttelt, damit andere ihn kennen lernen.

Wenn wir uns als Werkzeuge für Gottes Ziele zur Verfügung stellen, geben wir anderen Menschen Gelegenheit, durch uns Gott zu erfahren.

Sein Reich komme

Unser Tun wirft ein Licht auf das, was Gott tut, aber Gottes entscheidende Augenblicke schaffen eine Gelegenheit für noch viel mehr. Wenn wir Gottes Augenblicke nutzen, können wir Gott aus nächster Nähe handeln sehen. Während Jonatan im Krieg war und mit seiner ganzen Kraft kämpfte und sein ganzes Können einsetzte, tat Gott noch mehr. Gott ließ die Erde beben. Er erfüllte das ganze Lager der Philister mit Panik. Er sorgte dafür, dass niemandem entging, was in diesem Moment passierte. Er ließ alle wissen, dass Jonatan nicht allein war, sondern dass Gott die Hände im Spiel hatte. Gott liebt es, seine Absichten zu bekräftigen, und er liebt es noch mehr, wenn sein Volk sich für seine Ziele einsetzt.

Bis zu diesem Zeitpunkt könnte man meinen, Jonatan sei ohne Gott losgezogen, aber wir werden schnell eines Besseren belehrt. Gott greift in diesem Moment eindeutig ein. Gott bestätigt und unterstützt Jonatans Handeln. Gott liebt es einfach, wenn jemand das Richtige tut, egal, welche persönlichen Konsequenzen es für ihn hat. Wenn wir seinen Willen tun und damit zum sicheren Scheitern verurteilt sind, solange Gott nicht eingreift, ist das für ihn eine perfekte Situation.

Ohne Gottes Hilfe können wir seine Absicht für unser Leben letztendlich nicht erfüllen. Wir werden Gottes Macht nie kennen lernen, solange wir nicht anfangen, in seinem Sinne loszugehen. Es kann nichts Aufregenderes geben, als die von Gott gegebene Gelegenheit zu ergreifen und zu wissen, dass man bis über beide Ohren drin steckt, und dann zu sehen, wie Gott eingreift. Dieser Weg bedeutet oft, dass wir den ersten Zusammenstoß allein aushalten müssen. Aber wir dürfen wissen, dass unser Leben das Denken und das Herz Gottes zum Ausdruck gebracht hat. Der herrlichste Augenblick ist es jedoch, wenn Gottes Eingreifen unübersehbar ist und er das Unsichtbare sichtbar macht. Es ist ganz so, als würde Gott mit dem Scheinwerfer die Dinge in unserem Leben beleuchten, die am dringendsten sind. Ich staune immer wieder, wie Gott das, was wir im Dunkeln getan haben, ins Rampenlicht rückt.

Vor ungefähr fünfzehn Jahren bekam unsere kleine Arbeit in Süd-Dallas überdurchschnittlich viel Aufmerksamkeit. Obwohl wir eine kleine Gemeinde waren, gebrauchte Gott uns, um eine viel größere Wirkung zu erzielen. Obwohl Cornerstone relativ klein war, wuchs diese Arbeit unverhältnismäßig stark. Die nationalen und auch die internationalen Leitungsgremien unserer Denomination beschlossen, unsere Arbeit zum Schwerpunkt eines kurzen Films zu machen, den sie gerade drehten. An einem Wochenende schickten sie ein Filmteam, das mich durch unseren Großstadtdschungel begleitete und unsere Arbeit filmte.

Am Sonntagmorgen baute sich das Filmteam vor dem Gemeindesaal auf. Während des Gottesdienstes sollten mehrere Interviews mit verschiedenen Mitgliedern aus unserer Gemeinde geführt werden. Während draußen alles ruhig und geordnet ablief, erlebten wir im Inneren etwas ganz anderes.

Ein großer, schlanker, in schwarzes Leder gekleideter Mann marschierte ins Gemeindegebäude und verlangte, den Pastor zu sprechen. Unser Assistenzpastor führte ihn in mein Büro und schickte jemanden los, um mich aus dem Gottesdienstraum zu holen. Es war fast 11.00 Uhr, und unser Gottesdienst sollte jeden Augenblick beginnen. Ich wusste also, dass mir nur ein paar Minuten blieben. Als wir drei uns ins Büro setzten, begann er, mir zu erklären, dass ihm Stimmen gesagt hätten, er solle mich davon abhalten, das Evangelium von Jesus Christus zu predigen. Er zog ein Messer aus der Jackentasche, legte es auf meinen Schreibtisch und sagte, ich bräuchte mir keine Sorgen machen, dass er mich verletzen würde. Ich machte mir eigentlich keine Sorgen wegen des Messers. Rückblickend denke ich, er hätte mir lieber die Waffe geben sollen, die er an sein Bein gebunden hatte.

Während er mir erklärte, dass sein Leben daraus bestand, durch die Straßen zu gehen und den Stimmen zu gehorchen, die in seinem Kopf zu ihm sprachen, schaute ich diesen Mann, John, ruhig an und sagte: »Sir, wenn Sie Stimmen hören, gibt es dafür wahrscheinlich zwei Möglichkeiten: Entweder Sie brauchen psychiatrische Hilfe, oder Sie sind von Dämonen besessen.« Er schien überhaupt nicht beleidigt zu sein, als ich ihm sagte, dass er möglicherweise verrückt sei, aber die Sache mit den Dämonen schien ihm an die Nieren zu gehen.

Er schaute meinen Assistenten, David, an, der neben ihm saß, und sagte: »Hat er gesagt, von Dämonen besessen?« David nickte nur. Der Mann schaute mich an, und ich kann nicht erklären, was ich hörte. Ich kann nur sagen, dass ich, so weit ich das beurteilen kann, viele Stimmen gleichzeitig aus diesem Mann herauskommen hörte. Sie sagten: »Willst du uns beim Namen herausrufen?«

Ich konnte mich an keinen einzigen Kurs bei meiner theologischen Ausbildung erinnern, der mich auf diesen Augenblick vorbereitet hätte. Mein Abschluss in Psychologie an der Universität von North Carolina war in diesem Augenblick auch nicht besonders hilfreich. Ich wünschte, ich könnte sagen, dass meine Antwort tiefgreifend und mutig gewesen wäre, aber ich sagte: »Nein, ich will nur mit John sprechen.« Ich bot ihm an, für ihn zu beten.

Er stand wütend auf und sagte: »Nein, ich will für Sie beten.«

Ich sagte: »Einverstanden. Sie beten zu Ihrem Gott, und dann bete ich zu meinem.«

Wütend stürmte er aus dem Zimmer. Ich dachte, er habe das Gebäude verlassen. Vorsichtshalber lief ich zum Kindergottesdienstraum, um mich zu vergewissern, dass er nicht zu den Kindern gegangen war. Er war jedoch geradewegs in den Gottesdienstraum gestürmt, war durch den Mittelgang nach vorne geschritten, aufs Podium gestiegen und begann, die Gemeinde um ihre Aufmerksamkeit zu bitten. Jemand lief nach hinten, packte mich am Arm und erzählte mir, was los war. Ich eilte in den Versammlungsraum, schritt durch den Mittelgang und befahl ihm im Namen Jesu, von dort herabzukommen.

Ich habe mich immer gefragt, was Jesus damit meinte, als er sagte: »Was immer ihr in meinem Namen bitten werdet, ihr werdet es bekommen.« Ich fühlte mich immer unbehaglich, wenn jemand in Jesu Namen betete und einfach glaubte, es würde so geschehen, nur weil er diese Floskel gebrauchte. Diese Formulierung war für mich wie ein christliches Klischee oder, vielleicht besser ausgedrückt, eine Beschwörung oder ein Mantra. Als würde der Trick funktionieren, wenn man nur sagte: »In Jesu Namen.« Dieser Moment lehrte mich mehr als viele Stunden Theologiestudium. Als Jesus sagte, dass eine Macht darin liege, wenn wir in seinem Namen beten, meinte er damit etwas Tieferes als ein Bekenntnis.

In diesem Moment wusste ich, dass ich das tat, was Jesus tun würde. Ich hatte das deutliche Gefühl, dass ich das aussprach, was in seinem Sinn und in seinem Herzen war. Ich hatte die Autorität seines Namens, weil ich dorthin ging, wohin er ging. Während ich näher und näher zum Podium schritt, wiederholte ich immer wieder: »Im Namen Jesu befehle ich Ihnen, dort herunterzukommen.«

Nach dem dritten oder vierten Mal hörte er auf zu schimpfen. Er wurde still, stieg vom Podium herab, fiel auf die Knie und beugte das Gesicht auf den Boden.

Neben ihm stand unser Assistenzpastor, David, der mit mir im Büro gewesen war. Er erzählte mir später, dass John ihn angeschaut und gefragt hatte: »Wollen Sie wissen, was ich gerade bete?« David sagte: »Nein.« Das machte John wütend. Deshalb fragte er wieder: »Wollen Sie wissen, was ich bete?« Da sagte David: »Ja.« Er antwortete: »Ich bete dafür, dass diese Menschen aufhören, diesem Mann nachzufolgen, dass diese Schafe aufhören, diesem Hirten nachzufolgen.«

Dann stand er auf, und er fragte nach meinem Namen. Ich sagte, ich heiße Erwin. Er fing an, meinen Namen zu schreien. Dann schaute er mich mit einer unmissverständlichen Drohung an und sagte: »Ich komme wieder, Erwin.«

Ich schaute ihn an und erwiderte: »Ich werde hier sein.«

Damit stürmte er zur Tür hinaus, bog nach rechts ab, ging noch einmal nach rechts und marschierte zufällig genau dorthin, wo das Filmteam stand. Sie meinten, er sei das nächste Gemeindemitglied, das interviewt werden sollte. Sie stellten ihm dieselbe Frage wie allen anderen: »Was ist das Problem Nummer eins in Süd-Dallas?«

Sie warteten auf eine Antwort und waren verblüfft, als er herausplatzte: »Der weiße Mann.« Sie schluckten, dann baten sie ihn, noch ein weiteres Problem zu nennen. Diese zweite Antwort war viel interessanter. Er sagte: »Es gibt Bedürftige und Habgierige; es ist ein Ort voll Not und Habgier.« Dann führte er aus, die eigentliche Herausforderung sei es, zwischen den beiden unterscheiden zu können.

John wurde Teil unseres Hilfs- und Missionsprojekts. Es war fast, als wollte Gott in seinem einzigartigen Sinn für Humor uns allen sagen, dass viel mehr los ist als das, was uns sofort ins Auge fällt. Ich bin überzeugt, dass dies einer dieser vielschichtigen Augenblicke Gottes war. Gott sorgte dafür, dass wir mehr filmten als den Dienst der Gemeinde. Er wollte, dass wir einen tieferen Sinn für das bekämen, was er durch die Gemeinde wirkte. Ein echter geistlicher Krieg fand statt, Menschen, die von der Macht der Finsternis gefangen sind, echte Gefahren, die nicht nur in den Schatten lauern, sondern in den Herzen von Menschen. Ja, Gott wollte nicht einen Film über einen netten kleinen Dienst unter den Bedürftigen in der Stadt, sondern über einen Krieg, bei dem es um die Seelen von Männern, Frauen und Kindern ging.

Jesus lehrte seine Jünger, folgende Worte zu beten: »Dein Reich komme, dein Wille geschehe, wie im Himmel, so auf Erden« (Matthäus 6,10). Gottes entscheidende Augenblicke haben die Macht, das Reich Gottes auszubreiten. Wenn wir uns entscheiden, unser Leben so zu führen, dass Gottes Wille auf Erden genauso geschieht wie im Himmel, siegt das Reich Gottes über das Reich der Finsternis. Wenn wir bereit sind, den ersten Zusammenstoß aufzufangen, wenn wir bereit sind, diese göttlichen Momente zu nutzen, egal was es kostet, schaffen wir die Gelegenheit, in der Gott das Unsichtbare sichtbar machen kann, er Dinge aufrütteln kann, in der Gott sich zu erkennen gibt. Wenn wir Gottes entscheidende Augenblicke in unserem Leben nutzen, stehen wir im Epizentrum des Handelns Gottes. Wenn wir uns entscheiden, unser Leben als Abenteurer zu führen, gebraucht Gott uns, um alles aufzurütteln.

Der Kampf tobte von einem Ort zum anderen und von einer Zeit zur anderen. Der Feind hatte einen ungerechten Vorteil. Er kannte jede Angst, jeden Zweifel, jede Schwäche, die sie hatten. Er wählte das Schlachtfeld und wechselte es, wenn es zu seinem Vorteil war.
Ayden und Kembr kämpften Schulter an Schulter und drängten die endlose Dunkelheit zurück. Das Licht diente ihnen als Sicheln, die sich durch die Schatten schnitten.
Ihre Schreie verrieten sie, als sie sich gewaltsam auf Ayden und Kembr zubewegten. Die Schatten wussten, wenn sie die beiden voneinander trennen könnten, würden sie schwach werden und vielleicht zurückfallen.
»Wir sind schon fast am dunkelsten Ort«, ermutigte Ayden sie, während sie sich weiter vorankämpften. Dort, sagte Maven, hätte das Licht seine höchste Dichte.
Sie alle hörten das Donnern in der Ferne. Dann erschien wie beim herrlichsten Sonnenaufgang das Licht, das sich so stark ausbreitete, dass es den Horizont erleuchtete.
»Schau«, rief Ayden. »Das Licht folgt uns!«

Eintrag 2358, The Perils of Ayden

8

Bewegung – Löse eine Reaktion aus

Ich war zu einem Jüngerschaftstraining für junge Berufstätige in der amerikanischen Hauptstadt eingeladen. Washington, D. C., ist ein Magnet für aggressive und ehrgeizige junge Leute. Das Thema dieses Wochenendes war Evangelisation und dass wir unser Leben für andere einsetzen sollen, um sie zu Jesus zu führen. Ich war ganz aufgeregt, als ich daran dachte, wie viel Potenzial, Gaben und Einfluss bei dieser Konferenz in Bewegung gesetzt werden könnten. Die Umgebung war schön – genau das, was ich bei Teilnehmern dieser Art erwartete. Ein großer Wald, an einem See gelegen, ein vornehmes Ambiente, das sich nicht jeder leisten kann.

Nach meiner Einschätzung lief das Wochenende gut. Die Teilnehmer wirkten sehr aufmerksam; sie schienen sich wirklich für das, was ich sagte, zu interessieren. Das motivierte mich so sehr, dass ich anbot, das Gelernte auch in der Praxis anzuwenden. Ich schlug vor, dass wir uns in Washington treffen und das, was wir gelernt hatten, gemeinsam anwenden könnten. Ich nannte eine Uhrzeit, zu der wir uns in der Capitol Hill Metropolitan Baptist Church treffen wollten. Ich war sicher, dass dieses Angebot von einer Schar Lernbegieriger angenommen werden würde. Auf mich wartete eine Enttäuschung. Kurz gesagt, ich wurde versetzt. Die Gruppe war zwar vielleicht interessiert, aber sie hatte sich eindeutig nicht mobilisieren lassen.

Der Abend war jedoch kein totaler Reinfall. Am selben Wochenende hatte einer der Teilnehmer, der im Weißen Haus arbeitete, mich zu einer Privatführung durch das Präsidentenhaus eingeladen. Obwohl niemand aufgetaucht war, als es darum ging, das, was wir bei unserem Wochenendseminar gelernt hatten, anzuwenden, erschien eine Stunde später eine kleine, aber begeisterte Gruppe, weil sie gehört hatten, dass ich diese Einladung zu einem Rundgang durch das Weiße Haus bekommen hatte. Präsident Reagan musste an diesem Tag eine Rede halten, und so waren spät an diesem Abend wir zwei plus die Hand voll Leute, die sich zu unserer Führung gesellt hatten, zum Weißen Haus unterwegs. Die Führung sollte eine Stunde nach meiner gescheiterten Evangelisationsübung stattfinden. Ohne das geringste Unbehagen erklärten die Leute, warum sie es zum ersten Termin nicht geschafft hatten, aber zu früh zum zweiten gekommen waren.

Sie hatten die erste Einladung abgelehnt und kamen ungeladen zu der zweiten Veranstaltung. Anscheinend wollen die meisten von uns lieber den Präsidenten sehen als Gott. In diesem Fall wollten sie lieber die Wirkungsstätte des Präsidenten sehen als Gott wirken zu sehen. Wir marschierten also zum Oval Office und betraten die Zentrale einer Weltmacht.

Ich hatte den Leuten nur eines verschwiegen: Ich verschob die Evangelisationsübung um eine Stunde nach hinten und änderte leicht den Ort. Es war klar, dass dies unser Augenblick Gottes war. Man kann Gott in keinen Terminplan zwängen. Und so wurden die Leute, die im Weißen Haus Nachtschicht hatten, unsere erste Gelegenheit, über unseren Glauben zu sprechen. Auch wenn unsere Gespräche begrenzt waren, sahen meine Kursteilnehmer wenigstens, dass ich mich darum bemühte. Aber danach geschah noch etwas viel Interessanteres.

Es war fast drei Uhr morgens, und da ich das Jefferson Memorial noch nie gesehen hatte, willigten sie ein, mit mir zu dieser eindrücklichen Hommage an die Freiheit und an das Genie zu fahren. Als wir die Stufen hinabstiegen, sahen wir eine Gruppe Yuppies auf den Stufen des Denkmals sitzen und Sekt trinken. Einer aus unserer Gruppe sah sie und stieß mich an, ich solle hingehen und sie ansprechen. Ich antwortete: »Wenn Sie meinen, dass wir sie ansprechen sollten, dann sprechen Sie sie an.« Er weigerte sich, aber ich sagte, ich würde nicht das tun, was Gott gerade ihm gesagt hatte, dass er es tun solle. Schließlich hatte er diese Gelegenheit bemerkt. Er hatte eindeutig das Gefühl, dass er sie ansprechen sollte. Er wollte diese Leute gern ansprechen, aber er hatte Angst. Im Laufe der Jahre habe ich gelernt, dass diese Art Unruhe Gottes Geist ist, der zu uns spricht. Ich hoffte, dass meine Weigerung, an seiner Stelle zu gehen, ihn anstacheln würde, den entscheidenden Augenblick, den Gott ihm schenkte, zu nutzen.

Da hörte ich plötzlich jemanden rufen: »Ha, die!« Zuerst wusste ich nicht, woher der Ruf kam. Dann hörte ich es wieder: »Ha, die!«

Ich drehte mich um und sagte: »Wie bitte?«

Er erwiderte: »Es heißt nicht ›Wie bitte?‹ Es heißt: ›Gesundheit‹!«

Ich war ein wenig verwirrt.

Er erklärte: »Wenn jemand niest, sagt man: ›Gesundheit‹«.

Er hatte nicht »Ha, die!« gesagt. Es war ein »Hatschi« gewesen. Er hatte geniest, nicht gerufen. Schon waren wir mitten im Gespräch.

Nachdem er mir erklärt hatte, was man sagen muss, wenn jemand niest, schaute ich ihn an und sagte: »Gesundheit und Gott segne Sie.«

Um drei Uhr morgens auf den Stufen des Jefferson Memorial nutzten wir den nächsten entscheidenden Augenblick, den Gott uns schenkte. Ich werde nie vergessen, wie diese einflussreichen, aggressiven Yuppies sich wie Küken hinter ihrer Mutter drängten, gleichzeitig schüchtern und freudig erregt, dass wir diesen Augenblick nutzten.

Wir sprachen eine kleine Gruppe von Washingtoner Yuppies an, die sich nicht sehr von der Gruppe unterschied, die direkt hinter mir stand. Sie waren offen und freundlich und unterhielten sich gern mit uns. Als ich anfing, ihnen zu erklären, dass Gott sie durch die Person Jesus Christus segnen kann, war der junge Karrieretyp in der Mitte der Gruppe ziemlich irritiert. Er begriff, dass ich

Christ war und bemerkte: »Oh nein, Sie sind Christ. Wissen Sie, was ich an Christen so hasse?« Durch jahrelange Übung hatte ich gelernt, zwischen den Zeilen zu lesen. Dieser Mann hasste Christen. Und da ich Christ war, hasste er mich plötzlich auch.

Nicht sicher, ob ich die Antwort wirklich hören wollte, wagte ich einen Vorstoß und ging auf seine Aussage ein: »Was hassen Sie denn an Christen?«

Er erklärte: »Ihr Christen lebt nach dem Glauben.«

Ich fragte ihn: »Wonach leben Sie?«

Er knurrte zurück (er knurrte wirklich): »Ich lebe nach der Vernunft.«

Ich fragte: »Nach wessen Vernunft leben Sie?« Wir hatten gerade über Locke, Hume, Descartes und andere Philosophen gesprochen. Deshalb fuhr ich fort: »Leben Sie nach Lockes Vernunft? Oder nach Humes Vernunft?« Dann deutete ich auf seine Gefährten: »Oder nach der Vernunft Ihrer Freunde? Nach wessen Vernunft leben Sie?«

Er antwortete, ohne zu zögern: »Nach meiner Vernunft.«

Dann fragte ich: »Woher wissen Sie, dass Ihre Vernunft richtig ist?«

Es folgte ein Augenblick, in dem er schweigend nachdachte. Ich bin ziemlich sicher, dass er nicht betete, da er ja nicht an Gott glaubte. Schließlich brach er das Schweigen. Mit einer Stimme, die schmerzvoll klang, sagte er: »Weil ich es glaube.«

Jetzt war für alle offensichtlich, dass wir beide nach dem Glauben lebten.

Deshalb stellte ich ihm eine letzte Frage: »Ich habe mich entschieden, meinen Glauben auf Jesus Christus zu setzen, der gekreuzigt wurde und dann von den Toten auferstand. Sie haben sich entschieden, Ihren Glauben auf sich selbst zu setzen. Ich weiß, was Jesus getan hat. Was genau haben Sie in letzter Zeit getan?« Ich gebe zu, dass ein anderer Ansatz vielleicht diplomatischer gewesen wäre, aber ich musste mich schnell entscheiden, und ich hielt es für richtig, ihn so aggressiv herauszufordern. Die Reaktion seiner

Freunde war sehr positiv. Ein Glaube, der auf Vernunft aufbaut, ist kein vernünftiger Glaube. Am Ende müssen wir alle unser Vertrauen auf etwas setzen. Für ihn war dieses Etwas sein Verstand. Für mich ist es die Person Jesu Christi. Ich war dankbar, dass für diese kleine Gruppe von Suchenden der Glaube viel vernünftiger war als der Rationalismus.

Wenn wir uns entscheiden, eine göttliche Gelegenheit zu nutzen, birgt diese Entscheidung wirklich das Potenzial, andere in Gottes Gegenwart und näher zu Gottes Zielen zu bringen.

Gott schenkt uns das große Privileg, dass wir andere dorthin führen können, wo er handelt. Wenn wir uns entscheiden, eine göttliche Gelegenheit zu nutzen, birgt diese Entscheidung wirklich das Potenzial, andere in Gottes Gegenwart und näher zu Gottes Zielen zu bringen. Gott gebraucht die Männer und Frauen, die sich entscheiden, an vorderster Front zu leben, um sein Volk zu motivieren, selbst in den Kampf einzugreifen.

Samuel berichtet uns, was nach dem Erdbeben geschah:

> Und die Wächter Sauls zu Gibea in Benjamin sahen, wie das Getümmel der Philister hin und her wogte. Da sprach Saul zu dem Volk, das bei ihm war: Zählt und seht, wer von uns weggegangen ist! Und als sie zählten, siehe, da waren Jonatan und sein Waffenträger nicht da. Da sprach Saul zu Ahija: Bringe den Efod herbei! Denn er trug den Efod in jener Zeit vor Israel. Und als Saul noch mit dem Priester redete, wurde das Getümmel im Lager der Philister immer größer. Und Saul sprach zum Priester: Lass es sein! (1. Samuel 14,16-19)

Jonatan hatte weder Zeit noch das Bedürfnis, Aufmerksamkeit auf sich zu lenken. Er versuchte nicht, sich ins Rampenlicht zu rücken. Er konzentrierte sich auf seine Aufgabe. Er stand mitten im Kampf. Er war im Krieg. Er hatte keine Zeit, um an sich zu denken, keine Zeit, sich zu überlegen, wie er aus diesem Unternehmen für sich einen persönlichen Nutzen herausschlagen könnte. In diesem

Augenblick tat er nur, was richtig war. Gott war derjenige, der die anderen auf Jonatans Tun aufmerksam machte. Es war nicht nötig, sich selbst hervorzutun. Aber Gott wollte bekannt machen, was Jonatan tat.

Die Wachleute Israels sahen, was passierte. Sie sahen, dass die Philister in alle Richtungen davonliefen. Saul wusste instinktiv, dass einer von seinen Leuten der Auslöser für dieses Ereignis sein musste. Es sollte uns nicht überraschen, dass ein einzelner Mensch eine Veränderung auslöst, wenn Gott etwas tut. In der ganzen Armee gab es nur einen einzigen Soldaten, der das tat, was Soldaten eigentlich tun sollen. Der Rest schlief. Jonatan zog in den Krieg.

Dann tat Saul etwas, das sehr geistlich aussieht. Er rief den Priester Gottes, er solle die Bundeslade bringen, damit sie beten und den Herrn suchen könnten. Denn wie kann man handeln, ohne Gottes Willen zu kennen? Aber es war eine zu große Unruhe, um sinnvoll beten zu können. Während Saul mit dem Priester sprach, wurde der Tumult im Lager der Philister immer größer. Und so sagte Saul zum Priester: »Lass es sein.« Das heißt so viel wie: »Jetzt ist keine Zeit zu beten.«

Am Altar stehen gelassen

Hatten Sie schon einmal das Gefühl, dass Sie immer einen Schritt zu spät kommen? Dass Sie ständig einen Moment zu spät versuchen, einen entscheidenden Augenblick Gottes zu ergreifen? Haben Sie schon einmal den Alptraum erlebt, dass der Startschuss gefallen ist und Sie immer noch am Startblock stehen? Für mich war das mehr als ein Alptraum; es war leider Realität.

Es geschah bei einem Leichtathletikwettkampf in Miami, Florida. Ich war noch Schüler, und der Wettkampfplatz auf dem Sportgelände der Universität wirkte auf mich sehr einschüchternd. Ich sollte als Erster die 400 Meter laufen. Als ich die Stärke meiner Konkurrenz betrachtete, war klar, dass sie alle Superathleten waren. Ich wusste, meine einzige Hoffnung, gut abzuschneiden, wäre es, einen guten Start hinzulegen. Zwei Fehlstarts sind erlaubt, und ich hatte bereits einen hinter mir. Ich wusste, wenn ich wieder zu früh losliefe, würde ich disqualifiziert werden. Ich wollte schnell wegkommen, aber mein starker Adrenalinausstoß hatte mich beim ersten Versuch in Schwierigkeiten gebracht. Also wartete ich, denn ich wusste, dass ich keinen Fehler machen dürfte. Ich kann nicht erklären, was dann passierte. Es passierte alles so schnell. Nun ja, es passierte schnell für alle anderen. Für mich nicht. Der Schuss ertönte, alle liefen los, und ich stand wie gelähmt am Startblock. Als ich endlich loslief, war es viel zu spät. Ich war beim ersten Mal als Erster losgelaufen und beim zweiten Mal als Letzter angekommen.

Genauso ging es Saul. Er handelte, als er warten sollte; er befahl, als er beten sollte; er schlief, als er kämpfen sollte; und jetzt tat er es wieder: Er betete, als er sich bewegen sollte.

Genauso ging es Saul. Er handelte, als er warten sollte; er befahl, als er beten sollte; er schlief, als er kämpfen sollte; und jetzt tat er es wieder: Er betete, als er sich bewegen sollte. Er bekam es einfach nicht auf die Reihe. Aber wenn man die Situationen genauer betrachtet, stellt man fest, dass das nie daran lag, dass die Dinge unklar gewesen wären. Gott sagte ihm ständig, was er tun sollte. Saul wusste: Obwohl er König war, durfte nur Samuel das Brandopfer vor dem Herrn darbringen. Samuel hatte Saul angewiesen, sieben Tage auf seine Ankunft zu warten. Als Samuel an diesem siebten Tag nicht früh genug ankam, nahm Saul die Dinge selbst in die Hand. Als Samuel ankam, tadelte er Saul, nicht weil er aus Unwissenheit gehandelt hätte, sondern weil er nicht getan hatte, was Gott ihm befohlen hatte.

Saul wusste, dass er auf Samuel warten sollte, aber er tat es nicht. Er wusste, dass er in den Krieg ziehen sollte, aber er tat es nicht. Immer wieder verpasste er die Gelegenheiten, die Gott ihm gab. Das lag nicht daran, dass Gottes Wille so schwer zu verstehen gewesen wäre. Es lag einfach daran, dass er sich entschied, Gott nicht zu vertrauen und nicht nach seinem Wort zu handeln. Gott schweigt nicht. Er spricht sowohl durch das Wort Gottes, das Mensch wurde, als auch durch sein Wort, das niedergeschrieben wurde, um uns zu führen. Hier beginnt das Abenteuer. Leben Sie nach dem, was Gott bereits gesagt hat, dann werden Sie feststellen, dass Gott nicht schweigt.

Ein Leben ohne Gebet zu führen heißt, das Leben zu verpassen, das Gott Ihnen schenken will. Aber es gibt Situationen, in denen das Gebet ein religiöser Deckmantel für ein leeres Leben werden kann.

Was Saul jetzt tat, war sehr religiös. Oberflächlich betrachtet, sah es tief geistlich aus. Er rief den Priester und die Bundeslade und begann, Gott zu fragen, was er tun sollte. Natürlich ist es wichtig, Gottes Gegenwart zu suchen, sich Zeit zu nehmen, um in Gottes Gegenwart zu treten und sich von ihm verändern zu lassen. Ein Leben ohne Gebet zu führen heißt, das Leben zu verpassen, das Gott Ihnen schenken will. Aber es gibt Situationen, in denen das Gebet ein religiöser Deckmantel für ein leeres Leben werden kann.

Jesus hat uns davor gewarnt. Er fordert uns konkret auf, nicht so zu beten wie die Heiden. Er meint damit die Praxis, Gebete sinnlos zu wiederholen. Aus irgendeinem Grund glauben wir anscheinend, wir könnten Gott mit viel Beten beeindrucken.

Ich erinnere mich noch gut an meine erste Beichte. Eine katholische Beichte läuft normalerweise nach einem festen Schema ab: Man betritt den Beichtstuhl; man zählt dem Priester alle Sünden auf, die einem einfallen; er sagt, was man beten soll, damit einem die Sünden vergeben werden können. Ich erschrak. Ich konnte dem Priester doch nicht meine tiefsten, dunkelsten Geheimnisse verraten. Er wäre sicher schockiert, wenn er wüsste, was für ein sündhaftes Leben ein Zehnjähriger führen kann. Aber schließlich spuckte ich es aus. Ich gab zu, dass ich in meiner Wut gesagt hatte, dass Jesus dumm sei. Rückblickend weiß ich nicht, ob dieses Geständnis die Ursache war, die den Priester wütend machte. Wahrscheinlich eher meine vorherige Behauptung, ich wäre sündlos. Ich hatte behauptet, ich hätte keine Sünden. Während er mir riet, über bestimmte Sünden nachzudenken, versicherte ich ihm immer wieder, dass ich davon nichts getan hätte. Nachdem ich gestanden hatte, was ich zu Jesus gesagt hatte, beharrte ich darauf, bis auf diese eine Ausnahme sündlos und vollkommen zu sein. Woher konnte ich sicher sein, dass der Priester nicht bald mit meiner Mutter sprechen würde?

Dann kam meine Bußübung. Ich kann mich nicht an die genaue Anzahl erinnern, aber er verordnete mir fast zweihundert »Vaterunser« und über dreihundert »Bußgebete«. Ich schätze, dahinter steckte die Theorie: Je mehr du sündigst, desto mehr solltest du beten. Ich hatte offenbar große Probleme mit Gott. Ich verriet dem Priester lieber nicht, dass ich die Bußgebete nie auswendig gelernt hatte. Ich hatte mich irgendwie durch den Kommunionunterricht geschmuggelt.

Also ging ich feierlich zum Altar vor. Leute knieten überall in der Kathedrale und beteten ihre unzähligen Gebete. Ich kniete mit der ganzen Ehrfurcht, die ich aufbringen konnte, nieder und begann, mit Gott zu verhandeln. Ich sagte: »Gott, ich kenne die Bußgebete nicht. Ich kann sie also auch nicht beten. Das Vaterunser kenne ich, aber ich kann einfach nicht einsehen, was für einen Sinn es haben soll, es immer wieder zu beten. Ich werde es also dreimal beten: Einmal für dich, Vater; einmal für den Heiligen Geist und einmal für Jesus. Ich hoffe, das genügt.«

Schon damals konnte ich nicht einsehen, wie Gott sich durch die Menge der Gebete beeindrucken lassen sollte. Es ist fast, als meinten wir, Gott führe Buch über die Anzahl der Worte, die wir im Gebet sagen. Jesus sagte: »Und wenn ihr betet, sollt ihr nicht viel plappern wie die Heiden; denn sie meinen, sie werden erhört, wenn sie viele Worte machen. Darum sollt ihr ihnen nicht gleichen. Denn euer Vater weiß, was ihr bedürft, bevor ihr ihn bittet.« (Matthäus 6,7-8)

Unsere Bücher über das Gebet konzentrieren sich viel zu sehr darauf, *wie viel* wir beten, und viel zu wenig darauf, was passiert, *wenn* wir beten. Die eine Gefahr ist es, nicht zu beten, aber eine andere Gefahr ist es, viel zu beten und trotzdem keinen echten Kontakt zu Gott zu haben.

Die eine Gefahr ist es, nicht zu beten, aber eine andere Gefahr ist es, viel zu beten und trotzdem keinen echten Kontakt zu Gott zu haben.

Jesus greift das Denken an, wir würden wegen unserer vielen Worte erhört werden. Er sagt indirekt, dass die vielen Gebete die Folge eines falschen Gottesverständnisses seien. Er sagt: »Darum sollt ihr ihnen nicht gleichen. Denn euer Vater weiß, was ihr bedürft, bevor ihr ihn bittet.«

Beim Gebet geht es nicht darum, Gott über unsere Bedürfnisse zu informieren, und auch nicht darum, dass wir Gott überreden müssten, uns zu helfen. Beim Gebet geht es um eine Beziehung zu Gott. Es geht darum, seine Gegenwart zu erfahren und mit ihm in einer engen Gemeinschaft zu leben. Jesus erinnert uns daran, dass Gott gegenüber unseren Bedürfnissen nicht blind ist. Oft verhalten wir uns im Gebet so, als wäre Gott apathisch oder interessiere sich nicht für unsere Anliegen. In einem Gleichnis stellt Jesus Gott, den Vater, einem Mann gegenüber, der sich weigert aufzustehen, um einem Freund Brot zu geben, dann aber wegen der Hartnäckigkeit des anderen doch nachgibt. Gott ist bereit, uns sowohl seine Gaben als auch sich selbst zu geben, wenn wir ihn darum bitten, aber im Bereich des Gebets gibt es noch eine größere und subtilere Gefahr. Es wird dann gefährlich, wenn das Gebet reaktiv ist und nicht proaktiv. Dann, wenn wir unterschwel-

Beim Gebet geht es nicht darum, Gott über unsere Bedürfnisse zu informieren, und auch nicht darum, dass wir Gott überreden müssten, uns zu helfen. Beim Gebet geht es um eine Beziehung zu Gott. Es geht darum, seine Gegenwart zu erfahren und mit ihm in einer engen Gemeinschaft zu leben.

lig das Gebet nicht einsetzen, um Gottes Willen zu suchen, sondern um unseren Gehorsam gegenüber seinem Willen hinauszuzögern.

Saul betete, Jonatan gehorchte. Saul versuchte, den Willen Gottes zu erkennen, Jonatan setzte den Willen Gottes in die Tat um. Ich kann mich nicht erinnern, wie oft ich schon mit Menschen gesprochen habe, die scheinbar nicht erkennen konnten, was sie tun sollten. Man könnte denken, dass diese Situationen höchst kompliziert und schwer zu verstehen gewesen wären, aber meistens war der Rat, den ich ihnen gab, nicht das Ergebnis großer Erkenntnisse oder einer wunderbaren Intuition. Ihre Situationen waren in der Bibel so klar beschrieben, dass es eindeutig war, was sie tun sollten. Zu oft war die Antwort die gleiche: »Ich muss darüber beten.«

Eine junge Christin, die in einer zerstörerischen Liebesbeziehung mit einem Nichtchristen lebt, ist nicht bereit, die Beziehung zu beenden, obwohl sie weiß, dass sie nicht mit einem Ungläubigen am gleichen Joch ziehen soll.

Ein Ehemann, dessen Geschäft »Gott gehört«, arbeitet 24 Stunden am Tag und das sieben Tage in der Woche, während seine Ehe zerbricht und seine Kinder auf Abwege geraten.

Ein Diakon oder Schatzmeister fängt an, passive Gemeindemitglieder zu mobilisieren und aufzustacheln, um den neuen Pastor loszuwerden.

Ein junges Paar, das unverheiratet zusammenlebt, ist überzeugt, dass für ihre Liebe die biblische Aufforderung, keinen außerehelichen Geschlechtsverkehr zu haben, nicht gelte.

Es mag schwer zu glauben sein, aber in diesen und vielen anderen Situationen lautet die Antwort von Leuten, die sich selbst für aufrichtige Christen halten: »Ich muss darüber beten.«

Das Gebet als Hindernis

Gebet kann eine religiöse Form der Rebellion sein. Wir tun so, als bräuchten wir Klarheit von Gott, dabei weichen wir in Wirklichkeit nur dem aus, was Gott uns schon längst klar gemacht hat. Uns gefällt nicht, was die Bibel sagt. Das, wozu die Bibel uns auffordert, ist nicht das, was wir tun wollen. Obwohl die Anweisungen klar und deutlich sind, obwohl der Wille Gottes unzweideutig aufgeschrieben ist, gaukeln wir Gehorsam vor, indem wir behaupten, wir müssten Gott im Gebet suchen. Es gibt einige Dinge, über die wir einfach nicht beten müssen. Wir müssen nicht Gott dazu bewegen, seine Meinung über etwas zu ändern, das er gesagt hat, weil etwas anderes mit seinem Charakter nicht vereinbar wäre.

Nicht zu beten ist ein Hindernis, Gottes entscheidenden Augenblicke in unserem Leben zu nutzen. Das Gebet hält uns im Gleichschritt mit Gottes Geist und im Einklang mit seiner Stimme.

Nicht zu beten ist ein Hindernis, Gotes entscheidenden Augenblicke in unserem Leben zu nutzen. Das Gebet hält uns im Gleichschritt mit Gottes Geist und im Einklang mit seiner Stimme. Wenn Sie ein Leben ohne Gebet führen, dann gilt Ihnen die Aufforderung des Apostels Paulus, ohne Unterlass zu beten. Unser Leben soll ein ununterbrochenes Gespräch mit Gott sein. Ein solches Leben im Gebet ist ein Leben, in dem wir sensibel sind für jeden Anstoß und jedes Flüstern Gottes. Nicht wir informieren Gott, sondern Gott informiert uns. Er nimmt aktiv und persönlich an unseren täglichen Entscheidungen teil.

Aber wenn wir nicht aufhören, über Dinge zu beten, die Gott bereits klar gesagt hat, dann ist das Gebet ein Hindernis. Wenn er uns in seinem Wort das Gebot gegeben hat, dann sollen wir nicht beten. Wir sollen gehorchen.

Das Gebet kann auch dann ein Hindernis sein, wenn wir uns dahinter verstecken, obwohl der Augenblick verlangt, dass wir handeln. Es gibt Augenblicke, in denen es zu spät ist, um zu beten. Das ist, wenn Gott bereits gesprochen hat und wir zu spät dran sind. Wenn das der Fall ist, müssen wir laufen.

Wir müssen nicht darüber beten, ob wir andere lieben sollen. Wir haben bereits das Gebot zu lieben. Wir brauchen nicht darüber zu beten, ob wir vergeben sollen. Wir haben bereits das Gebot, dass wir es sollen. Wir brauchen nicht darüber zu beten, ob wir Gemeinschaft haben oder unseren Glauben bekennen sollen. Genauso wenig müssen wir darüber beten, ob wir arrogant oder demütig sein sollen, geben oder nehmen, uns bedienen lassen oder dienen sollen. Zu all diesen und noch vielen anderen Punkten hat Gott bereits gesprochen. Wenn Sie trotzdem über diese Dinge beten, bestätigt Gott, was er bereits gesagt hat, und fügt hinzu: »Worauf wartest du noch?«

Jesus schätzte nicht das Gebet um des Gebets willen. Er schätzte die enge Gemeinschaft zwischen Gott und Mensch.

Saul betete, als er hätte gehorchen sollen. Ist es möglich, dass wir die gleiche Sünde begehen? Benutzen Sie das Gebet als Möglichkeit, sich Gottes Willen zu widersetzen, statt als Möglichkeit, Gottes Willen näher zu kommen? Jesus schätzte nicht das Gebet um des Gebets willen. Er schätzte die enge Gemeinschaft zwischen Gott und Mensch. Der Zweck des Gebets ist es, Gott kennen zu lernen, und dadurch, dass wir ihn kennen, Gottes Stimme zu hören und zu begreifen, dass Gott uns gehört hat. Das Endergebnis eines solchen Gebets ist ein Herz, das bereitwillig dorthin geht, wohin Gott es ruft.

Der Zweck des Gebets ist es, mit Gott in Kontakt zu bleiben. Wenn wir mit Gott in Kontakt bleiben, bewegen wir uns mit ihm. Das Gebet, das uns mit Gott in Verbindung hält, versetzt uns in die Lage, Gottes entscheidenden Augenblick in unserem Leben zu nutzen. Ein solches Gebet gibt uns den Mut, das Leben eines Abenteurers zu führen. Das Gebet sollte uns vorwärts bewegen, nicht lähmen. Wenn Sie mit der Absicht beten zu gehorchen, werden Sie ein Magnet, der andere in Gottes Gegenwart zieht. Sie können wählen, ob Sie ein Denkmal für das Gebet errichten wollen oder ob Sie beten wollen, um eine Bewegung in Gang zu setzen. Das eine ist religiös; das andere ist revolutionär.

In 1. Könige 18 begegnen wir einer Gebetsveranstaltung, die in der Geschichte einzigartig ist: Elia im Gebetswettstreit mit den Baalspropheten. Wenn wir diese Stelle genau lesen, fällt uns auf, dass die Baalspropheten Elia sowohl in Bezug auf die Gebetsdauer als auch in Bezug auf die Anstrengungen in ihrem Gebet weit übertrafen. Zwei Altäre wurden errichtet. Die Propheten und Elia sollten zu ihrem Gott bzw. zu ihren Göttern beten und sie veranlassen, Feuer vom Himmel zu schicken. Die Gottheit, die das Gebet erhörte, würde von allen Zuschauern als der eine, wahre Gott anerkannt werden.

»Die Baalspropheten beteten vom Morgen bis zum Mittag: Baal, erhöre uns! Aber es war da keine Stimme noch Antwort. Und sie hinkten um den Altar, den sie gemacht hatten.« (1. Könige 18,26) Gegen Mittag begann Elia sie zu verspotten:

> »Ruft laut! Denn er ist ja ein Gott; er ist in Gedanken oder hat zu schaffen oder ist über Land oder schläft vielleicht, dass er aufwache. Und sie riefen laut und ritzten sich mit Messern und Spießen nach ihrer Weise, bis ihr Blut herabfloss. Als aber der Mittag vergangen war, waren sie in Verzückung bis um die Zeit, zu der man das Speisopfer darbringt, aber da war keine Stimme noch Antwort noch einer, der aufmerkte.« (1. Könige 18,27-29)

Sie beteten lang und intensiv. Es gab nur ein kleines Problem: Sie beteten zu einem Gott, den es überhaupt nicht gibt. Es ist furchtbar, wenn man sein Leben mit Gebet zum falschen Gott vergeudet.

Elia dagegen betete ein sehr kurzes Gebet: »Herr, Gott Abrahams, Isaaks und Israels, lass heute kundwerden, dass du Gott in Israel bist und ich dein Knecht und dass ich das alles nach deinem Wort getan habe! Erhöre mich, Herr, erhöre mich, damit dies Volk erkennt, dass du, Herr, Gott bist und ihr Herz wieder zu dir kehrst!« (1. Könige 18,36-37). Ende des Gebets.

Die Bibel beschreibt, was in diesem Augenblick passierte: »Da fiel das Feuer des Herrn herab und fraß Brandopfer, Holz, Steine und Erde und leckte das Wasser auf im Graben. Als das Volk das sah, fielen sie auf ihr Angesicht und sprachen: Der Herr ist Gott, der Herr ist Gott!« (V. 38-39)

Auf der ganzen Welt beten Menschen; es gibt unzählige Religionen, in denen Menschen ernsthaft und ununterbrochen beten. Einige beten fünfmal am Tag in Richtung Osten; andere fliehen dem Lärm der Welt und verschanzen sich in Höhlen oder Burgen, damit sie ungestört beten können. Ich glaube nicht, dass Gott uns zu einem Gebetsleben beruft, das uns für immer von der Welt um uns herum isoliert. Derselbe Gott, der uns auffordert, ihm in der Einsamkeit eines abgeschiedenen Ortes zu begegnen, gibt uns auch den Auftrag, auf die überfüllten Straßen zurückzukehren, wo Menschen es dringend nötig haben, von Gott angerührt zu werden. Elia gewährt uns einen wichtigen Einblick in den Zweck des Gebets: »Erhöre mich, Herr, damit jeder erkennt, dass du Gott bist und dass ich dein Knecht bin, der einfach tut, was du mir aufgetragen hast.«

Kleine Gebete haben eine riesige Wirkung, wenn sie von Menschen kommen, die ein Leben im Gehorsam gegenüber Gott führen. Elia hat nicht erst gebetet und dann gehorcht. Er hat gehorcht und dann gebetet. Wenn wir beten, bevor wir gehorchen, tun wir so, als wären wir die Initiatoren für die Beziehung zu Gott. Wenn wir erst gehorchen und dann beten, erkennen wir an, dass Gott die Beziehung zu uns initiiert hat. Gott hat gesprochen. Von ihm ging das erste Wort aus. Unsere erste Antwort ist es, seine Stimme zu hören und im Einklang mit seinen Geboten voranzugehen. Aus diesem Gehorsam heraus wächst unsere Intimität mit Gott. Wenn wir dann mit ihm sprechen, erhört er uns und zeigt sich uns.

Wenn wir erst gehorchen und dann beten, erkennen wir an, dass Gott die Beziehung zu uns initiiert hat.

Trotz allem, was er falsch machte, erkannte Saul eines richtig: Als der Kampf um ihn herum zu laut wurde, war keine Zeit, um zu beten. Es war Zeit zu gehorchen. Gott war bereits deutlich am Werk. Saul musste das Volk Gottes mobilisieren und sich dem, was Gott tat, anschließen.

Ich erinnere mich an eine andere Situation, in der Samuel Saul fragte: »Warum hast du dem Herrn nicht gehorcht?« Samuel erinnerte ihn: »Meinst du, dass der Herr Gefallen habe am Brandopfer und Schlachtopfer gleichwie am Gehorsam gegen die Stimme des Herrn? Siehe, Gehorsam ist besser als Opfer und Aufmerken besser als das Fett von Widdern.« (1. Samuel 15,19-22)

Es gibt Situationen, in denen unser Gehorsam darin besteht, zu warten und zu beten. Wenn wir das tun, kommt das Wort, dass wir gehen und gehorchen müssen. In diesem Gehorsam wird die Stimme Gottes ganz klar und deutlich.

Beten in der Höhle des Löwen

Wir waren gerade nach Los Angeles gezogen, wo wir in der *Church on Brady* mitarbeiteten. Wir hatten fast zehn Jahre in Dallas gewohnt. Kim und ich hatten unser Studium abgeschlossen und waren in der Stadt geblieben, wo wir unter den Armen arbeiteten. In dieser Zeit begann ich, als Berater für Großstadtevangelisation für das *North American Mission Board* zu arbeiten. Nach drei Jahren beschlossen wir, für die nächste Phase unseres Dienstes nach Los Angeles umzuziehen. Die *Church on Brady* erschien uns als guter Stützpunkt für unseren Dienst. Da ich wusste, dass ich aufgrund meiner Arbeit viel unterwegs sein würde, wollte ich sicherstellen, dass wir Teil einer Glaubensgemeinschaft waren, die wie eine erweiterte Familie für uns werden würde. Wir standen noch mitten in dem Prozess, unser Leben, unseren Dienst und unsere Finanzen neu zu organisieren. In dieser Zeit hatte die Gemeinde großzügig angeboten, unsere Krankenversicherung zu bezahlen. Aber irgendwie waren unsere Papiere verlegt worden. Ohne es zu wissen, waren wir ungefähr ein Jahr ohne Krankenversicherung.

Meine Frau war in den ganzen Jahren, die wir verheiratet waren, nie krank gewesen. Ich sagte immer, dass sie eine perfekte Gesundheitsakte habe bis auf die zwei Male, wo sie ins Krankenhaus musste. Aber sie erinnerte mich höflich daran, dass schwanger zu sein und ein Kind zu bekommen, keine Krankheit sei. Wenn man also die zwei Entbindungen abzieht, hatte Kim eine perfekte Gesundheitsakte.

Sie können wahrscheinlich erraten, was passierte. Genau in diesem Jahr bekam Kim plötzlich furchtbare Schmerzen im Bauch. Die Schmerzen wurden immer schlimmer und schier unerträglich. Ich musste mit ansehen, wie sich meine Frau wie ein Fötus zusammenrollte und sich vor Schmerzen wand. Bei einer dieser Koliken brachten wir sie ins Krankenhaus, wo sie mehrere Tage bleiben musste. Man erklärte uns, dass sie Gallensteine habe. Drei Steine saßen an ziemlich schwierigen Stellen und waren sogar lebensgefährlich. Die Arztrechnung belief sich bereits auf mehrere tausend Dollar, und die nötige Operation würde sie noch weiter in die Höhe treiben.

Mitten in dieser Krise fand ich heraus, dass unsere Papiere verloren gegangen waren und wir ohne Versicherung dastanden. Was wir auch taten, ich musste eine Möglichkeit finden, die Rechnungen selbst zu bezahlen. Es war schon schwer genug, meine Frau mit solchen Schmerzen zu sehen, und die Gefahr für ihr Leben und was das, besonders für unsere zwei kleinen Kinder, bedeuten könnte, erdrückten mich fast. Jetzt auch noch zu wissen, dass uns ein verhängnisvoller Fehler unterlaufen war und dass ich als Folge davon nicht einmal Kims Arztrechnungen bezahlen konnte, gab mir den Rest. Ich zweifelte nicht daran, dass wir an dem Ort waren, an dem Gott uns haben wollte. Kim und ich waren keine Touristen; wir waren auf einer Mission mit Gott unterwegs; wir waren gemeinsam mit Jesus auf einer Mission. Es war einer dieser Augenblicke, in denen wir nichts Besseres und nichts anderes tun konnten als beten.

Ich betrat mit einer Verzweiflung ihr Krankenhauszimmer, die entweder zu Depressionen oder zu Gottes Eingreifen führen musste. Jakobus fordert uns auf: »Betet füreinander, dass ihr gesund werdet. Des Gerechten Gebet vermag viel, wenn es ernstlich ist« (Jakobus

5,16). Er nennt Elia als Beispiel für diese Verheißung. Elia betete, dass es nicht regnen sollte, und es regnete dreieinhalb Jahre nicht. Dann betete er wieder, und die Himmel öffneten sich und der Regen kam. Ich hatte ein unerklärliches Vertrauen, dass es in diesem Augenblick Gottes Absicht war, Kim zu heilen. Ich legte ihr die Hände auf, betete aber nicht: »Herr, ich kenne deinen Willen nicht, aber wenn du Kim heilen würdest, wäre ich dir wirklich sehr dankbar.« Vielmehr bat ich, dass Gott meine Frau auf der Stelle heilen würde. Es war nicht so, dass ich auf etwas beharrt hätte. Ich versuchte auch nicht, Gott durch die Kraft meines Glaubens zu etwas zu zwingen. Es war mehr so, als habe Gott in meinen Geist gesprochen und mich angewiesen, dieses Gebet zu beten, damit ich sein Handeln sehen würde. Ich kann bezeugen, dass Gott meine Frau in diesem Augenblick heilte. Sie verließ noch am selben Tag das Krankenhaus. Sie verließ es ohne Schmerzen, und sie ist in den zehn Jahren, die seitdem vergangen sind, ohne Schmerzen geblieben.

Mir ist klar, dass Gott nicht immer heilt, und noch klarer, dass jede Heilung zeitlich begrenzt ist. Aber ich weiß auch: Wenn wir gehorchen und dann beten, liegt darin eine unerklärliche Macht. Ich stelle das heraus, weil Saul ein so eindrückliches Beispiel dafür ist, wie man es nicht machen soll. Er hörte zum falschen Zeitpunkt und aus den falschen Gründen auf zu beten. Im Text wird davon nichts berichtet, aber ich kann mir nicht vorstellen, dass Jonatan nicht gebetet hätte. Nicht die langatmigen Gebete von Menschen, die nicht unter dem Druck im Krieg stehen, sondern die zähneknirschenden, aufrichtigen Gebete eines Mannes, der weiß: Wenn Gott nicht eingreift, bedeutet das meinen Tod. Ein altes Sprichwort sagt, dass in der Höhle des Löwen keine Atheisten sitzen. Ich frage mich, ob es nicht auch heißen müsste, dass in Luftschutzbunkern keine echten Christen sitzen.

Ein altes Sprichwort sagt, dass in der Höhle des Löwen keine Atheisten sitzen. Ich frage mich, ob es nicht auch heißen müsste, dass in Luftschutzbunkern keine echten Christen sitzen.

Als Elia betete, kam Feuer vom Himmel, und alle wussten, dass Gott bei ihm war. Das Volk Gottes stellte sich zu Elia. Das Gleiche galt auch für Jonatan. Er bewegte sich dorthin, wo Gott war; Gott bewegte den Ort, an dem er war. Bald danach bewegte sich das Volk Gottes dorthin, wo beide waren. Jonatan zog Gottes Volk mitten in Gottes Handeln hinein.

Beschreibt das Ihr Leben? Ist das Handeln Gottes um Sie herum so mächtig, dass es andere zwingt, sich Ihnen anzuschließen? Folgen Sie Jesus mit einer solchen Leidenschaft, dass andere angezogen werden, sich Gottes Bewegung anzuschließen? Sind Sie ein Gottesmagnet? Sagen Menschen, die Ihr Leben sehen: »Überall, wohin er geht, taucht Gott auf«? Aber Sie wissen, dass die genauere Beschreibung lauten müsste: Überall, wohin Gott geht, tauchen Sie auf. Wenn das für Sie noch nicht gilt, wartet vielleicht irgendwo ein Jonatan, dem Sie sich anschließen können.

Wenn es persönlich wird

Schon bevor ich in die *Church on Brady* kam, konzentrierte die Gemeinde ihre Arbeit auf sieben Völker der Erde. Die Gemeindeleitung setzte sich dafür ein, den Menschen in diesen Ländern zu helfen und sie mit dem Evangelium von Jesus Christus zu erreichen. Ein paar Jahre später wurden einem der Ältesten und seiner Frau die Kurden sehr wichtig. Sie spürten den klaren Ruf, mit ihrer Familie in die Türkei zu ziehen und den Kurden zu helfen. Es gab nur ein kleines Problem: Die Kurden gehörten nicht zu den sieben Völkern auf der Gemeindeliste. In dieser speziellen Situation passte die Türkei nicht in die Vision und das Engagement der Gemeinde und der Gemeindeleitung. Es herrschte sogar eine gewisse Unsicherheit, weil einer der Gemeindeältesten sich entschied, zu einem Volk zu gehen, das nicht im Gemeindeplan vorgesehen war. Aber wenn sie wegen dieser Spannung gefragt wurden, sagten Chris und Karen einfach, sie wüssten, dass Gott sie dazu berufen habe. Sie hatten nie den Wunsch, sich gegen die geistliche Leitung der Gemeinde aufzulehnen, nur den unerschütterlichen Ruf, den Kurden zu dienen.

Als Folge ihres Gehorsams und ihres Dienstes, der darin bestand, Wohnungen für dieses verfolgte Volk zu bauen, entstand in unserer Gemeinde ein einmaliges Engagement für die Kurden. Seit diesem Zeitpunkt hat sich der Blickwinkel der Gemeinde ausgedehnt und umspannt jetzt die ganze Welt. Vier Familien aus unserer Gemeinde leben jetzt in der Türkei, und mehrere Teams haben schon bei Kurzeinsätzen und Projekten geholfen. Wir übernahmen die Patenschaft für ein Café im Herzen Istanbuls. Ich darf nicht über Einzelheiten dieses erstaunlichen Projekts sprechen, aber ich kann sagen, dass es ein Ort ist, an dem sich Leute treffen und Gespräche führen, die ihr Leben verändern.

Eine der wunderbaren Folgen davon, wenn wir unsere göttlichen Gelegenheiten nutzen, ist es, dass dadurch viele andere veranlasst werden, ebenfalls ihre Gelegenheiten zu nutzen. Nicht alle sind gleich schnell. Einige bewegen sich mit Lichtgeschwindigkeit, während die Ampel für andere anscheinend nie auf Grün schaltet.

Wenn Samuel uns berichtet, dass Saul und alle seine Männer sich versammelten und in den Kampf zogen, beschreibt er eine dramatische Änderung des Protokolls: Der Soldatenkönig folgt seinem Sohn. Durch sein Zögern, in den Kampf zu ziehen, hatte er seine Rolle als leitender Kommandant aufgegeben. Er war jetzt gezwungen, das zu tun, was er vorher nicht hatte tun wollen. Wenn er nicht kämpfte, würde er seinen Sohn verlieren. Für Saul war die Sache persönlich geworden. Wenn er nicht dringend eingriff, könnte ihn das Jonatans Leben kosten. Das ist einer der Gründe, warum es wichtig ist, jeden entscheidenden Moment Gottes zu nutzen. Wir können am Anfang nie wissen, was Gott durch unseren einfa-

Das ist einer der Gründe, warum es wichtig ist, jeden entscheidenden Moment Gottes zu nutzen. Wir können am Anfang nie wissen, was Gott durch unseren einfachen Gehorsamsakt alles tun will.

chen Gehorsamsakt alles tun will. Es kann ein einsamer Moment zwischen Ihnen und Gott sein, in dem Sie ihn noch persönlicher erfahren. Ihr Einflussbereich erstreckt sich vielleicht nur auf diejenigen, die direkt von Ihrem Tun betroffen sind. Aber höchstwahrscheinlich wird Ihr Einflussbereich sich stark vergrößern.

Gott gebraucht gern unsere Treue, um andere zum Glauben zu motivieren. Mit jeder Entscheidung, das von Gott gegebene Potenzial, das in jedem Tag liegt, zu nutzen, bekommen Sie mehr Anziehungskraft und spiegeln Sie Gottes Charakter deutlicher wider. Es ist Ihnen vielleicht selbst gar nicht bewusst, aber Gottes Wirken in Ihrem Lebens wird für Ihre Umwelt nicht zu übersehen sein. Es sollte Sie nicht überraschen, wenn Gott sich durch einen einfachen Gehorsamsakt unsererseits entscheidet, alles aufzurütteln und den Status quo über den Haufen zu werfen. Das tat Gott durch Jonatan, und das tut er in der ganzen Geschichte durch Männer und Frauen immer wieder. Er tut es in den überraschendsten Momenten und oft auf sehr überraschende Weise.

Jesus an gottlose Orte bringen

In meinem Buch *An Unstoppable Force* spreche ich über eine dieser Erfahrungen, bei denen wir erlebten, wie Gott die Dinge über unseren normalen Einflussbereich hinaus aufrüttelte. Ich kann es nur als eine Wirkung beschreiben, die indirekt proportional zum Aufwand stand.

Wir waren auf einer Konferenz, bei der wir lernten, dass effektive Werbung ein wichtiges Element für den Erfolg einer Gemeinde sei, aber das Problem bei drei Millionen Einwohnern im Zentrum von Los Angeles und neun Millionen in den Vororten war es, dass man mehrere Millionen Dollar gebraucht hätte, um auch nur eine einzige spürbare Kampagne zu starten. Gleichzeitig hatten wir eine Gelegenheit, in dem Nachtclub, den wir seit drei Jahren gemietet hatten, einen Wochenendgottesdienst zu starten. Das

Downtown Soho ist nicht ein ehemaliger Nachtclub, sondern ein Nachtclub, der in Betrieb ist. Wir konnten nicht ahnen, dass einer der ersten Gäste, die von einem Besucher zu uns eingeladen wurden, ein Journalist von der *Los Angeles Times* sein würde. Michael Luo kam nicht, um eine Story zu schreiben. Aber er war von dem, was er erlebte, so fasziniert, dass er mit einer Story nach Hause ging. Durch seinen fast ganzseitigen Bericht in der *Los Angeles Times* bekamen die KABC *News* Wind von der Geschichte. Sie schickten den Nachrichtenkorrespondenten Phillip Palmer, um dieser Gemeinde, die mitten zwischen Jack Daniels und Jim Beam Gottesdienst feierte, auf den Grund zu gehen. Zwar wurde kein Whiskey verkauft, während wir Gottesdienst feierten, aber die Bar war trotzdem gut bestückt. Wenn wir da waren, war die Bar geschlossen. Aber sobald wir weg waren, war sie offen. KABC gefiel diese Geschichte so gut, dass sie die ganze Woche dafür Werbung im Lokalradio machten. Die Schlagzeile »Kirche im Nachtclub« wurde zu einem Werbeslogan. Zu unserer Überraschung machte der Sender auch mit Fernsehspots Werbung und wies die Zuschauer darauf hin, wann die Reportage gesendet würde. Die Reportage kam so gut an, dass sie beschlossen, sie in der nächsten Woche zu wiederholen. Es war ein Abend, bevor *Star Wars* das erste Mal lief. Um diese Zeit verstärkten sie ihre Werbung; man sah Plakate in der ganzen Stadt mit dem Slogan »Gott im Nachtclub«. Ich muss zugeben, dass mich diese Werbespots nervös machten. Sie filmten das komplette Nachtclubleben, verraucht, sinnlich, verführerisch, und dann machten sie einen schnellen Schnitt zu unserem Gottesdienst und ließen die Grenze zwischen den beiden verschwimmen.

Gott gebrauchte unsere gewagte Entscheidung, in einen Nachtclub zu gehen, um unsere Stadt aufzurütteln und den Menschen zu zeigen, dass er am Werk ist. Ich kann über den großen Einflussbereich nur staunen, den wir durch diese eine Entscheidung bekamen, angefangen bei einem Interview mit 20/20 aus New York, das sich dafür interessierte, was hier los war, bis zu einem Gottesdienst, der in einem Café in Wellington, Neuseeland, mit dem Namen *Mosaic* begann.

Die Religiösen grenzen sich gern ab. Es gibt einfach ein paar Orte, an die sie nicht gehen, und ein paar Dinge, die sie nicht tun. Einige in unserer Gemeinde machten sich Sorgen, als wir aus unserem Gemeinderaum in einen Studentenhörsaal umzogen. Sie hatten das Gefühl, wir würden das Heilige verlassen und ins Weltliche gehen. Ihre Reaktion darauf, dass wir in einen Nachtclub gehen würden, kann man sich vorstellen. Wenn wir beim ersten Umzug vom Heiligen ins Weltliche gegangen waren, dann bewegten wir uns jetzt vom Weltlichen zum Gotteslästerlichen.

Als wir mit unseren Gottesdiensten im Nachtclub anfingen, verteilten wir gelegentlich kleine Karten und baten die Anwesenden, ihre Fragen aufzuschreiben, auf die sie an diesem Abend gern eine Antwort bekommen würden. Als ich dies das erste Mal machte, war ich überrascht, als ich die erste Frage auf der ersten Karte las: »Was macht eine Gemeinde in einem Nachtclub?« Ich konnte es mir nicht verkneifen zu fragen: »Was machen *Sie* in einem Nachtclub?« Dann erklärte ich, dass Jesus einen furchtbaren Ruf hatte, weil er ein Freund von Sündern war. Es gibt keinen passenderen Ort für die Gemeinde, als den Ort, an dem die Leute Gott am meisten brauchen. Es war meine Hoffnung, dass unsere revolutionäre Entscheidung Gemeinden auf der ganzen Welt ermutigen würde, ähnliche Abenteuer zu wagen. Wir wollten nicht von der Welt sein, aber aggressiv in der Welt leben.

> Das ist einer der Gründe, warum Jesu Leben so faszinierend ist. Er erhob nicht nur den Anspruch, Gott zu sein. Auch die Art, wie er als Mensch lebte, sorgte für Bewegung. Menschen fühlten sich von seinem Leben wie von einem Magneten angezogen. In dem, was er tat, konnten sie Gott sehen.

Die Ironie dabei ist, dass oft die Orte und die Dinge, um die wir einen weiten Bogen machen, genau die Orte sind, an die Jesus ging, und die Dinge sind, die er tat. Sein guter Ruf stand immer auf dem Spiel. Er hielt sich an den falschen Orten mit den falschen Leuten auf. Er befand sich ständig im Kampf und versteckte sich nie unter dem Granatapfelbaum. Das ist einer der Gründe, warum Jesu Leben so faszinierend ist. Er erhob nicht nur den Anspruch, Gott zu sein. Auch die Art, wie er als Mensch lebte, sorgte für Bewegung. Menschen fühlten sich von seinem Leben wie von einem Magneten angezogen. In dem, was er tat, konnten sie Gott sehen.

Ein zwingendes Argument

Jesus erklärte einmal seinen Gegnern, dass sie in ihm den Vater gesehen hätten. Jesus beanspruchte damit natürlich, Gott zu sein. Wer Jesus sieht, sieht Gott. Aber in dieser Aussage steckt noch etwas anderes: Jesus sagte nur das, was er den Vater sagen hörte, und er tat nur das, was er den Vater tun sah. Ganz konkret sagte Jesus damit: »Schaut mein Leben an. Dann seht ihr, was Gott tut.«

An Jesu Leben konnte man das Wesen Gottes sehen. Das vielleicht größte Wunder ist es, dass wir die gleiche Erfahrung auch machen können. Unser Leben kann eine Antwort auf das Leben Gottes sein. Stellen Sie sich vor, welche Macht unser Leben hätte, wenn andere, die uns sehen, auch Gott sehen würden; wenn Gott sich durch einen gewöhnlichen Menschen offenbarte; wenn Menschen, die heute blind für Gott sind, durch unser Leben die Augen geöffnet würden. In Antiochia wurden die Nachfolger Jesu zum ersten Mal »Christen« genannt. Diesen Namen gaben sie sich nicht selbst. Er kam von anderen, die ihr

Stellen Sie sich vor, welche Macht unser Leben hätte, wenn andere, die uns sehen, auch Gott sehen würden; wenn Gott sich durch einen gewöhnlichen Menschen offenbarte; wenn Menschen, die heute blind für Gott sind, durch unser Leben die Augen geöffnet würden.

Leben beobachteten und Jesus in ihnen sahen. Sie sahen aus wie Jesus. Ihr Leben spiegelte das Adjektiv »christlich« wider. Es war als Beschreibung gedacht, nicht als Titel.

Paulus hat diesen Gedanken noch weiter ausgeführt, indem er erklärte: »Ich bin mit Christus gekreuzigt. Ich lebe, doch nun nicht ich, sondern Christus lebt in mir« (Galater 2,19-20). Wir sind Gefäße aus Fleisch und Blut für den lebendigen Gott. Wir sind seine Wohnung. Unser Körper ist sein Tempel und seine Wohnung. Wenn er in uns lebt, wen sollen andere dann sehen, wenn sie in unser Leben schauen? Wenn sie Gott nicht sehen können, wie können wir dann behaupten, dass er in unserer Seele wohnt? Genauso wie Jesus sollen wir ein Leben führen, das den Vater widerspiegelt. Wie wäre es, wenn wir das sagten, was der Vater sagt, und das täten, was der Vater tut? Oder, anders herum, wie würde unser Leben aussehen, wenn Gott die Quelle all unserer Motivation wäre?

Marcus Gerakos, der Gründer einer Musikgruppe mit dem Namen *Escenas*, ist einer der außergewöhnlichsten Musiker, die ich kenne. Er wohnte zufällig im selben Wohnkomplex wie einige Mitglieder unserer Gemeinde; hier traf sich jede Woche eine Kleingruppe, die Marcus oft zu ihren Treffen einlud, aber er war verständlicherweise vorsichtig und kam nur gelegentlich gegen Ende des Treffens vorbei. Einige von uns hatten Gelegenheit, ihn in dieser Zeit kennen zu lernen. Für kurze Zeit nahm ich sogar Gitarrenstunden bei ihm. Das war eine gute Gelegenheit, mich regelmäßig mit ihm zu treffen.

Eines der Paare, die er kennen lernte, waren Matt und Paige. Während der Zeit, in der Marcus versuchte, für sich herauszufinden, wer Jesus ist, bereiteten sich Matt und Paige darauf vor, nach Nordafrika umzuziehen. Sie waren überzeugt, dass sie sich einem Team anschließen sollten, das sich zum Ziel gesetzt hatte, Moslems in Libyen zu erreichen. Einer der Gründe, warum Marcus nicht an Jesus glaubte, war seine Meinung, dass jede echte Religion allumfassend sein müsse. Ihre Anliegen und Ziele müssten weltumfassend sein.

Während er damit rang, ob er an Jesus glauben sollte, trafen Matt und Paige ihre Umzugsvorbereitungen. Obwohl die Linien unsichtbar waren, bestand ein direkter Zusammenhang zwischen Matts und Paiges Bewegung und Marcus' Bewegung. Während sie sich in Richtung Libyen bewegten, bewegte sich Marcus auf Christus zu. Er erklärte mir später, dass es ihm geholfen habe, zu sehen, wie ernst sie ihren Glauben nahmen. Das Vorbild der beiden half ihm, vom Zweifel zum Glauben zu finden, oder wie er es ausdrückte: »Sie nehmen diese Sache wirklich ernst, nicht wahr?« Schließlich war Libyen nicht Hawaii. Eltern ziehen nicht so einfach mit zwei kleinen Töchtern in ein muslimisches Land. Ihre Entscheidung, sich mitten ins Kampfgebiet zu begeben, trug entscheidend dazu bei, dass Marcus zu Gott fand.

Wenn wir uns mit Gott bewegen, ziehen wir andere in diese Bewegung mit hinein. Zuerst weckt diese Aktivität sie vielleicht auf; dann stört sie die Routine ihres religiösen Lebens. Am Ende werden alle, die Ohren haben und hören, und alle, die Augen haben und sehen, zusammenkommen und auch in den Kampf ziehen.

Maven war wieder bei ihnen. Auch er war von dem bestandenen Kampf müde. Selbst im Sieg gibt es Schmerz und Tod, und seine Gedanken wanderten weit über diesen Augenblick hinaus.
Er wandte sich an Ayden und schien dessen Gedanken zu beantworten: »Heute haben wir einen großen Sieg gesehen, und wir dürfen uns freuen und feiern.«
Ayden antwortete mit überschwänglicher Freude: »Das Tal der Finsternis ist jetzt ein Wald des Lichts!«
»Ja«, gab Maven zu. »Die Dichte des Lichts hält das Gewicht der Dunkelheit zurück.«
»Werden wir uns hier niederlassen?«, fragte Kembr und genoss die Schönheit der Landschaft.
»Nein«, antwortete Maven. »Das Licht der Menschheit scheint nur, wenn sie sich vorwärts bewegt, um die Dunkelheit zu bekämpfen.«
»Sind die Menschen bereit für den Weg? Wir sollten doch sicher so lange bleiben, bis sie gefahrlos gehen können?« Kembr ließ nicht locker.
Ayden beruhigte sie: »Nicht der Ort, sondern die Gegenwart Gottes bewahrt sie! Das ist ihre einzige Sicherheit.«

Eintrag 715, The Perils of Ayden

9

Aufwecken — wecke Tote auf

Kentarou hatte nie eine Chance. Was kann ein Einzelner schon gegen eine ganze Armee ausrichten? Er war Soziologiestudent an der Universität von Kyoto in Japan. Da er Amerika sehen und kennen lernen wollte, zog er es vor, während seines Aufenthalts in den Staaten lieber in einer Familie als im Hotel zu wohnen. Von Gott hatte er nur durch sein Studium, besonders durch die Schriften des Soziologen Max Weber, gehört. Ahnungslos betrat er ein Mosaik aus Glaube, Liebe und Hoffnung. Er wohnte bei Gerardo und Laura Marti, und er zeigte großes Interesse daran, den Unterschied zwischen Katholizismus und Protestantismus kennen zu lernen. Gefragt, ob er schon einmal in der Bibel gelesen habe, antwortete er: »Nein, nie.« Er hatte noch nie eine Bibel gesehen. In seinen ersten paar Tagen fing er an, die Bibel und John Eldredges Buch *Journey of Desire* zu lesen. Zwei Tage später führten sie ihm den Film *Jesus* vor. Am Ende des Filmes fragte er neugierig: »Jesus lebt also?« Sie sagten: »Ja.«

Er fragte: »Habt ihr eine Ahnung, wo er jetzt gerade ist?«

Gerardo erklärte: »Er ist im Himmel und spricht zu Menschen und führt sie zu sich.«

Dann lernte er Mark und Jenea Havner kennen, die ihn zu einem koreanischen Barbecue einluden und ihm andere Christen vorstellten. John Wolfkill, einer der Gemeindeleiter, fuhr ihn von der Grillparty nach Hause, und sie sprachen im Auto über Gott. Kentarou war begeistert und erzählte den Martis: »Ich hätte nie gedacht, dass ich in Amerika so eine herrliche Zeit verbringen würde.«

Er freute sich darauf, am nächsten Tag seine neu gefundenen Freunde alle wiederzusehen und zum ersten Mal einen Gottesdienst zu erleben. Auf ihn wartete ein Erlebnis aus Musik, Theater, Tanz und, wie Kentarou es beschrieb, menschlicher Kunst. Ich hatte an diesem Morgen beschlossen, das Evangelium damit zu erklären, dass ich einen meiner Freunde in fünf verschiedenen Farben malte. Kentarou sagte nach dem Gottesdienst zu mir, dass er nicht alles verstanden habe, da ich für ihn zu schnell gesprochen hätte, aber die menschliche Kunst habe ihm die Botschaft ganz klar gemacht: »Jesus lebt.«

Am Montag verbrachte Chad Becker den Tag mit ihm und setzte ihm die Unterschiede zwischen dem christlichen Glauben und dem Schintoismus auseinander. Am Dienstag nahm Lauras kleiner Sohn etwas aus Kentarous Gästezimmer. Laura entschuldigte sich für ihren Sohn. Seine Antwort war verblüffend: »Natürlich vergebe ich dir. Ich bin jetzt Christ.« Später erklärte er, dass ihn seine Erfahrungen in unserer Gemeinde zum Glauben an Jesus Christus geführt hatten.

An dem Donnerstagmorgen, als er packte, um zum Flughafen zu fahren, nahm sich Gerardo ein paar Minuten Zeit, um sich zu vergewissern, dass Kentarou wirklich begriff, worauf er sich eingelassen hatte. Es war nicht zu übersehen, dass Kentarou an die Person Jesu Christi und an seine Botschaft glaubte, aber war ihm wirklich klar, was es bedeutete, Jesus nachzufolgen? Gerardo erklärte: »Wir beten und sagen Jesus, dass er unser Chef ist, dass wir das Leben verlassen, in dem wir ihm nicht nachgefolgt sind, und ein neues Leben beginnen, in dem wir ihm nachfolgen.«

Kentarou legte sofort die Hände zum Gebet zusammen und schloss schweigend die Augen. Dann schaute er wieder zu Gerardo auf und fragte: »Noch etwas?«

»Ja«, sagte Gerardo. »Du musst Jesus bitten, dir zu helfen, dass du wächst und ein Leiter wirst, der anderen von ihm erzählt.«

Wieder schloss er die Augen zum schweigenden Gebet, blickte kurz auf und antwortete einfach: »Ja, okay.«

Bei dieser Antwort musste Gerardo weinen. Er wies Kentarou noch auf Matthäus, Kapitel 28 hin, wo Jesus seinen Jüngern den

Auftrag gibt, hinauszugehen und alle Welt zu Jüngern zu machen. Gerardo erklärte ihm, dass Kentarou genauso wie er selbst diesen Auftrag bekommen habe, wenn er nach Japan zurückkehre. Gerardo schaute ihn herzlich an und sagte: »Jetzt bist du mein Bruder.« Kentarou reichte ihm die Hand und antwortete: »Freut mich, dich kennen zu lernen.«

Während sie vor dem internationalen Flughafen beteten, bestätigte er noch einmal seinen Ruf, den Menschen in Japan das Evangelium zu bringen. Kentarou war überwältigt von der Armee Gottes und ihren Waffen: Gemeinschaft, Wahrheit und Kreativität. Jetzt war er auch ein Soldat und dafür gerüstet, das Evangelium in das Land zu bringen, aus dem er kam. Im Volk Gottes schläft eine Armee, die nur darauf wartet, geweckt zu werden. In jedem Menschen steckt ein Potenzial, das wir nie kennen lernen werden, solange wir nicht in Gottes Willen losziehen.

Das Potenzial der Welt erschließen

»Ich hätte nie gedacht, dass ich das kann.« Wunderbare Worte der Selbstentdeckung. Wurden Sie schon einmal ins kalte Wasser geworfen? Ohne Warnung, ohne Vorbereitung, ohne Aufwärmphase? Jemand sah ein ungenutztes Talent in Ihnen und fand, es sei an der Zeit, es ans Licht zu bringen. Also warf er Sie mitten ins wahre Leben, und Sie wurden durch diesen Augenblick entweder erschlagen oder zu einem neuen Menschen gemacht.

Jonatantypen haben diese Gabe. Wir folgen diesen Menschen auf einem Weg voll Angst und Unsicherheit. Dabei sind wir uns unserer Unfähigkeit und Unzulänglichkeit vollkommen bewusst. Gleichzeitig entdecken wir, dass alle anderen das Gleiche tun, und wir nehmen die Herausforderung an. Uns graut vor solchen Momenten, wenn sie auf uns zukommen, aber wir lieben sie, wenn wir sie heil überstanden haben. Das nennt man Potenzial.

In unserer Kultur wird so viel über Potenzial geredet, als wäre es der höchste Erfolg, Potenzial zu haben. Hat zu Ihnen schon einmal jemand gesagt: »Er hat so viel Potenzial«? Wenn Sie unter zwanzig sind, oder sagen wir: fünfundzwanzig, können Sie diese Aussage als Kompliment verstehen. Potenzial – Ihre nicht angezapfte, noch unerschlossene Kapazität. Potenzial – ein Hinweis auf Größe, die noch nicht entwickelt ist. »Er hat so viel Potenzial« – eine Aussage, in der Lob steckt und vielleicht sogar Bewunderung. Und dann sind Sie dreißig, und Sie haben immer noch dieses ganze Potenzial. Sie gehen auf die vierzig zu, und Sie sind immer noch voller Potenzial. Wenn Sie fünfundvierzig sind und jemand Sie anschaut und sagt: »In Ihnen steckt so viel Potenzial«, sollten Sie hellhörig werden, nach Hause gehen, sich in einen Schrank setzen und weinen.

Potenzial ist ein Blick auf das, was sein könnte, aber irgendwann muss eine Veränderung stattfinden, der Schritt vom Potenzial zur Potenz.

Was früher eine verheißungsvolle Aussage war, ist jetzt eine Bestandsaufnahme der ungenutzten Gelegenheiten. Es gibt einen Punkt, an dem Sie nicht mehr voller Potenzial sein sollten; Sie sollten voller Talent, Kapazität und Erfolg sein. Potenzial ist ein Blick auf das, was sein könnte, aber irgendwann muss eine Veränderung stattfinden, der Schritt vom Potenzial zur Potenz.

Aber egal, wie viel Potenzial wir vielleicht haben: Es ist gar nicht so leicht, diesen Schritt zu gehen, und nicht jeder kann ihn allein gehen. Meiner Einschätzung nach kann niemand ohne die Hilfe anderer vom Potenzial zu maximaler Kapazität gelangen. Oft ist vergeudetes Potenzial die Folge mangelnder Investitionsbereitschaft bei den Menschen um uns herum. Das befreit uns allerdings nicht von unserer persönlichen Verantwortung. Am Ende sind wir selbst für unser Potenzial verantwortlich. Dies soll uns einfach daran erinnern, dass unsere Verantwortung nicht damit erledigt ist, dass wir unser eigenes Potenzial pflegen, sondern dass wir auch anderen helfen sollen, ihr Potenzial zu entwickeln.

Was für Jonatan als persönliche Herausforderung begann, fand seinen Höhepunkt in einer gemeinsamen Erfahrung. Das war Jonatan schon lange vorher klar. Erinnern Sie sich, wie Jonatan und sein Waffenträger allein vor den Philistern standen und darauf warteten, was die Soldaten der Philister zu ihnen sagen würden? Erinnern Sie sich, wie er jubelte, als sie ihn verhöhnten und ihn herausforderten, hinaufzukommen und mit ihnen zu kämpfen? Jonatan erklärte seinem Waffenträger: »Klettere nach mir hinauf; der Herr hat sie in die Hand Israels gegeben.«

Wo war Israel in diesem Moment? Israel war überall, nur nicht am Ort des Geschehens. Israel stand nicht hinter Jonatan. Er war mehr oder weniger allein in diesem Kampf, nur er und sein junger Waffenträger. Aber selbst in dieser Situation begriff Jonatan, dass es bei diesem Kampf nicht nur um ihn ging. Es ging um das Volk Gottes. Es war nie ein Kreuzzug um ihn allein. Es ging darum, Gottes Absicht durch Gottes Volk zu erfüllen. Jonatan trug den Sieg nicht allein davon. Der Herr gab die Philister nicht in die Hand Jonatans. Er gab sie in die Hand Israels. Das fand Jonatan so faszinierend. Das brachte Freude und Hoffnung in seinen Geist. Er war einfach der erste Teil des Ganzen.

Das ist für alle, die in unserem westlichen Denken aufgewachsen sind, schwer nachzuvollziehen. Bei uns herrscht ein unvergleichlicher Individualismus. Wie bei kaum einem anderen Volk wird in Amerika das Individuum betont. Persönliche Rechte stehen über dem Gemeinwohl. Gemeinsame Verantwortung wurde praktisch gestrichen, als wir der persönlichen Wahlfreiheit den Vorrang gaben. Wir sehen alles durch unsere individualistische Brille, sowohl die Erfahrungen als auch die Menschen in der Bibel.

In der Bibel sehen wir, dass jeder einzelne Mensch einzigartig ist und eine Bedeutung hat. Jeder von uns wurde nach dem Bild Gottes geschaffen. Jeder Einzelne hat Gottes einzigartigen, göttlichen Fingerabdruck auf seiner Seele. Die Bibel und die Biologie überhäuften uns mit Beweisen, dass keine zwei Menschen ganz genau gleich sind. Die Bibel und die Wissenschaft verkünden und feiern die Einzigartigkeit jedes Menschen, aber das darf nicht mit der Weltanschauung des Individualismus verwechselt werden.

Sowohl das Wort Gottes als auch das Volk Gottes bringen zum Ausdruck, dass unserem Schöpfer die Gemeinschaft wichtig ist. Gott selbst ist Gemeinschaft. Er ist Vater, Sohn und Geist. Der Eine, der Gott ist, offenbart sich in drei Personen. In einem Geheimnis, das mein Verstehen übersteigt, lebt Gott in einer perfekten Beziehung zu sich selbst. Dieser Aspekt des Wesens Gottes drückt sich durch seine Beziehungsfähigkeit aus. Mit anderen Worten: Alles, was er schafft, hat eine einzigartige Beziehung zu ihm, besonders der Mensch.

Gott schuf uns mit der Fähigkeit zu Beziehungen, nicht nur zur Beziehung zu ihm, sondern auch untereinander. Der Mensch wurde dafür geschaffen, in der Gemeinschaft zu leben. Wenn wir außerhalb der Beziehung, außerhalb der Gemeinschaft leben, handeln wir gegen unsere Veranlagung. Manchmal macht uns unsere Konzentration auf uns selbst blind dafür, wie stark unsere Beziehungen untereinander sind. Viele alkoholkranke Väter reden sich heraus: »Ich schade doch niemandem außer mir selbst.« So etwas gibt es aber nicht. Wir haben nie den Luxus, dass wir nur uns selbst schaden könnten. Wenn wir uns selbst schaden, sind immer auch andere betroffen. Das Gegenteil gilt ebenfalls. Wenn wir uns entscheiden, das zu tun, was richtig ist, was wahr ist, was gut ist, wirkt es sich immer auch auf das Leben anderer aus.

Jonatan setzte sich für Israel ein, lange bevor Israel sich für Jonatan einsetzte. Von Menschen, die sich auf Gottes Abenteuer einlassen, wird vielleicht verlangt, großes Leid zum Wohl des Reiches Gottes zu ertragen. Bei diesem Abenteuer wird es Situationen geben, in denen wir allein sind. Wenn Gott uns zu einem neuen Abenteuer beruft, müssen wir vielleicht sogar auf einem gefährlichen Pfad vorausgehen. Wie bei Jonatan kann auch unsere Herausforderung echte Konflikte und Kampf bedeuten. Bestimmt bricht ein geistlicher Kampf los, wenn Sie eine göttliche Gelegenheit ergreifen. Jonatan war bereit, diesen Preis zu zahlen, nicht für sich selbst, sondern um des Volkes und des Namens Gottes willen.

Sein Opfer schuf den Rahmen, in dem andere ihr Potenzial unter Beweis stellen konnten. Auf dem Höhepunkt dieses Kampfes finden wir vier Menschengruppen, bei denen Jonatans persönliche Entscheidung eine Veränderung herbeiführte.

Die Treuen in Bewegung setzen

Wir haben viel über Jonatan gesprochen und dabei den Waffenträger fast ignoriert. Aber der Waffenträger war von Anfang an bei ihm; er war von Anfang an treu. Ehrlich gesagt, hatte dieser namenlose Begleiter nur sehr wenig zu der Sache beizutragen. Der Waffenträger war höchstwahrscheinlich sehr jung, unerfahren und unausgebildet. Es hatte einen Grund, warum seine Rolle darin bestand, sich um die Waffen zu kümmern, statt sie zu benutzen. Er war weder General noch Soldat. Seine Aufgabe war es, die Ausrüstung zu schleppen. Wenn die Liste tausend Namen gehabt hätte, dann hätte sein Name ganz unten gestanden.

In diesem Fall jedoch war er der Einzige, der sich freiwillig gemeldet hatte und somit war er Zweiter in der Rangfolge. In gewisser Weise bewies er mehr Mut als Jonatan. Jonatan hatte wenigstens ein Schwert. Ich gehe davon aus, dass er es bei sich hatte. Der Waffenträger hatte nichts, mit dem er sich hätte verteidigen oder in den Kampf eingreifen können. Trotzdem wird uns berichtet, dass Jonatan und sein Waffenträger beim ersten Angriff ungefähr zwanzig Männer töteten. Der Waffenträger wird in Samuels Bericht eigens genannt. Er versteckte sich nicht hinter Jonatan und schaute auch nicht zu, wie Jonatan in den Krieg zog. Obwohl er keine Waffe hatte, verwandelte sich dieser junge Gehilfe in einen Soldaten. In diesem Moment wurde aus diesem Mann mit Potenzial ein Mann mit Potenz. Mit dieser Entwicklung hatte er bestimmt selbst nicht gerechnet.

Der Waffenträger erinnert uns daran, dass es beim Ergreifen einer göttlichen Gelegenheit zur Hälfte darum geht, einfach da zu sein, einfach aufzutauchen. *Glaube* ist so ein großes Wort. Es ist aufregend, mutig, magnetisch. *Treue* ist so ein gewöhnliches Wort. Es klingt ein wenig langweilig, routinemäßig und unauffällig. Bestimmt wären viele von uns gern für ihren Glauben bekannt, aber sie scheuen den ermüdenden Weg der Treue.

Bestimmt wären viele von uns gern für ihren Glauben bekannt, aber sie scheuen den ermüdenden Weg der Treue.

In meinem Leben gab es viele Augenblicke, in denen ich Gottes Segen erfuhr und Gottes Instrument wurde, nicht aufgrund meines Talents oder meiner Kapazität, sondern wegen meiner Bereitschaft, da zu sein. Sich mit Gott zu bewegen, hat eine Katalysatorwirkung. Sie wären überrascht, wie viele Leute bereit wären, mit Ihnen zu gehen, wenn Sie nur vorausgingen. Gehen Sie mit Gott, laden Sie die Menschen ein, in deren Leben Sie sich investieren, und schauen Sie, was Gott daraus macht.

Es war ein Sonntagmorgen, als Kim mir sagte, ich solle ein junges Mädchen von der Gemeinde abholen und mit nach Hause bringen. Sie war eine illegale Einwanderin aus Mexiko und hatte keinen Platz, wo sie bleiben konnte. Die Familie, bei der sie gewohnt hatte, hatte sie hinausgeworfen, weil sie Christin geworden war. Ihre Weigerung, über ihren neu gefundenen Glauben zu schweigen, kostete sie das einzige Dach über dem Kopf, das sie hatte. Wir waren nur eine vorübergehende Lösung. Sie würde ein paar Tage bei uns bleiben, und dann würden wir überlegen, wo sie unterkommen könnte. Wir hatten keine Ahnung, dass Gott uns mit Mitte zwanzig zu Eltern für einen Teenager machen wollte.

Die nächsten zehn Jahre lebte Paty als unsere Tochter im Herrn bei uns. Sie sprach kein Wort Englisch, als sie mit der Schule begann. Sie besuchte eine christliche Privatschule und bewältigte in einem Jahr den Stoff von der Vorschule bis zur neunten Klasse, im zweiten Jahr schaffte sie die zehnte und elfte Klasse, und im dritten Jahr schloss sie die High School erfolgreich ab. Sie studierte an der California State University Los Angeles und trifft zur Zeit mit ihrem Mann, Steve, und ihrem kleinen Sohn, Stevie, Vorbereitungen, nach Indonesien zu gehen.

Wir zogen unsere Tochter nicht mit der Absicht auf, sie in die islamische Welt zu schicken. Wir zogen sie auf, während wir unserer Mission nachgingen. Wir dienten Paty im Namen Jesu, und sie schloss sich im Gegenzug uns an, um anderen in Jesu Namen zu dienen. Als Paty unsere Tochter wurde, wurde sie Missionarin. Teil unserer Familie zu werden war für sie eine Quelle der Sicherheit und Stabilität. Bei uns lernte sie, Risiken einzugehen und an vorderster Front Gottes Reich voranzubringen.

Wenn man im Kampf aufwächst, fürchtet man den Krieg nicht. Eine Frau, die brutal ausgedrückt als ungebildete illegale Einwanderin beschrieben werden könnte, war in Wirklichkeit ein Schatz mit göttlichem Potenzial, das nur darauf wartete, freigesetzt zu werden. Sie war eine Waffenträgerin, die durch ihre Treue eine Frau des Glaubens wurde.

Jonatan nahm seinen Waffenträger mit sich, weil er ihn brauchte. Es war kein Akt des guten Willens, und er tat es sicher nicht, weil er Gemeinschaft suchte. Die Treue seines Waffenträgers erhöhte seine Kapazität, die vor ihm liegende Aufgabe zu erfüllen. Von dem Waffenträger wurde nur verlangt, treu zu sein; aber diese Herausforderung verlangte mehr von ihm. Er folgte Jonatan in den Kampf als Waffenträger, aber er kam als Soldat aus dem Kampf zurück. Auch wenn sein Beitrag vielleicht klein war, war die Dimension des Glaubens und Mutes, den er zeigte, immens. Aufgrund seiner unerschütterlichen Treue war der Waffenträger am Ende Jonatans rechte Hand.

Wenn wir Gottes entscheidende Augenblicke in unserem Leben nutzen, schaffen wir eine Umgebung, in der andere ihr von Gott gegebenes Potenzial einsetzen können.

Wenn wir Gottes entscheidende Augenblicke in unserem Leben nutzen, schaffen wir eine Umgebung, in der andere ihr von Gott gegebenes Potenzial einsetzen können. Ich bin sicher, dass viele von uns dieses Phänomen von der anderen Seite her schon erlebt haben. Wir sind Waffenträger, die einem Jonatan an Orte folgen, an die wir allein nicht gehen würden. Wir haben die Entscheidung getroffen, jemand anderem zu dienen, und in diesem Dienst haben wir erlebt, wie viel Gutes Gott für uns im Sinn hatte.

Ich war erst ein Jahr Christ, als ich an die Universität von North Carolina in Chapel Hill ging. Ein Freund lud mich ein, mit ihm eine kleine Gemeinde auf dem Land zu besuchen. Für jemanden, der seine Kindheit in Miami verbracht hatte, war der Besuch in der Gemeinde, die sich Mount Moriah Baptist Church nannte, ein starker Kontrast. Statt Asphaltstraßen und Hochhäusern gab es Bauernhöfe und Pferde, aber die Aufrichtigkeit und Herzlichkeit der Menschen hatte etwas wunderbar Faszinierendes an sich. Da ich sehr wenig darüber wusste, wie ein Gemeindeleben abläuft, ging ich auf den Pastor zu und erzählte ihm, dass ich über den Sommer nach Hause fahren würde, aber im Herbst wiederkäme. Dann fragte ich ihn, ob die Gemeinde einen ehrenamtlichen Hausmeister bräuchte. Es kam mir nicht in den Sinn, dass jemand für diese Arbeiten bezahlt würde. Deshalb bot ich an, sie zu übernehmen.

Ich war sehr überrascht, als ich zwei Monate später einen Brief von diesem Pastor bekam, in dem er mich einlud, an einem Sonntagmorgen zu predigen. In unseren kurzen Gesprächen hatte ich ihm erzählt, dass ich den Eindruck habe, Gott wolle mich berufen, das Evangelium zu predigen, aber ich hätte nie erwartet, dass er mir eine solche Verantwortung anvertrauen würde. Er kannte mich eigentlich gar nicht. Ich hatte bis dahin nie in irgendeinem offiziellen oder öffentlichen Rahmen gesprochen. Ich hatte nur gefragt, ob sie jemanden bräuchten, der das Gebäude sauber macht. Genauso wie Jonatan den Waffenträger, zwang dieser Pastor mich, mich Herausforderungen zu stellen, für die ich meiner Meinung nach noch nicht bereit war.

Ich kam mir wie ein Waffenträger vor, der keine Waffe hatte, und selbst wenn er eine gehabt hätte, nicht gewusst hätte, was er damit anfangen sollte. Ich hatte so große Angst, dass meine Botschaft nicht biblisch wäre, dass ich in dieser einen Predigt über 150 Bibelverse zitierte. Pastor Bob gab mir nicht nur eine Gelegenheit zu predigen, er lehrte mich auch, was ein dienender Leiter ist: Man sucht einen Menschen, der bereit ist, die niedrigen Aufgaben zu übernehmen, und hilft ihm, sein von Gott gegebenes Potenzial zu entfalten.

Während ich als Direktor für Evangelisation für die Dallas Baptist Association arbeitete, entwickelte ich ein Programm, bei dem junge Leiter ihre Gaben und Fähigkeiten entwickeln konnten. Dieses Projekt, das wir *Priority One* (Priorität Eins) nannten, gehörte zu meinen liebsten und angenehmsten Erfahrungen. Aber die begeistertsten und ehrgeizigsten Teilnehmer an diesem Projekt stellten mir immer wieder die gleiche Frage: »Wie kann ich einen Posten wie deinen bekommen?« Dahinter steckte die unterschwellige Meinung, dass es bei den meisten Dingen im Leben auf die richtige Strategie ankomme. Meine Antwort war immer die gleiche: »Ich weiß nicht, wie andere einen solchen Posten bekommen, aber bei mir war es so, dass ich zehn Jahre meines Lebens unter Armen gearbeitet habe.« Dann fragte ich sie: »Wollt ihr das Ziel erreichen, ohne den Weg dorthin zu gehen? Wenn das der Fall ist, weiß ich nicht, wie ihr dorthin kommen könnt.«

Die Namen der Jonatans stehen im Buch; Waffenträger sind anonym. Wir sollten nie Anonymität mit Bedeutungslosigkeit gleichsetzen. Vielleicht ist es ein realistischeres Bild, dass viele von uns manchmal Waffenträger sind, und in anderen Zeiten sind sie Jonatans. Ein ehrlicher Blick auf ein erfolgreiches Leben würde in Demut anerkennen, dass es in diesem Leben viele Jonatans gab – die Männer und Frauen, die durch ihr Leben das Umfeld schufen, in dem andere zu großen Taten fähig wurden. Gleichzeitig kann jeder von uns durch sein eigenes Opfer andere motivieren und befähigen, große Dinge für Gott zu vollbringen.

Die Apathischen mobilisieren

Samuel berichtet uns, dass der Waffenträger ein Soldat wurde, und er berichtet auch, dass Saul und seine ganzen Männer sich versammelten und in den Kampf zogen. Wir erfahren, dass Jonatantypen nicht nur eine Umgebung schaffen, in der die Treuen in Bewegung gesetzt werden, sondern durch ihre Initiative auch die Gelähmten mobilisieren können. Man könnte fälschlich annehmen, Jonatan hätte sich zu schnell bewegt, aber in Wirklichkeit wirkt jede Geschwindigkeit, mit der jemand vorangeht, wie ein rasantes Tempo, wenn alle anderen still stehen.

Wir erfahren, dass Jonatantypen nicht nur eine Umgebung schaffen, in der die Treuen in Bewegung gesetzt werden, sondern durch ihre Initiative auch die Gelähmten mobilisieren können.

Saul wollte nicht angreifen. Er wollte seinem Heer nicht befehlen, voranzugehen und den Feind anzugreifen. Saul und seine Männer hatten den Mut verloren. Sie waren apathisch geworden. Sie hatten ihre Leidenschaft verloren. In Römer 10,2 erinnert Paulus uns, wie gefährlich Eifer ohne Wissen ist; König Saul erinnert uns, wie tragisch Wissen ohne Eifer ist. Nur der Tumult durch den Konflikt rüttelte Saul in seiner Untätigkeit auf. Dass derjenige, der fehlte, ausgerechnet sein Sohn war, spielte dabei bestimmt eine wichtige Rolle.

Saul kümmerte sich um nicht viel anderes als um sich selbst, aber seinen Sohn liebte er. Ich frage mich: Wenn der fehlende Soldat jemand anderes gewesen wäre, hätte Saul dann überhaupt etwas unternommen? Aber jetzt war die Sache für ihn persönlich geworden. Sein Sohn Jonatan war im Krieg. Der Sohn des Königs tat, was eigentlich der König hätte tun sollen. Seine ganzen Ausreden und Entschuldigungen waren belanglos. Saul hatte nur ein Schwert. Mehr hatte sein Sohn auch nicht. Saul hatte nur ein paar hundert Männer. Jonatan hatte nur einen einzigen Mann.

Der Moment, in dem Saul sich entschied voranzugehen, änderte nichts an seiner menschlich gesehen aussichtslosen Lage. Die Situation hatte sich nicht gebessert. Sie hatten nicht mehr Waffen bekommen. Es gab keine Verstärkung. Wenn überhaupt, dann war seine Kraft gerade um 50 Prozent weniger geworden. Er hatte gerade seinen eifrigsten Soldaten verloren. Seine Führungsrolle war geschwächt, und die Philister waren gewarnt. Die Situation war nicht besser, aber die Vorzeichen hatten sich geändert. Für seinen Sohn war er bereit, sein Leben und das Leben seiner Männer zu riskieren. Für seinen Sohn war er bereit, in den Krieg zu ziehen. Wenn es vernünftig war, den Konflikt mit den Philistern zu vermeiden, dann war es absolut wahnsinnig, sie zu diesem Zeitpunkt anzugreifen.

Es ist leicht, Entscheidungen zu treffen, die objektiv und vernünftig sind, wenn man nicht persönlich betroffen ist. Wenn man jedoch ganz persönlich betroffen ist, ändert sich alles. Das ist die Macht der Leidenschaft, die freigesetzt wird, wenn einem etwas oder jemand am Herzen liegt. Jonatans Tun löste bei Saul etwas aus, das bis dahin nicht entfacht gewesen war. Wenn wir göttliche Gelegenheiten nutzen, können wir damit einen Kontext schaffen, in dem die Apathischen plötzlich Leidenschaft bekommen.

Ich saß vor kurzem mit Leitern zahlreicher parakirchlicher Organisationen zusammen. Wir waren gebeten worden, gemeinsam eine Veranstaltung vorzubereiten, die Pastoren im ganzen Land zugute kommen sollte. Am zweiten Tag hatten wir ein interessantes Gespräch über die Beziehung zwischen der Ortsgemeinde und dem, was unglücklich als parakirchliche Organisation beschrieben wird. Ich schaute mich im Raum um und stellte fest, dass die Organisationen, die am Tisch vertreten waren, die Apathie der Ortsgemeinde widerspiegelten. Gemeindeähnliche Organisationen entstehen als Reaktion auf die Untätigkeit innerhalb der Ortsgemeinde. Die Leidenschaft, die diese Organisationen antreibt, ist ein Beweis für die Apathie vieler Gemeinden.

Dr. Keith Phillips, der Gründer von World Impact, saß mit am Tisch. Seine Antworten auf meine Bemerkungen lassen mich seitdem nicht mehr los. Er erklärte, seine persönlichen Erfahrungen während seiner Jugend in Los Angeles bestätigten, dass ich die Situation richtig erkannt habe. World Impact war entstanden, um Gemeinden unter armen Bevölkerungsschichten zu gründen, weil die Ortsgemeinden sich nicht genug um sie kümmerten. Wir haben viele große Versammlungen, die wir Kirchen nennen, aber das Wort *Kirche* bedeutet: »herausgerufen sein«. Keine Fußballmannschaft gewinnt eine Meisterschaft, wenn sie nicht aus der Kabine herauskommt. Das, was nach dem Anpfiff passiert, bringt den Sieg. Saul und alle seine Männer versammelten sich und zogen in den Kampf. Genauso wie Israels Armee kann man einen Krieg nicht gewinnen, solange man nicht hinausgeht und sich in den Kampf stürzt. Es genügt nicht, sich zu versammeln. Man muss auch in den Krieg ziehen.

Wir haben eine Schwäche dafür, uns zu unserem eigenen Wohl zu versammeln, ohne uns bewegen zu lassen, etwas für das Wohl von anderen zu tun. Jonatans durchbrechen den Kreis der Selbstgenügsamkeit. Sie geben ihr Leben leidenschaftlich weg. Durch die Anziehungskraft ihres Lebens bewegen sie Herzen, die schon lange schlafen.

Die Überläufer zurückholen

Samuel berichtet weiter: »Auch die Hebräer, die vorher bei den Philistern gewesen und mit ihnen ins Feld gezogen waren, gingen über zu denen von Israel, die mit Saul und Jonatan waren.« Als wäre es für Jonatan nicht schon schwer genug gewesen, gegen die Apathie seines Vaters und dessen Männer anzukämpfen, musste er sich jetzt auch noch der Tatsache stellen, dass viele aus den eigenen Reihen sich gegen sie gestellt hatten. Im Lager gab es Überläufer. Sie hatten die Stärke der Israeliten und die der Philister gegeneinander abgewogen und festgestellt, dass das Volk Gottes der schwächere Teil war.

Auf der richtigen Seite zu stehen heißt für einige, auf der Seite zu stehen, die das Richtige tut. Aber für andere bedeutet es, dafür zu sorgen, dass man selbst gewinnt. Wir leben in einer Kultur, die die Sieger ins Rampenlicht rückt, egal, wie deren Charakter aussieht. Man kann eine Verbrecherakte haben und ein abstoßendes, ruchloses Leben führen, aber wenn man den Super Bowl gewinnt, ist man ein Held. Wir haben uns eingeredet, dass der Charakter eines Menschen nichts mit seiner Leistung oder seiner Statur zu tun hätte.

Es gab Israeliten, die bereit waren, gegen Gottes Volk in den Krieg zu ziehen, nur um ihr persönliches Überleben und ihren Erfolg sicherzustellen. Sie entfernten sich von dem, was sie als richtig erkannt hatten, und wurden Feinde des Guten. Aber in diesem Moment änderte sich alles für sie. Als sie sahen, wie Jonatan und Saul gegen die Philister kämpften, obwohl alles gegen sie stand und sie keine Rückzugsmöglichkeiten hatten, passierte etwas. Sie erinnerten sich daran, wer sie waren. Auch das kann passieren, wenn man eine göttliche Gelegenheit ergreift: Es werden nicht nur die Treuen vorangetrieben und die Apathischen mobilisiert, sondern oft erleben wir zu unserer und zu Gottes Freude, dass verlorene Söhne zurückkehren.

Vor zwei Jahren kam eines Sonntagmorgens ein junges Paar in unsere Gemeinde. Sie fielen aus mehreren Gründen auf. Einer davon war, dass sie bis nach vorne gingen, nur um mich zu suchen und mich zu begrüßen. Sie schienen beide klug und voll Energie zu sein und sie schienen sich sehr darüber zu freuen, dass sie an diesem Tag da waren. Colin Johnson und Shiho Inoue lebten unverheiratet zusammen und waren auf der Suche nach Gott. Sie waren insofern Gegensätze, als Colin in einem christlichen Elternhaus aufgewachsen war und eine starke Abneigung gegen die Kirche hatte, während Shiho in einer japanischen Familie aufgewachsen war, in der sie nichts über Gott gelernt hatte, sich aber stark zu Jesus hingezogen fühlte.

Colins Ohrring, Nasenring und Zungenpiercing schienen irgendwie nicht zu jemandem zu passen, dessen Eltern beide an der Regents University studiert hatten. Auf den ersten Blick würde man meinen, Colin sei ein klassischer Student, der nichts mit der Kirche zu tun haben wollte, aber die Wirklichkeit sah ganz anders aus. Er fühlte sich ganz wohl dabei, mit dem einen Lager identifiziert zu werden, während er für das andere arbeitete. Während er mit uns Gottesdienste feierte, dealte er anderswo mit Drogen. Er war einer von vielen in unserer westlichen Gesellschaft, die gelernt haben, sich innerhalb einer Religion zu bewegen, ohne eine Veränderung ihrer Person zu erleben. Man könnte sagen, dass Colin ein Christ war, der Jesus nicht kannte. Aber die Suche der beiden nach Gott war ehrlich. Wenn es einen Gott gab, den man persönlich kennen lernen konnte, dann wollten sie ihn kennen lernen.

Bald wurden sowohl Colin als auch Shiho Christen. Gottes entscheidender Moment für Colin kam jedoch erst später. Auch nachdem er Christ geworden war, suchte er immer noch Schlupflöcher. Einige Themen waren für Colin echte Stolperfallen. Colin konnte eine klare Aussage aus der Bibel nehmen und sie so lange drehen und wenden, bis sie völlig unverständlich klang. Alle Argumente der Welt blieben im Grunde wirkungslos, bis er eines Tages mit seinem Mentor, Mike Tafoya, sprach. Als er schon zur Tür hinausging, hielt Mike ihn zurück und stellte Colin eine letzte Frage: »Colin, du bist in allen anderen Bereichen radikal. Warum wirst du nicht radikal für Jesus?« Colin sagte, das sei der Moment gewesen, der alles verändert habe.

Dieser eine Gedanke stellte alles klar. Er hatte immer den entscheidenden Grund gesucht, um sein Leben zu ändern. Jetzt stand er ihm klar vor Augen. Religion war für Colins Leben einfach nicht genug. Die Angst vor Konsequenzen oder die Meinung von anderen waren für ihn kein Grund gewesen, seine Prioritäten zu ändern. Die Aufforderung, ein guter Mensch zu sein, klang nicht sonderlich verlockend. Colin wehrte sich gegen Anordnungen von anderen. Soweit er konnte, wehrte er sich dagegen, sich den Erwartungen anderer anzupassen. Die Bewegung war es, die ihn faszinierte:

Dass etwas Wichtiges auf der Welt passierte; dass Gott durch seinen Sohn, Jesus Christus, eine Revolution in Gang gesetzt hatte und ihn einlud, dabei zu sein. Zu dieser Revolution waren keine Beobachter eingeladen. Keine Zuschauer waren nötig. Nur Revolutionäre, nur Radikale waren erwünscht.

Das ist die Macht, die den verlorenen Sohn nach Hause zurückzieht. Wenn jemand sich entschieden hat, von Gott oder Gottes Volk wegzugehen, wird freundliche Religion nicht genügen, um ihn zurückzuholen. Es gibt viele Tausende, die vielleicht nie wieder ihren Fuß über die Schwelle einer religiösen Institution setzen. Sie erklären offen: »Das habe ich schon versucht.« Der Mensch, der Religion ablehnt und ein Leben ohne Gott führt, wird nur durch Menschen zurückgewonnen, die radikal mit Gott leben.

Ich höre oft kritische Stimmen, die sagen, in großen Gemeinden gebe es viele Christen, die sie kleineren Gemeinden weggenommen hätten. Damit soll die Integrität und echte Geistlichkeit der kleinen Gemeinden betont werden. Vielleicht nimmt man falsche Gründe dafür an, warum Menschen eine Gemeinde verlassen und in eine andere gehen. Wenn man eine Gemeinde verlässt und in eine größere Gemeinde geht, dann ist Konsumdenken vielleicht nicht immer der Grund dafür. Ich denke, viele haben diese Entscheidung aus anderen Gründen getroffen. Menschen sehnen sich verzweifelt danach, dort dabei zu sein, wo etwas geschieht; sie wollen etwas bewirken. Wir alle wollen, wenn auch im Kleinen, die Welt verändern. Ich frage mich: Wie viele von den Menschen, die sich einer schnell wachsenden Gemeinde anschlossen, wurden einfach von der ansteckenden Bewegung angezogen? Ein Volk, das lebt und mit Gott vorangeht, hat eine anziehende Kraft. Wenn Menschen *Mosaic* verlassen, um eine tiefere Beziehung zu Gott zu finden, dann muss ich unserer Gemeinde helfen, sich zu verändern. Ich habe eine Weile gebraucht, aber inzwischen weiß ich, dass man unter anderem daran erkennen kann, dass in unserer Gemeinde Leben ist, dass die Menschen, die weggegangen sind, durch das, was Gott in unserer Mitte tut, zurückgeholt werden. Gott feiert jedes

Mal, wenn ein verlorener Sohn nach Hause zurückkehrt. Jonatantypen schaffen eine Umgebung, die das Herz derjenigen zurückgewinnt, die fortgegangen waren.

Samuel nennt uns noch eine letzte Gruppe, die sich durch Jonatans Tun mobilisieren ließ: »Und als alle Männer von Israel, die sich auf dem Gebirge Ephraim verkrochen hatten, hörten, dass die Philister flohen, jagten sie hinter ihnen her im Kampf.« Jonatans Waffenträger folgte ihm, als keine Hoffnung auf einen Erfolg zu sehen war. Saul griff mit seinen Männern erst in den Kampf ein, als er wusste, dass Jonatan in diesem Krieg kämpfte. Diejenigen, die von Gottes Volk weggegangen waren, kehrten erst zurück, nachdem sie sahen, wie Jonatan, Saul und das ganze Heer die Philister angriffen.

Die Gebrochenen heilen

Es griff noch eine andere Gruppe in den Kampf ein. Alle anderen kamen ein wenig spät, aber diese Leute waren die absoluten Nachzügler. Eine ganze Kolonie von Israeliten versteckte sich in den Bergen. Sie lebten in Angst vor den Philistern und hatten sich in Löcher verkrochen. Samuel berichtet, dass sie erst, nachdem die Philister die Flucht ergriffen hatten, ihre Köpfe heraussteckten und sich den Kämpfenden anschlossen. Wenn die erste Gruppe als die Treuen, die zweite als die Apathischen und die dritte als die verlorenen Söhne bezeichnet werden kann, dann ließe sich die letzte am besten »als die außer Gefecht Gesetzten« beschreiben. Sie illustrieren gut die Menschen, die emotional und geistlich gebrochen sind und nicht fähig, ein Leben in Freiheit und mit Abenteuern zu führen. In dieser konkreten Situation versteckten sie sich in den Bergen, lebten wie Tiere und waren gelähmt vor Angst. Heute würde man sagen, sie hatten eine Phobie. Phobie ist ein Modewort für »Angst«. Wenn man von einer Phobie beherrscht wird, wird man von einer konkreten Angst gelähmt. Klaustrophobie ist die Angst vor engen Räumen; Xenophobie die Angst vor Fremden; Arachnophobie die Angst vor Spinnen, und so weiter.

Wir alle kennen Angst. An dem Gefühl der Angst ist nichts unbedingt Ungesundes. Wenn wir in echter Gefahr sind, kann es sehr schlecht sein, überhaupt keine Angst zu haben. Aber wenn die Angst unser Leben beherrscht, kann man mit Fug und Recht behaupten, dass wir außer Gefecht gesetzt sind. Diese Israeliten waren nicht frei. Sie waren Gefangene ihrer Angst. Sie waren für die Sache nutzlos und unbrauchbar geworden. Sie hatten ihre eigene Sicherheit über das Wohl des Ganzen gestellt. Sie wollten sich den Problemen nicht stellen; sie waren nicht bereit, Opfer zu bringen, um die Probleme zu lösen; sie waren nur bereit, davonzulaufen und sich zu verstecken und die Zukunft anderen zu überlassen. Wenn die Philister die Oberhand behalten sollten, würden sie im Exil sterben, von ihren Feinden hingerichtet werden oder bestenfalls als Gefangene leben. Wenn die Israeliten gewannen, würden sie sich darüber freuen, aber dieser Ausgang war sehr unwahrscheinlich. Wenn sie in ein Land zurückkehrten, das von den Israeliten erobert war, wenn sie von den Bergen herabkämen, nachdem die Gefahr durch die Philister gebannt war, müssten sie sich immer noch ihrem schlimmsten Feind stellen.

Das, was sie veranlasste, ein von Angst beherrschtes Leben zu führen, würde bleiben. Ihr Problem oder ihre Charakterschwäche würde dadurch nicht verschwinden. Wenn sie in ein Leben im Wohlstand zurückkehrten, ohne selbst Opfer dafür gebracht zu haben, würden sie selbst die neuen Feinde Israels werden. Gott hätte die Philister leicht vertreiben können, ohne dass Israel in den Krieg hätte ziehen müssen, aber er konnte Israel nicht zu dem Volk machen, das es werden sollte, wenn sie nicht um seinetwillen kämpften.

Gott benutzt die Herausforderungen, mit denen wir konfrontiert werden, um unseren Charakter zu formen. Macht ohne Demut ist fatal. Reichtum ohne Großzügigkeit ist genauso gefährlich. Freiheit ohne Glauben und Treue führt nur zu Korruption und Tod. Gott befreite nicht nur das Land; Gott formte das Volk. Wir sind selbst unsere schlimmsten Feinde, wenn unser Herz verkümmert. Den Kampf zu verpassen heißt die Fähigkeit zu verlieren, den Sieg ganz auszukosten. Es sollen nicht nur Kämpfe gewonnen werden, sondern es soll auch die Angst besiegt werden. Wenn Gott uns in entscheidende Momente führt zwingt uns das, anders zu leben, und dieses andere Leben, zu dem wir berufen sind, verlangt, dass wir uns ändern.

Seit zwanzig Jahren bin ich, bildlich gesprochen, im Gebirge Ephraim unterwegs. Überall um mich herum treffe ich Männer, Frauen und Kinder, die sich in den Bergen verstecken. Tagtäglich begegnen uns Menschen, die innerlich kaputt sind. Der Glaube, dass Menschen tatsächlich ein ganzheitlich gesundes Leben führen können, gerät immer mehr ins Wanken. Selbst christliche Gemeinden sind davon überwältigt, wie viele leidende, kranke, gebrochene Menschen sie in ihrer Mitte antreffen. Von Pastoren bis zu Psychotherapeuten sind wir eine Gesellschaft geworden, die sich bemüht herauszufinden, wie man Menschen helfen kann. Samuel macht uns mit seiner Beschreibung Hoffnung. Diese gebrochenen Menschen standen nicht als Erste auf; sie brauchten eine Weile, um zu reagieren; sie erhoben sich erst, nachdem die Philister die Flucht angetreten hatten. Trotzdem griffen sie am Ende in den Kampf ein. Die Menschen, die wie Tiere gelebt hatten, die sich vor den Realitäten der Welt um sie herum versteckt hatten und die mehr durch ihre Angst als von Drohungen eingeschüchtert gewesen waren, begannen zu kämpfen. Samuel scheint es zu genießen, dies zu beschreiben. Er berichtet, dass sie den Philistern hinterherjagten im Kampf.

Es tut gut, wenn man sich für eine größere Sache engagiert. Es liegt eine heilende Wirkung darin, wenn man sich einem höheren Ziel anschließt. Aktuelle Untersuchungen zeigen, dass Menschen, die an Gott glauben, tatsächlich gesünder leben. Das sollte keinen von uns überraschen. Es ist zwar wichtig, uns auch um uns selbst zu kümmern, aber es ist extrem gefährlich, wenn wir nur um uns selbst kreisen. Es ist wichtig, dass die Israeliten, die sich versteckten, sich in den Kampf einmischten. Sie konnten den Frieden, der am Ende herauskommen würde, nur wirklich genießen, wenn sie sich auch am Kampf beteiligten. Anders ausgedrückt: Uns geht es besser, wenn wir uns engagieren.

Das ist ein Teil der Macht und des Segens der Kirche: Dass wir persönlich und als Gemeinde gesund werden können. Wenn die Gemeinde mit Gott geht, werden die Gebrochenen zu Gott hingezogen und finden Heilung durch diese Bewegung. Wenn wir wie Jesus anfangen, anderen in seinem Namen zu dienen, entdecken wir, dass unsere Bedürfnisse in diesem Prozess gestillt werden. Wenn das Volk Gottes die Ziele Gottes aufgibt, wenn es keine Bewegung gibt, verliert es die Kraft, Menschenleben zu verändern.

Jeder von uns kann eine Umgebung schaffen, in der die Gebrochenen geheilt werden. Die entscheidenden Augenblicke, in die Gott uns stellt, sind keine Gaben, die nur uns selbst dienen; es sind Einladungen Gottes, uns selbst im Dienst hinzugeben. Diejenigen, die diesen Weg wählen, finden ihre größte Freude darin, das Potenzial, das in anderen schlummert, zu wecken. Johannes dem Täufer wurde berichtet, was Jesus tat: Durch ihn konnten die Blinden sehen, die Lahmen gehen, die Aussätzigen wurden rein, und die Gute Nachricht wurde den Armen gepredigt. Überall, wo Jesus hinkam, mit jedem Menschen, der ihm nachfolgte, ging es den Menschen besser. Das kann geschehen, wenn wir Gottes entscheidende Augenblicke in unserem Leben nutzen.

Die Toten auferwecken

Man kann leicht zu dem Schluss kommen, dass die Welt besser wäre, wenn es keine Menschen gäbe und dass die Kirche besser wäre, wenn es keine Christen gäbe. Sie machen vielleicht den Fehler zu meinen, Ihr Weg mit Gott würde seine größte Erfüllung finden, wenn Sie das menschliche Hindernis beseitigen könnten: den Menschen. Aber der Weg führt nur über Beziehungen, und ein wichtiger Teil des Abenteuers ist die Art, wie Gott Sie im Leben von anderen gebraucht. Wenn Sie je das Wagnis eingegangen sind, wirklich zu lieben, dann sind Sie tief enttäuscht worden. Wir sind alle gebrochene Gefäße mit göttlicher Kapazität. Ein Teil der Herausforderung ist es, Menschen nie aufzugeben.

Jesus weigerte sich, uns aufzugeben, obwohl er genau wusste, in welchem Zustand wir waren. Er wusste, dass wir nicht einfach krank waren; er konnte sehen, dass wir tot waren. Aber sein Tod und seine Auferstehung sind die heilige Erklärung Gottes, dass wir auch leben können. Gott kam, um die Toten aufzuerwecken. Glauben Sie, dass Gott das auch durch Sie tun kann? Nur Jesus konnte für die Sünden der Welt sterben. Aber auf wunderbare Weise gebraucht Gott die Menschen, die bereit sind, um seinetwillen loszugehen, um die Toten zum Leben zu erwecken.

Eine solche Vision gab Gott Hesekiel. In Kapitel 37 des Hesekielbuches schreibt er:

> Die Hand des Herrn kam über mich und er führte mich hinaus im Geist des Herrn und stellte mich mitten auf ein weites Feld; das lag voller Totengebeine. Und er führte mich überall hindurch. Und siehe, es lagen sehr viele Gebeine über das Feld hin, und siehe, sie waren ganz verdorrt.
>
> Und er sprach zu mir: Du Menschenkind, meinst du wohl, dass diese Gebeine wieder lebendig werden? Und ich sprach: Herr, mein Gott, du weißt es. Und er sprach zu mir: Weissage über diese Gebeine und sprich zu ihnen: Ihr verdorrten Gebeine, höret des Herrn Wort! So spricht Gott der Herr zu diesen Gebeinen: Siehe, ich will Odem in euch bringen, dass ihr wieder lebendig werdet. Ich will euch Sehnen geben und lasse Fleisch über euch wachsen und überziehe euch mit Haut und will euch Odem geben, dass ihr wieder lebendig werdet; und ihr sollt erfahren, dass ich der Herr bin.
>
> Und ich weissagte, wie mir befohlen war. Und siehe, da rauschte es, als ich weissagte, und siehe, es regte sich und die Gebeine rückten zusammen, Gebein zu Gebein. Und ich sah, und siehe, es wuchsen Sehnen und Fleisch darauf und sie wurden mit Haut überzogen; es war aber noch kein Odem in ihnen. Und er sprach zu mir: Weissage zum Odem; weissage, du Menschenkind, und sprich zum Odem: So spricht Gott der Herr: Odem, komm herzu

> von den vier Winden und blase diese Getöteten an, dass sie wieder lebendig werden! Und ich weissagte, wie er mir befohlen hatte. Da kam der Odem in sie und sie wurden wieder lebendig und stellten sich auf ihre Füße, ein überaus großes Heer. (Hesekiel 37,1-10)

Ein Tal mit trockenen Knochen, das in eine große Armee Gottes verwandelt wird. Das ist die Vision, die unseren Glauben herausfordert. Das ist die Verheißung, die Gott uns und durch uns der Welt gibt. Das, was vielleicht unsere Vorstellungskraft übersteigt – dass ein Friedhof eine Entbindungsstation werden kann –, ist der größte Lohn für den Jonatan-Faktor. Gott sehnt sich danach, Sie zu gebrauchen, um denen Hoffnung zu bringen, die im Grunde zu früh gestorben sind. Wenn Sie mit Gott gehen, fangen Sie an, die Toten aufzuerwecken. Die wichtigsten Symbole des christlichen Glaubens – das Kreuz, die Taufe und das Abendmahl – beschreiben alle, dass durch Opfer Leben kommt.

Nachdem er Hesekiel diese Vision gezeigt hatte, erklärte Gott ihm:

> »Du Menschenkind, diese Gebeine sind das ganze Haus Israel. Siehe, jetzt sprechen sie: Unsere Gebeine sind verdorrt und unsere Hoffnung ist verloren und es ist aus mit uns. Darum weissage und sprich zu ihnen: So spricht Gott der Herr: Siehe, ich will eure Gräber auftun und hole euch, mein Volk, aus euren Gräbern herauf und bringe euch ins Land Israel. Und ihr sollt erfahren, dass ich der Herr bin, wenn ich eure Gräber öffne und euch, mein Volk, aus euren Gräbern heraufhole. Und ich will meinen Odem in euch geben, dass ihr wieder leben sollt, und will euch in euer Land setzen, und ihr sollt erfahren, dass ich der Herr bin. Ich rede es und tue es auch, spricht der Herr« (Hesekiel 37,11-14).

Gott ist immer die Quelle des Lebens. Wo er ist, ist immer auch eine Zukunft und eine Hoffnung. Er weckt uns von den Toten auf. Es war nie seine Absicht, dass wir unser ganzes Leben lang an unseren Grabsteinen lehnen sollten. Zu viele von uns haben ihre Zelte auf dem Friedhof neben der Kirche aufgeschlagen. Gott spricht Leben in unsere trockenen Gebeine, damit wir das große Heer Gottes werden können. Das Leben Gottes zu kennen heißt, ihm in dieses neue Kampfgebiet zu folgen. Seine Macht zu kennen heißt, durch dieses Tal der Toten zu gehen und bei jedem Schritt zu fühlen, dass die vier Winde kommen und den Massen Leben einhauchen. Wie er es bei Jonatan getan hat, gebraucht Gott auch uns, um eine Armee in Bewegung zu setzen.

Weitergehen

Samuel schließt seinen Bericht mit einem letzten Hinweis: »So half der Herr Israel an diesem Tage. Und der Kampf breitete sich aus bis Bet-Awen.« Das macht deutlich: Egal, wie tiefgreifend oder dramatisch ein entscheidender Augenblick sein mag, egal, welche große Bedeutung oder Wirkung er hat, selbst wenn wir am Ende des Tages zurückblicken und über die fantastische Erfahrung staunen können, die wir gerade gemacht haben, dürfen wir nie vergessen, dass der Kampf weitergeht. Mit dem Ende jeden Tages kommt die Verheißung auf einen neuen Tag. Mit diesem neuen Tag kommen neue Kämpfe, neue Gelegenheiten, neue Herausforderungen, neue Abenteuer. Noch während wir den Sieg des letzten Augenblicks feiern, gehen wir weiter und begeben uns auf eine neue Reise. Wir müssen uns mit frischer Energie und mit Vorfreude darauf einlassen.

Sie wissen, wo Sie anfangen müssen: Ergreifen Sie die Initiative. Sie wissen, wer Gott ist, deshalb lassen Sie sich von der Ungewissheit des Lebens nicht zurückhalten.

Sie wissen, wo Sie anfangen müssen: Ergreifen Sie die Initiative. Sie wissen, wer Gott ist, deshalb lassen Sie sich von der Ungewissheit des Lebens nicht zurückhalten. Vergessen Sie nicht: Der

Mensch, der Sie in Jesus Christus werden, ist Ihr größtes Geschenk an andere. Deshalb setzen Sie Ihren Einfluss ein. Jedes große Abenteuer ist voll Gefahren und Risiken, aber das Risiko lohnt sich. Sie wurden bereits bevollmächtigt, voranzugehen. Gehen Sie also voran. Scheuen Sie sich nicht vor Zusammenstößen und kämpfen Sie die Kämpfe, die Gott auf dem Herzen liegen. Bewegen Sie sich mit einem Engagement, das andere mobilisiert. Lassen Sie sich auf ein Abenteuer ein, das so mitreißend ist, dass sogar die geistlich Toten davon aufwachen. In diesem Augenblick muss sich jeder von uns entscheiden: Nutze ich Gottes entscheidenden Augenblick für mich, oder lasse ich ihn ungenutzt vergehen? Wähle ich den rechten Weg oder den linken?

»Das sage ich aber, liebe Brüder, dass Fleisch und Blut das Reich Gottes nicht ererben können; auch wird das Verwesliche nicht erben die Unverweslichkeit. Siehe, ich sage euch ein Geheimnis: Wir werden nicht alle entschlafen, wir werden aber alle verwandelt werden; und das plötzlich, *in einem Augenblick*, zur Zeit der letzten Posaune. Denn es wird die Posaune erschallen und die Toten werden auferstehen unverweslich, und wir werden verwandelt werden. Denn dies Verwesliche muss anziehen die Unverweslichkeit, und dies Sterbliche muss anziehen die Unsterblichkeit.

Wenn aber dies Verwesliche anziehen wird die Unverweslichkeit und dies Sterbliche anziehen wird die Unsterblichkeit, dann wird erfüllt werden das Wort, das geschrieben steht: ›Der Tod ist verschlungen vom Sieg. Tod, wo ist dein Sieg? Tod, wo ist dein Stachel?‹ Der Stachel des Todes aber ist die Sünde, die Kraft aber der Sünde ist das Gesetz. Gott aber sei Dank, der uns den Sieg gibt durch unsern Herrn Jesus Christus!

Darum, meine lieben Brüder, seid fest, unerschütterlich und nehmt immer zu in dem Werk des Herrn, weil ihr wisst, dass eure Arbeit nicht vergeblich ist in dem Herrn« (1. Korinther 15,50-58).